南昌航空大学学术文库

锡良与清末新政研究

连振斌　著

中国社会科学出版社

图书在版编目（CIP）数据

锡良与清末新政研究／连振斌著．—北京：中国社会科学出版社，2014.10
ISBN 978 - 7 - 5161 - 4983 - 6

Ⅰ.①锡…　Ⅱ.①连…　Ⅲ.①锡良（1853～1917）—人物研究②政治制度史—
研究—中国—清后期　Ⅳ.①K827 = 52②D691.2

中国版本图书馆 CIP 数据核字（2014）第 241826 号

出 版 人	赵剑英
责任编辑	吴丽平
责任校对	张依婧
责任印制	李寡寡

出　　版	中国社会科学出版社
社　　址	北京鼓楼西大街甲 158 号（邮编 100720）
网　　址	http://www.csspw.cn
	中文域名:中国社科网　　010 - 64070619
发 行 部	010 - 84083685
门 市 部	010 - 84029450
经　　销	新华书店及其他书店

印　　刷	北京君升印刷有限公司
装　　订	廊坊市广阳区广增装订厂
版　　次	2014 年 10 月第 1 版
印　　次	2014 年 10 月第 1 次印刷

开　　本	710×1000　1/16
印　　张	16.25
插　　页	2
字　　数	256 千字
定　　价	56.00 元

序

在清末满蒙督抚中，锡良算得上得力、能干的。原本思想趋近传统的他，在时代大格局的感召下，一变从新，不仅支持改革、立宪，甚或领衔敦请清政府提前召开国会、确立内阁，在清末数年出尽风头、颇显作为。

锡良生前死后博取不少赞誉，但对这一人物，始终缺少严格意义上的学术研究。二十世纪五十年代《锡良奏稿》等资料的出版，推动了真正学术性研究成果的出现。八十年代以来，学者们陆续发表了十几篇论文、撰写了若干硕士学位论文，视野涉及到锡良的学堂教育理念、经济改革、铁路建设等方面，展现的空间多集中于四川和东三省两个区域，研究取得长足进步。不过，这些仍然不足以涵盖锡良丰富的从政经历以及在清末诸多新政改革举措。如果联系到清末波谲云诡的政治变局，联系到地方与中央的种种矛盾和争斗，联系到关键性人物在历史作用，联系到蒙族督抚锡良的历史角色，特别是联系到保存在中国社会科学院近代史所图书馆大批的锡良个人档案和其他未刊文献资料，对他的研究依然远远不够，依然有待于进一步推进。

连振斌的专著《锡良与清末新政》是在他博士论文《锡良与清末改革》基础上修订而成的。迄今为止，这是一部研究锡良分量较重，涉及面较广，论述相对深入，利用档案材料最多的学术著作。在某种程度上，可以弥补学界对这一人物研究的不足。

从他的研究来看，有这样一些特点。

首先，连振斌的研究是清末满蒙权贵研究大课题中的一环。

以往学术界对清末政治的关切往往以辛亥革命、革命党为中心。20

世纪 90 年代以来，伴随着思想解放，学术创新，视点拓展到清末新政，预备立宪，个别重要的统治阶级历史人物（如慈禧、奕䜣等），但学者依然无意或很少思考体制内各集团的亲疏远近、利益纷争、权力派系、成败得失。对失败阶级特别是旗籍权贵，更是成见颇深，笼统视为"昏聩无能"之辈。近年来情况所改观。

我以为，对体制内的核心层做更为细致地甄别、梳理与研究十分必要。清王朝施行的是满蒙贵族为主体，联合汉民族的专制政治统治。在统治阶级结构中，由于满族的特殊地位以及满蒙保有世代联姻的特殊关系，遂确立了满蒙权贵的权力轴心。尽管通过科举制度，汉民族以及其他民族的佼佼者得以进入统治集团，甚或担任高官，掌控实权，但始终居于权力圈的外围。重大而带有根本性的决策他们往往不能染指甚至不得与闻。有清二百多年，这样的权力格局始终强而有力。晚清时期，随着清王朝打开国门面向世界，随着各种矛盾的深化，数百年行之有效的内外官制、满汉权力格局发生不小的变化。伴随着中央权力的下移，汉族督抚权力，汉族高官对权力核心的影响力大为增加。这些态势，或多或少引发满蒙权贵的不安。于是，满蒙权贵对"家事"的看顾，对权力的掌控，对汉族高官的戒备之心潜滋暗长。至清末，旨在"控权"的自主性的改革更是若隐若显。诚然，统治阶级是作为整体施行专制统治的，但是，整体中的核心层的所思所想与非核心在利益层面、心理层面乃至对改革的方向性把握并非完全一致。如果把中华民族大家庭中的各个族群关系考虑进去，这种不一致确实存在，有时候甚或十分尖锐深刻。之于少数民族施行统治的王朝，这种问题更是格外凸显。过去的研究，总是统而言之，一概而论，很少去区分他们的真正关切点。我们恰恰想在统治集团整体中，把那个存有"满汉芥蒂"、在整体利益与核心利益中追求满蒙利益最大化、处理各种矛盾格外"谨慎"的一群人——满蒙权贵利益集团分割出来，研究他们的所思所想，研究他们的出处行藏，研究他们的政策制订，期冀对历史的特殊性、复杂性、矛盾性，甚至某种"乖离"有更真切的理解。时至清末，在越来越融进世界之时，满蒙权贵的变化较之清前期更为复杂。不仅出现了一批思想与举措趋新的满蒙权贵利益群体，还形成了一批致力于新知新政的旗籍督抚。他们活跃在清末十年的政治舞台上。以失败阶级、成王败寇式的研究代替具体分析，把他们统统归入"不识时务""冥顽不灵"之辈，把复杂的历史现象作脸谱式、简单化的描述，显然不符合历史真实。

有鉴于此，数年来，我们致力于研究满蒙权贵集团。我们想知道，他们在多大程度上需要对他们的"决策失误"负责。显而易见，易代之时，没有哪个统治者甘于失败，甘愿拱手交出政权。因之败亡之时他们的种种拼死抗争绝对可以想象。那么，已经保有268年王朝统治的满蒙权贵是怎么想，怎么做的呢？当革命大潮成排天巨浪，他们是有心无力还是束手就擒呢？我想，把这一时期满蒙王公，满蒙督抚或群体或个人做深入的研究，会从另一个视角观察辛亥革命。如果他们果真都是草包，那革命可以说不费吹灰之力；如果他们中的一部分还说得上有勇有谋，那辛亥革命成功的意义将更加深远，更难能可贵。

在这个意义上，锡良的研究就不是孤立的人物研究，而是对一个阵营观察的一个切口。

其次，连振斌的研究相对系统。

以往的锡良研究很少挖掘他的早期家世与早年经历。连振斌利用档案资料，系统整理了锡良家族图谱和基层逐级而上的从政经历。这些梳理可以使我们对他后期成为能臣良吏的必然有所理解。他的博士论文附录部分曾经完整地编排了锡良的家谱世系、年谱简编，但由于出版社篇幅的限制，这些内容被遗憾地删去了。将来有机会将以其他方式呈现给读者。

再次，连振斌的研究以丰富的历史档案资料见长。

连振斌攻读博士学位的三年，起码两年以上的工作时间是在图书馆渡过的，八小时之外，也是在教室、宿舍誊写，爬梳档案资料。我确切知道，两年里他风雨无阻，四处出击，细大不捐，翻阅查找各种文献档案。京城的各大学、各研究所、国家图书馆时常可见他的身影。就拿中国社会科学院近代史所图书馆来说，就几乎被他"踏破"门槛。因为历史的原因，这里存各种锡良档案与未刊资料，不仅完整，还十分"隐蔽"。这些资料被他"一网打尽"，或者说几乎收罗殆尽（连振斌性格平和沉稳，颇具人缘。在他的真诚感染下，近代史所图书馆的老师们特别为他"开辟"了"绿色通道"，从而有了一定"特权"。于是一些从未开放的档案被他"荣幸地占有"了）。基于此，档案资料的丰富成为这部著作最鲜明的特色之一。

连振斌极其勤奋努力。他的博士论文六易其稿，每一稿都有明显的进步，都有跨越式变化。正是因为有这些努力，才能在很短的时间里，由学位论文升格为学术著作。

人无完人，研究工作更不能一蹴而就，只能不断完善，不断深入。特别是发现了新的材料或者在理论的指引下萌发了新的认知。之于连振斌的著作，问题也是显而易见的。

拘泥于事功，无法站在清末大舞台的高度评判这一人物，是连振斌研究的弱项。概因他从小学、中学、高中、大学、研究生一路走来，基本属于"少不更事"。之于他，别说官场如此"陌生"，就连社会也不很熟悉。尽管他在结语里尽可能横向比较了同时代的张之洞、那桐、端方等，但如何就锡良与他的精神世界、锡良与时代潮流，是时势作育了后期的"激进"，还是他的思想经由新知有了大的改观，这些皆大有思考的余地。再，晚清官场是如何运作的？官僚群体因何结为派系，关系如何？汉族督抚与满蒙督抚的关系、亲疏远近是怎样的？他交游的朋友圈又是如何影响他的？这些依然有进一步解释的空间。

近年来，研究者的学术旨趣往往热衷于研究群体，对人物个体的研究多少有些偏见。我觉得，在多数时候、多数情况下，督抚的群体研究意义比较重大。但是，在他们任职的时间长短不一、任职区域各不相同的前提之下，个体、个案的研究价值相当重要。因为不少时候分散各地的督抚没有多少共性可言，换一句话是在具体问题上——比方说内幕、矛盾利害的双方、利益关系的千差万别等方面——各不相同，那么结果是不一样的，这时候特殊往往超过共性。这些年，不少学者于博士论文选人物，特别是个体颇不以为意，往往讥之为"至多是人物传记"。我常不以为然。晚清文献浩如烟海，研究者面对如许资料每每坐困书城，无从下手。固然，着眼于一个大体相近的群体，能诠释更大的意义。但不对辖区的特色、人物的性格、带有强烈特殊性的事件做个案分析，如何说得准确合理？若我们连个体都尚未捋出头绪，如何更合理地认识群体呢？这一段文字在另一个场合发表过（《近代史研究》2014 年第 2 期《"内轻外重"抑或"内外皆轻"——评李细珠〈地方督抚与清末新政〉兼论晚清政治史研究》），这里基本照搬是因为对连振斌锡良的研究就有如是言，我当时坚持，现在依然坚持。

　　《锡良与清末新政》的正式出版实在可喜可贺。作为他的导师，理当写几句勉励的话，鼓励他在学术道路上继续前行。拉杂写来，权且为序。

北京师范大学历史学院　孙燕京

写于京城朝阳袖手斋

2014 年 5 月 28 日

目　录

绪　论

　　20 世纪的最初十年（1901—1911），是清王朝统治的最后十年。在这十年间，中国社会变化剧烈，变革已成为这一时期的社会共识。然而，中国社会究竟向何方去？这一关系国家与民族命运的时代命题，又一次严峻地摆在了世人的面前。革命派、立宪派和清政府这三股活跃清末政坛的势力作出了不同的解答。其中清政府推行了新政（即"清末新政"），作为其自我挽救的重要举措，对当时中国政治、社会影响很大。在此需要指出的是，"清末新政"是一个学术的概念，是历史学家对清末十年改革的指称。对此，学界也有不同的声音，有人就把1901—1905 年清政府推行的改革称为"清末新政"，并不包括 1905 年以后的"预备立宪"。但现在学术界已基本认同这是清末新政所包含的两个不相关联并有着逻辑发展的阶段。据此，笔者认为清末新政是 20 世纪初年清政府在其统治的最后十年推行的各项改革的指称，具体涉及政治、经济、军事、教育等领域，改革的主体是清政府，其目的在于维护清王朝的统治，但在客观上推动了中国社会由传统到近代的转型，因而具有某种近代的意义。[①] 然而，长期以来，学界的研究是以辛亥革命为主线，而清末新政则作为历史的背景和配角提及，甚至当作革命的对立面加以批判。直到 20 世纪 80 年代末，随着国内政治形势的变化，学术界基本完成了拨乱反正的工作，清末新政的研究逐渐步入理性化、实证化的阶段。近年来清末新政的研究成果也日渐丰富，但与

---

　　① 本处笔者借用了李细珠先生的著作《张之洞与清末新政研究》的说法。参见李细珠《张之洞与清末新政研究》，上海书店出版社 2003 年版，第 1—2 页。

近代史研究的其他领域相比，这一方向仍显薄弱，许多问题仍需进一步研究。

以往的研究普遍认为，自太平天国军兴，以曾国藩、李鸿章、张之洞、袁世凯等为代表的汉族地方势力日渐扩张，已成尾大不掉之势，对晚清政局产生了巨大的影响。因此，这一时期的汉族官僚成为学术研究的重点，甚至是清末政治的全部，故而对满蒙人物的研究相对薄弱。事实上，这一时期的满蒙人物对晚清政治的走向起着举足轻重的影响。在清末，时人就称"由庚子至辛亥，乃项城与亲贵之时代"。[①] 这一方面显示了以袁世凯等为代表的汉族势力日渐膨胀，试图挑战满蒙权贵的趋势；另一方面也反映了满蒙亲贵在清末的活跃，彰显了满蒙人物在清末的重要地位。目前学界对于满蒙权贵的个案虽已取得了部分成绩，但是对于当时如此活跃的团体而言，这样的研究成果显得颇不相称。

至于为何出现这样的状况，这应该与长期以来学界形成的刻板印象有关。以往的学术研究往往将满蒙群体不加区别地描述为昏聩无能、误国误民的一群人。这样的描述显然过于概念化、简单化，且对于长期活跃于清代政坛的满蒙权贵而言可以说是有些不公平的。事实上，近年以来的史学研究已然开始关注到部分清末的满蒙权贵，如慈禧、奕䜣、端方、那桐等人物。[②] 然而，这些人物多为满族权贵，所以这还不能反映出满蒙权贵的全貌。因此，就目前的成果而言，对于这一群体的研究尚有很大的空间可以发掘。故笔者拟以蒙古族权贵锡良为研究对象，试图探寻蒙古族权贵在清末新政时期是如何思考、对待和办理新政，以揭示满蒙权贵在新政时期的所作、所为、所思。

一　锡良其人

锡良，字清弼，号梦如，晚号止斋，姓巴岳特氏，蒙古镶蓝旗人。[③]

---

① 黄濬：《花随人圣庵摭忆》（上），中华书局 2008 年版，第 100 页。

② 如有孙燕京《从〈那桐日记〉看清末权贵心态》，《史学月刊》2009 年第 2 期；闫长丽《培元气而固邦本——端方与清末改革》，博士学位论文，北京师范大学，2010 年；周福振《清末肃亲王善耆研究》，硕士学位论文，北京师范大学，2005 年；张海林《端方与清末新政》，南京大学出版社 2007 年版，等等。

③ 杜春和：《锡良》，清史编委会编《清代人物传稿》第七卷下编，辽宁人民出版社 1993 年版，第 146 页。

咸丰二年（1852）生。他自幼勤学，21 岁即中进士，无疑是少年得志。后签分山西，在山西任官近 20 年，所到之处"皆有惠政"①，张之洞目为"循吏第一"。直到光绪二十年（1894）中日甲午战争爆发后，经山东巡抚李秉衡奏调参与山东区域协防日军北上进攻的军事行动，他才离开了山西。但不久之后，他又因教案而被调回山西出任冀宁道的职务。

随之而来的戊戌政变和义和团运动，使锡良的升迁突然加速。戊戌政变后不久，他出任山西按察使，旋调湖南布政使。光绪二十六年（1900）因受湖广总督张之洞等人委托，出任勤王军统帅。在到达山西后不久，即出任山西巡抚一职。锡良认真布防，力保山西不失。此后，锡良历任河东河道总督、河南巡抚、热河都统、四川总督、云贵总督、东三省总督等职，颇为认真地推行新政，致力于任职省份的政治、经济、教育改革，推动了所在地的近代化的进程。如他在河东河道总督时提出裁撤河东河道总督的政治方案，在河南时创办了河南大学堂，在四川时创办了川汉铁路公司，等等。这些都表现了锡良实干家的特性。

在任职云贵总督和东三省总督期间，锡良一再出台十分激进的政治措施。光绪三十四年（1908），他积极寻求缩短禁烟运动进程的策略。宣统二年（1910）他领衔地方督抚要求清廷，立即组织内阁，定明年开设国会。这些措施的出台，使锡良一时成为风云人物，成为晚清满蒙旗员中较有才干且具政治魄力之封疆大吏。他的作为表现出不同于以往研究留给我们所认为的满洲权贵只会争权夺利的印象。

在抗击东三省鼠疫之后，他因病乞休。直至武昌革命兴起，他再度奉命出任热河都统。很快，清帝溥仪下诏退位。锡良也在清亡后不仕，晚年养疴天津。民国六年（1917），他因病去世，年六十六，清废帝溥仪赐谥"文诚"。

由上可见，锡良是一位颇有才干与政治改革魄力的蒙古族大吏。从19 世纪 70 年代从政以来，一直到 20 世纪初清朝灭亡，锡良目睹了一个

---

① 赵尔巽编纂：《清史稿》卷 449，中华书局 1977 年版，第 12531 页。

王朝从"中兴"走向覆亡的历史变迁。这种地方人物的存在与崛起，本身就反映了一个时代的变迁，更何况他对晚清政治和社会发展有着重要的影响。因此，笔者以为对锡良展开深入而系统的研究，具有以下几个方面的价值。

首先，有助于深化锡良个人的研究。目前学界虽然已有一些有关锡良的研究，但与同时代的督抚研究相比，其数量和质量仍显得薄弱，某些领域仍乏人问津，可见该人物的研究尚有较大的拓展空间。因此，本书选择以锡良为研究对象，势必能推进该人物研究的深化。

其次，丰富和深化清末满蒙群体的研究。目前学界对于满蒙人物的研究多集中于满族人物身上，相较而言，蒙古族人物的研究则略显薄弱，这显然无法反映以满蒙联姻等关系为重要特色的清王朝的全貌。特别是在近代这一"千年变局之时代"，满蒙人物的怎样抉择显然对于揭示清王朝的覆亡有着更为重要的意义。因此，若能以锡良为切入点，势必会丰富和深化满蒙人物的研究，有助于呈现清末满蒙贵族群体的全貌。

最后，揭示清末某些重大历史事件的内在逻辑，从而深化中国近代史的研究。锡良在清末政体活跃将近四十年，在多省任职，参与了众多重大的历史事件，如戊戌变法、八国联军侵华、川汉铁路、督抚联衔速立国会等，因此，若能以锡良为切入点，对这些历史事件重新研究、论述，势必会有一番新的认识。

总之，对锡良这一人物进行研究不仅可以了解其本人成长经历，更是可以透过锡良这一人物，理解一群人、一类人甚至一代人的所思、所想、所行。锡良研究也会丰富对中国近代史人物研究的内涵，拓宽近代史研究的领域。

二 研究现状

虽然学界对锡良这一人物的研究已取得了一定的成果，但相较于同一时期的其他督抚，锡良的研究仍显薄弱。笔者先就目前所能见到的锡良研究论著进行梳理，以期推进锡良研究的深入。

自其去世后的很长一段时间内，学界对锡良的研究并未有太多关注，甚至可称为空白。这一时期对锡良的关注，多为同僚或幕友的评论，尚不能被称为严格意义上的学术论著。曾是锡良幕府中人的沃丘仲子（即费行简）虽认为锡良做事"卞急无条理"，但这丝毫不减其对锡良的称誉，认为锡"清勤绝俗，律己甚严，粹然儒者"，"仕于晚近，未尝馈赂权要，清末一人而已"。① 赵尔巽等人纂修的《清史稿》给予锡良较高评价，认为其"性清刚，自官牧令，即挺立无所倚。嫉恶严，所莅止，遇有不职官吏，劾治不少恤；非义之财，一介不取；于权贵尤一无馈遗，故遇事动相牵制云"、"锡良初疏谏集权，枢廷转相钳制。及事变起，大势所趋，皆一如所言，世尤服其先见云"。② 沈曾植等人对锡良的清名亦称誉有加，认为就清廉而言，"推锡良为第一而己居第二"。③ 清代御史出身的胡思敬亦称"锡良稍阘而操守尚正"④，等等。虽然不能肯定其确为廉洁，但在某种程度上反映了锡良的具有相对"廉洁"的政治品格。此一阶段，也有一些史学论著开始涉及锡良，如李剑农在《最近三十年中国政治史》中述及锡良在镇压河口起义及参与立宪活动的事迹。⑤ 尽管如此，这一时期的言论大多关注于其在官场的道德品质、为人处世的态度和相关历史事实的叙述，尚不能称之为严格意义上的学术研究。

到了 50 年代以后，随着《锡良奏稿：遗稿》等文献的整理和出版，学界对锡良这一人物有了系统的研究，如美国学者 Roger V. Des Forges（中文名为戴福士）就以锡良为研究对象，撰写了博士论文 *Hsi-liang：A Portrait of a Late Ch'ing Patriot*（Yale University，Ph. D.，1971），后来整理出版，更名为 *Hsi-Liang and the Chinese National Revolution*（New Haven and London Yale University Press，1973）。到了 80 年代，随着学术风气的转变，锡良研究日渐受到人们重视。到目前为止，学界关于锡良的研究有论文十余篇，专著一部，可分为如下几个方面：通论研究、新政改革实践和其他。

---

① 沃丘仲子：《近代名人小传》，"官僚·锡良"条，中国书店 1988 年版，第 55 页。
② 赵尔巽编纂：《清史稿》卷 449，中华书局 1977 年版，第 12535、12543 页。
③ 罗继祖：《枫窗三录》，大连出版社 2000 年版，第 136—137 页。
④ 胡思敬：《退庐全集·笺牍·奏疏》，沈云龙主编《中国近代史料丛刊》第 445 册，台北：文海出版社 1970 年版，第 1278 页。
⑤ 李剑农：《最近三十年中国政治》，上海太平洋书局 1930 年版，第 143—144 页。

（一）　通论研究

美国学者 Roger V. Des Forges 的 *Hsi-Liang and the Chinese National Revolution* 一书是目前锡良研究中最为重要的一部著作。该书详细考察了锡良的一生，尤其关注于锡良在清末新政中的活动。该书由"升迁之路"、"在华北的抵抗"、"在四川的扩张"、"在云南的激进主义"、"在东三省的解体和倒台"五部分组成，从反外国主义和保全主权的角度出发，展现了锡良为抵抗外国侵略所推行的一系列新政改革，力图从中寻找锡良思想的传统根源。[①] 沈自敏先生对该书的观点作如此评价："论定锡良之为爱国主义和革命激进派，引起不少争论，但是此书也反映了当时中国各方面对社会改革的迫切要求。"[②] 虽然如此，该书过多关注于锡良抵抗外国侵略的一面，难免会忽视源于中国内在因素的作用，出现"西方中心"的影子。并且，抵抗政策只是锡良所推行新政措施的一方面，并非其全部。此外，该书较多征引了西方人士的游记和西方政府的档案，而对中文材料的引用相较略少，因此，对锡良的评价不免带有某种西方人的偏见。

戴其芳、张瑞萍《论锡良》一文，虽认为锡良为干练、廉洁、负责且具有较强的主权观的官吏，并对其以强化边防为旨归的政策措施进行了论述，肯定了锡良为维护国家领土主权和巩固边防作出的贡献，但对锡良的政治态度，如镇压革命起义和对清廷的愚忠等行为，进行了批评。[③]

杜春和则依据中国社会科学院所存的锡良档案材料撰写了《锡良》一文，对锡良的人生轨迹和主要政绩进行了叙述。[④]

胡秋菊的硕士论文《锡良地方施政举措及其得失，1903—1911》对锡良主政四川、云贵及东北三个时期的政治措施进行了梳理，分别探析了锡良在各个时期的施政思路和施政特点，并对锡良的政策得失进行了

---

① Roger V. Des Forges, *Hsi-Liang and the Chinese National Revolution*, New Haven and London Yale University Press, 1973.

② 沈自敏：《近二十年来欧美的辛亥革命研究》，《读书》1981 年第 10 期。

③ 戴其芳、张瑞萍：《论锡良》，《内蒙古大学学报》（人文社会科学版）1992 年第 4 期。

④ 清史编委会编：《清代人物传稿》第七卷下编，辽宁人民出版社 1993 年版，第 146—153 页。

总结、评价，指出锡良促进中国近代化、保卫边疆等方面具有不可抹杀的作用。① 2008 年王光磊又写了一篇硕士论文《晚清重臣锡良述评》，简要地论述了锡良在清代任官期间的主要政策举措。② 但这两部论文并未超出戴福士的范围，只是局部修正了戴福士的某些不足。

（二）锡良的新政改革实践

1. 教育改革

张瑛《锡良与河南大学堂》一文，简述了锡良在创办河南大学堂的经过，认为这一行动主观是为了维护清政府的统治，但在一定程度上扩大了资产阶级新学的传播。③

李绍先、陈渝撰写的《锡良与近代四川教育》一文，叙述了锡良督川时为发展近代教育所推行的措施，肯定了其对四川教育乃至四川社会的进步与发展所作出的贡献。④

高洁的硕士论文《清末"新政"时期锡良的教育改革思想与实践研究》一文对锡良在清末新政时期的教育思想和在四川、东三省的教育实践进行了阐述，提出了锡良教育改革的优点与不足。⑤ 但因其过多阐述，该文显得颇为混乱，因而未能较好地揭示锡良的教育改革与实践。

2. 经济改革

徐建平《锡良东北经济改革方略述论》一文，从经济改革的方略出发，叙述了锡良在东北推行经济改革所采取的措施，认为他的措施使东北成为清末新政较有成效区域之一，促进了东北近代经济的发展，同时也维护了国家主权，是清末督抚群体中较有作为者。⑥

席萍安《锡良与 20 世纪初年的四川"新政"及民族资本主义的发

---

① 胡秋菊：《锡良地方施政举措及其得失，1903—1911》，硕士学位论文，东北师范大学，2008 年。

② 王光磊：《晚清重臣锡良述评》，硕士学位论文，吉林大学，2009 年。

③ 张瑛：《锡良与河南大学堂》，《中州今古》1984 年第 4 期，第 12—13 页。

④ 李绍先、陈渝：《锡良与近代四川教育》，《文史杂志》2004 年第 3 期。

⑤ 高洁：《清末新政时期锡良的教育改革思想与实践研究》，硕士学位论文，河北大学，2010 年。

⑥ 徐建平：《锡良东北经济改革方略述论》，《河北师范大学学报》（哲学社会科学版）2000 年第 3 期。

展》一文，论述了锡良在督川期间举行新政所采取的措施。该文认为锡良所推行的措施对维护民族利益和促进 20 世纪初四川经济社会迈向近代化起到了一定积极作用，对锡良的历史地位应该给予肯定。①

徐建平《总督锡良与东北边疆的开发》一文，从边疆开发的角度，对锡良主政东北时期推行的东北边疆开发方略进行了论述，认为他的这些措施发展了当地经济，使东北经济发展与政治改革得到同步进行，不仅巩固了东北边疆，也加速了东北的近代化。②

何一民《锡良与晚清四川近代化》从近代化角度对锡良在担任四川总督期间所推行的新政措施进行了论述，认为这些措施客观上促进了四川社会的近代化，也加速了清政府的灭亡。③

3. 铁路建设

何一民的《锡良与川汉铁路》一文，叙述了锡良在川汉铁路中捍卫固有权利的行为及办理川汉铁路的一些具体措施。④

康沛竹在《锡良与锦瑷铁路计划》一文中对锡良在推行锦瑷铁路计划中联美借款的原因、实施锦瑷铁路所要取得战略意图和其"以夷制夷"思想进行了论述，认为锦瑷铁路计划是锡良企图通过联美制衡日俄，挽救清廷东北危局，也是中国近代的又一次运用，它不仅不能制衡日俄反而使中国更加受制于日俄。该文也对锡良企图挽救危局的所做的努力给予了肯定。⑤

高月的《锡良与锦瑷铁路计划——以主权维护为视角的考察》一文，从主权维护的角度重新考察锡良的锦瑷铁路计划，试图从锡良、清政府与各列强之间围绕着锦瑷铁路计划所展开的利益博弈来揭示出近代中国民族国家的建构。该文认为，锡良试图通过这一计划使东三省真正加入行省行列，以此认定锡良已超越维护帝王一家一姓利益的传统范

---

① 席萍安：《锡良与 20 世纪初年的四川"新政"及民族资本主义的发展》，《文史杂志》2001 年第 6 期。该文后来更名为《锡良与二十世纪初年的四川》在《成都大学学报》（社会科学版）2002 年第 2 期上发表。

② 徐建平：《总督锡良与东北边疆的开发》，《北方论丛》2001 年第 6 期。

③ 何一民：《锡良与晚清四川近代化》，《四川师范大学学报》（社会科学版）1993 年 3 期。

④ 何一民：《锡良与川汉铁路》，《历史知识》1984 年第 1 期。

⑤ 康沛竹：《锡良与锦瑷铁路计划》，《黑河学刊》1989 年第 3 期。

畴，他所要维护的是整个国家和全体人民的利益。①

马陵合在其博士论文《铁路外债观研究》中，较为详尽地叙述和分析了锡良参与锦瑷铁路借债造路的过程。②

台湾地区的学者张守真则在《清季东三省的铁路开放政策，1905—1911》一书中对锡良在东北推行移民实边政策和锦瑷铁路开放政策进行了有益的论述。③

（三）　其他方面

赖晨在《关于陈宧与锡良关系的两个问题》一文中，对锡良聘陈宧入幕的原因及二人交游情形进行了叙述。④ 王军青《论锡良处理泌阳教案的措施》一文，对锡良处理河南泌阳教案的措施进行了评述。⑤ 此外，有些著作也涉及锡良在清末的国会请愿运动中作为的评述。⑥

综上可知，目前学界对锡良的研究虽取得了一些成就，特别是锡良在学堂教育、经济改革、铁路建设等方面多有涉及，并且，关注的地域集中于四川和东三省这两个区域，但这还不足以涵盖锡良历任多省的经历以及其众多新政改革的政策举措。同时，这些研究或因史料的限制，仍存在史实上的偏差甚至错误的现象，或因时代的局限，过多掺入个人的情绪，如有些研究虽认为锡良为廉干之大吏，但因其为统治阶级，就认为其政治立场为逆历史潮流而动的，难免有失客观的立场。而在清末满蒙权贵研究中存在着的"脸谱化"的研究方式亦在锡良研究中随处可见。而已有的研究甚少交集，多为各自叙述，未能检讨和考证已有材料及研究的讹误之处，难免存在以讹传讹的现象，这显然不利于锡良研

---

① 高月：《锡良与锦瑷铁路计划——以主权维护为视角的考察》，《东北史地》2010 年第 4 期。
② 马陵合：《铁路外债观研究》，博士论文，复旦大学，2003 年，第 129—156 页。
③ 张守真：《清季东三省的铁路开放政策，1905—1911》，复文图书出版社 1995 年版。
④ 赖晨：《关于陈宧与锡良关系的两个问题》，《经济与社会发展》2007 年第 10 期。
⑤ 王军青：《论锡良处理泌阳教案的措施》，《南都学坛》2008 年第 3 期。
⑥ 李振武：《督抚与请愿速开国会运动》，见《辛亥革命与 20 世纪的中国——纪念辛亥革命九十周年国际学术讨论会论文集》（上）；李细珠：《立宪派、地方督抚与清廷之间的互动关系—围绕国会请愿与责任内阁制问题的探讨》，见《首届"晚清国家与社会"国际学术讨论会论文集》；也可参见张玉法《清季的立宪团体》，《"中央研究院" 近代史研究所专刊》（28），台北："中央研究院" 近代史研究所 1971 年版，第 438—440 页；侯宜杰：《二十世纪初中国政治改革风潮——清末立宪运动史》，人民出版社 1993 年版，第 312—315 页，等等。

究的深入开展。当然，由此亦可知，锡良研究依然薄弱，仍有较大的拓展空间。

三 研究思路

（一）写作思路

本书以"锡良与清末改革"为题，试图以政治文化史为切入点，尝试运用历史学、社会学、心理学等相关理论，将锡良放入其生活的时代背景与社会环境中考察研究。

首先，本书试图利用未刊的档案资料对锡良早年的经历进行实证考察。在揭示其早年的实际生活的同时，本书拟展现锡良作为基层满蒙人物在面对近代这一"千年未有之变局"的所思所想。

其次，本书拟对锡良在新政时期所办的铁路、教育等改革举措进行研究，展示其对利权、中西文化的认知，进而发掘锡良深处是否存有某种现代思想元素，探究其思想来源。

最后，本书拟对锡良在清末时期的裁撤东河河道总督、盐政改革、禁烟等政治改革实践进行探讨，展示满蒙督抚在面对政治改革时的作为，揭示其对中央与地方、满与汉等矛盾纠葛的态度。与此同时，本书还将对锡良在督抚速立阁会的请愿中一再领衔所表达的政治诉求进行考察，揭示以锡良为代表的督抚与清中央之间角逐的内在逻辑，展示其背后的思想根源。

总之，本书拟通过对锡良的政治、经济、教育改革的研究，客观分析锡良在清末新政中作用，展示满蒙人物的时代特征。本书希图通过实证地考察蒙古族旗人在清末新政中的作为，展现其对清末危局的努力，揭示满蒙人物在面对近代化进程的所思所想，以便纠正以往研究中对清末满蒙人物的刻板印象，进而能以客观的态度来评论这一群体。

（二）创新之处

本书在史料运用方面充分利用了中国社会科学院近代史所藏的锡良档案资料及其相关资料、中国第一历史档案馆新近整理的锡良电子档案和其他同时代的报纸杂志，通过查阅、整理一些前人未曾利用的资料，力争从多角度、多视野地考察锡良的生活及其时代。

锡良是一位由州县官一路升迁至督抚的蒙古族旗人。虽然已有的研究对这一经历有过描述，但这些描述却存在较多讹误且未能多加分析，本书拟在挖掘相关史料的基础上揭示锡良的升迁之路及其背后的社会因素。此外，本书拟以锡良在清末新政时期所致力经营的铁路建设、禁烟、教育改革等为切入点，展示其在办理新政中的心态及其背后思想，从而展现锡良对新政的所思、所想。

目前的研究多对锡良在清末立宪时期领衔督抚速立阁会请愿有所提及，但对其为何展开这一行动及其背后的思想考量并未进行深入的探讨。故本书拟在全面考察锡良的政治实践的基础上探察其背后的政治文化和理论依据，进而揭示锡良的政治思想。

本书通过对锡良的个案研究，期望能深入到锡良的思想深处去阐释清末的历史，为这位颇具个人特质的历史人物的研究注入新的生机和活力，力求在展现其对清末新政的实践和思想时进一步还原清末社会面貌。本书通过锡良的个案研究，试图对清末满蒙人物的研究作一番尝试，期望能深化中国近代史的研究，拓宽研究领域。

第一章

锡良及其时代

锡良是清末重要的封疆大吏，自知县一路升迁至地方大吏，前后历任山西、河南等九个省区，[①] 阅历可谓丰富。而其事迹也多为时人所关注，特别是到了督抚阶段的政治活动更成为报章杂志争相报道的焦点之一。虽然如此，现代的传记作家和研究者却未能深入探察锡良的家庭生活及早年的升迁历程，甚至有些研究还会存在着某些史实性的错误，这不能不说是一种缺憾。同时，目前学界对满蒙旗人的研究存在着某些刻板的印象，这无疑也对锡良这样的蒙古族旗人的研究造成了巨大的困扰。在本章中，笔者拟在实证地揭示锡良早年家庭生活和政治活动的基础上寻找锡良的升迁的内在因素，从而达到既能揭示晚清部分基层官吏的所思所想，又能真实地展现满蒙旗人升迁的效果。

第一节　出身寒素

关于锡良的早年生活，以往的研究较少涉及，即便述及这一方面亦只是泛泛而谈。造成这种情况的重要原因当与已刊的锡良有关史料较少述及这一方面的生活有着莫大的关系。

从目前的研究状况来看，邓之诚应该是最早进行这一方面研究的学者。而他展开这一研究主要基于其与锡良之子斌循有着颇为密切的私人关系。[②]

---

① 参见附录《年谱简编》。
② 据邓瑞整理的《五石斋文史札记》记载，斌循曾与邓之诚探讨过清代制度等问题（邓瑞整理：《五石斋文史札记》（二），《中国典籍与文化》第 38 期，第 80 页），此后，斌循亦将其第二次整理的锡良电稿和札牍送给了邓之诚。可见，邓之诚与斌循交往频繁。

邓之诚在其论著《锡良与东三省》中对锡良的早年生活作了这样的描述：

> 锡良，字清弼，号梦如，晚号止斋，拜岳特氏，镶蓝蒙古旗人。少年老成，励志勤学，服膺程朱，以性理道义为归。年十三应童子试，同治六年入泮，补弟子员，设塾授读，事主父母以孝闻。十三年成进士，以即用知县签分山西，所谓"蒙古世仆，牧令起家"者也。①

这一描述与斌循写的《锡文诚公行状》所述大体相同，② 这也在一个侧面反映了邓之诚的很多叙述均来源于斌循。因此，这些描述不免有为尊者讳、美化锡良的倾向，但在一定程度上反映了锡良的生活态度和人生轨迹。在这一描述中，早年的锡良是一位少年老成、励志勤学的少年学生，这从其后来较早获得功名这一点得到了印证。同时，从服膺程朱这一点来看，锡良似乎较早就确定了其生活的理念，而他又能以孝闻，这表明锡良是一个表里如一的人物，因为程朱之学中就含有孝悌的内容。这无疑都在表明锡良具有优良的美德，其溢美之色不言自明。当然，这一叙述中仍有较多确实可信之处。案之史实，锡良确于1874年考取进士，随即以"知县即用"签分山西。③ 锡良在其上报的履历中也称其"由廪生考授吏部缮本笔帖式中式，同治癸酉科顺天乡试举人，甲戌科会试贡士，殿试三甲第七十名进士，朝考三等第六十八名引见，奉旨以知县即用，签分山西"。④ 其所言，癸酉科即同治十二年顺天乡试。同治十三年即考取进士，可知其获取功名之速。或许有人会将此一状况直接归结为清廷对旗人在科举考试等方面实行照顾的政策所致，因为锡

---

① 邓之诚：《锡良与东三省》，http://auction.artxun.com/paimai-14-69928.shtml。

② 参见杜春和《锡良》，清史编委会《清代人物传稿》下编第七卷，辽宁人民出版社1993年版，第146页。

③ 《清实录》（第51册）卷366，中华书局1987年版，第844下—846页；秦国经主编：《清代官员履历档案全编》（第5册），华东师范大学出版社1997年版，第394页。

④ 《锡良存光绪元年至二十六年补缺、署缺、委差、保奖各札及咨详移禀》，"同知衔太原府阳曲县锡良谨禀"，中国社会科学院近代史所藏：《锡良任山西县府地方官时文件》，档号为甲374—188。因该文件多为散乱之件，故未能具体指出其为哪一件禀稿。

良为镶蓝蒙古旗人。不可否认,这一政策确为锡良获取功名提供了相当大的助力,但为何在众多旗人参与考试中锡良得以占有一席,显然其中不乏锡良个人努力的因素,这印证了与上文所述"励志勤学"。至于服膺程朱理学这一点,锡良在创办新式教育中一再强调要用传统伦理思想作为办学的宗旨,这其中虽然有遵照清廷所定章程的因素,但亦可以反映出锡良的倾向。此后,他在评价官员时亦以服膺理学为其升迁标准。① 曾是锡良幕府中人的沃丘仲子亦称锡良"清勤绝俗,律己甚严,粹然儒者"。② 可以看出,锡良虽未必称得上"服膺理学",但至少可以反映出其对理学有着某种偏好。这些均在某种程度上反映了邓之诚所述确含有一定的可信度。

邓之诚在另一著作中,对锡良的家庭生活有了进一步描述:

> 锡良生长寒素,教授为生。当穷困时,夫人喜吸关东叶烟,每致祝曰:"他日登第,但一饱吸,于愿已足。"③

这一叙述所指出的锡良从事"教授"行业看来,锡良的家境确是并不富裕。而锡良在晚年的回忆或许也能在某种程度上反映出其家境状况。进入晚境时,锡良在与荣庆聊天时就曾谈及其业师衡定奎,说:衡定奎"幼年奇穷,早赴市担萝卜,归家洗毕即读书,饭后入街巷卖毕,仍读书,学成官至副都统,父卒只余当十钱数竿"④。可以看出,锡良对衡的勤学苦读和为官清廉有着较深的印象。显然,没有相同的生活背景,锡良不可能在其晚境仍对衡定奎念念不忘。正因如此,锡良找到了某种亲切感,廉洁向上的衡定奎在某种程度上成为其学习的榜样。因

---

① 案,锡良在举荐人才时尝以翰林院编修胡峻"虽未尝以理学自居,而规行矩步,欷为胥根于守"为其考评之语。(锡良:《遵旨荐举人才折(附清单)》,《锡良遗稿:奏稿》,第763页。)

② 沃丘仲子:《近代名人小传》,"官僚·锡良"条,第55页。

③ 邓之诚:《滇语》,邓瑞整理《邓之诚日记》(第8册),国家图书馆出版社2007年版,第506页。

④ 谢兴尧整理:《荣庆日记:一个晚清重臣的生活实录》,西北大学出版社1986年版,第247页。

此，他一入学，即表现得颇为勤奋，"幼勤学，不好言动"。① 可知，他非常珍惜这一机会。

在生活作风方面，锡良也保持着俭朴的生活习惯。为官山西时，他一度过着"与典史共买一驴"、"磨麦而食"的生活。② 即便成为一方督抚，他也不改其俭朴之风。于荫霖在河南见到任河道总督的锡良，见其"雇一敞车，带一仆，跨坐"，不仅叹曰"其俭质，为吾所不及，真可敬佩"。③ 其四川总督时之幕僚周询亦曾见锡良穿着马褂边幅"已有坏处"，锡良告诉他"此为阳曲知县时所缝，二十余年矣，焉得不坏"。④ 与锡良之子斌循颇有交往的邓之诚称其"一生清约，习若生成，布衣蔬食，虽贵不改，食不具馔，麻腐豆汁，最所欣喜"。⑤ 任东三省总督时，锡良崇尚朴素衣着，一时为官场中人"竞相"模仿。⑥ 可见，锡良一生之俭朴。当然，需要指出的是，锡良的俭朴也有其家人的影响。他有一兄长继良也应有能名而为当道所称许。翁同龢就曾对继良作如此的评定："此人能受辛苦，有志气，可办事。"⑦

功夫不负有心人，励志勤学的锡良于 1867 年考取秀才，补弟子员。到了 1873 年，他由廪生考取吏部笔帖式中式，成为同治癸酉科顺天乡试举人。1874 年，他应甲戌科会试，中式第七十名，殿试三甲第七十名，朝考三等第六十八名。是年五月初七日由吏部带领引见奉旨以知县即用签掣山西。这也就开启了其仕途之路。

从上可知，贫寒出身的锡良，在严师和家庭环境的影响和激励下，励志勤学，最终早登科甲。随后，锡良签分山西，开始了其州牧生涯。

---

① 斌循：《锡文诚公行述》，中国社会科学院近代史研究所藏，转自杜春和《锡良》，清史编委会《清代人物传稿》下编第 7 卷，辽宁人民出版社 1993 年版，第 146 页。
② 邓之诚：《滇语》，邓瑞整理：《邓之诚日记》（第 8 册），国家图书馆出版社 2007 年版，第 506 页。
③ 于荫霖：《悚斋日记》卷六，光绪二十七年九月十六日，第 42 页。
④ 周询：《蜀海丛谈》，沈云龙主编《近代中国史料丛刊》第 7 册，台北文海出版社，第 511—513 页。
⑤ 邓之诚：《滇语》，邓瑞整理《邓之诚日记》（第 8 册），国家图书馆出版社 2007 年版，第 506 页。
⑥ 《风气盖犹转丸然》，《盛京时报》宣统元年四月十二日，"东三省新闻·奉天"。
⑦ 陈义杰整理：《翁同龢日记》（第 4 册），中华书局 2006 年版，第 1723—1724 页。

第二节 "在晋二十年"

当然，满蒙旗人在清代科举考试时占有一定的便利，因而后世很多旗人都被视为依靠这一制度入仕，实际上并未有多少真才实学。锡良是否也仅仅因为有了这一制度便利而无多少个人的成就呢？事实并非如此，锡良在山西州县官之任上已表现了干练之吏的面相。

一 崛起于赈务

1874 年 9 月底锡良到达了山西省城太原。不久，锡良即参与了 1875 年山西的乡试工作，担任同考官，管解席饷。因此，他也受到议叙加一级的奖励。① 虽然无法得知锡良的具体作为，但从其受奖一节，即可以看出"立志不苟"的锡良在科举考试期间做事认真，已得当道赏识，这也为其后来出任州县牧令奠定了基础。从 1876 年开始，锡良正式派发为州县官，代理孝义县事。

州县是地方政府中最小的行政单位，因而州县官是地方官系列中品秩较低但扮演着极其重要角色的官员，担负着把政府政令传达到底层乡村社会的任务，是上级命令的贯彻者。所以，他们也被称为"亲民之官"，其治下百姓则称他们为"父母官"。② 可知，州县官之重要。

对于早年锡良对州县官吏的认识，目前尚无多少材料予以证实。只是在清末，锡良曾与其属僚谈及其早年的经历时言："我从前做知县，只知道爱民，替公家省钱，不知甚么新政。"③ 虽然这其中不乏其要教训属吏的意味，但可以肯定的是当时锡良就认定"爱民"与"替公家省钱"两件为州县官最为重要的事情。在他看来，"天下虽大，实州县之积"，若州县果能得人，则"民生自裕，邦本愈固"。在其心中，州

---

① 中国第一历史档案馆藏：《山西巡抚张之洞奏请阳曲县知县锡良升补代州直隶州知州事》，录副档号为 03—5185—097。

② 参见瞿同祖《清代地方政府》，范忠信、晏锋译，法律出版社 2003 年版，第 5、29 页。

③ 中国社会科学院近代史研究所图书馆藏：《黑龙江提学使张愉谷致张亮清家书》，宣统元年六月初十日，档号为户 101。

县官员当能"勤能任事"、"清苦卓绝"、"视民事如己事，兴利除弊出于至诚，又不矫情要誉"。①

虽然孝义县的政务颇为简略，②但对于初次接触地方事务的锡良而言这一工作并不轻松，这从他仅代理了三个月的知县也可以看出某些端倪。尽管不知道锡良的任职具体情况，但可以肯定的是锡良工作颇为认真，也正因此，锡良在此后为吴大澂所注意，让其办理赈务。③

当时，山西等地正经历着严重的旱灾，史称"丁戊奇荒"。这场灾害自1876年至1879年，整整持续了四年，覆盖面广，几乎囊括了山西、河南、陕西、直隶、山东北方五省，并波及苏北、皖北、陇东和川北等地区；它造成的后果更属奇大，仅遍地饿殍就达一千万人以上。以致当时清朝官员每每称之为有清一代"二百三十余年来未见之惨凄、未闻之悲痛"，甚至说是古所仅见的大祲奇灾。其中又因河南、山西受害最重，又名晋豫奇荒或晋豫大饥。④ 时任山西巡抚曾国荃更称"是赤地千有余里，饥民至五六百万口之多，大祲奇灾，古所未见"⑤。在山西，越来越多的村庄和家庭被毁灭了。有时，"全家饿民死于屋内，日久无人埋葬，或赤身弃于村外者，或掷于沟壑者，人食狼吞，惨不忍见"；困极无奈的灾民因无力养育子女，往往含泪把他们投到河井、沟壑之中，甚至"母子偕投井者，有母没于路中，其婴尚生卧于死母怀中者"。⑥ 在如此严重的灾情下，社会上已出现"或父子而相食，或骨肉以析骸"、"食人之肉视为常事"的现象，以致阎敬铭和曾国荃在向朝廷联名上奏时称之为"人伦之大变"。⑦

①　锡良：《知县李尚卿历任廉勤请宣示片》，《锡良遗稿：奏稿》，第117页。
②　案，孝义县知县在清代为简缺。（参见《全国各省府州县官缺一览表》，刘子扬编著《清代地方官制考》附一，紫禁城出版社1988年版，第477页。）
③　《锡良办山西拦车镇厘卡时文件》，"札即用知县锡良"，光绪三年十二月廿八日，中国社会科学院近代史研究所藏《锡良任山西县府地方官时文件》，档号为甲374—188。
④　李文海等：《中国近代十大灾荒》，上海人民出版社1994年版，第80—81页。
⑤　曾国荃：《办赈难拘定例请变通赈济疏》，梁小进整理《曾国荃全集》（第1册），岳麓书社2008年版，第269页。
⑥　《绛州城内传教士王玛窦致李提摩太论灾书》，《申报》1878年4月1日；［英］李提摩太：《亲历晚清四十五年——李提摩太在华回忆录》，李宪堂等译，天津人民出版社2005年版，第109—112页。
⑦　曾国荃等纂：《山西通志》卷82，"荒政记"，山西省署光绪十八年线装，第17页。

参与了此次山西赈务的李提摩太就记录了他见到山西百姓每天面对死亡威胁的情景，其境况颇为惨烈。① 对于山西的官员而言，这项工作更为繁重，有时还会因办理不善而面临惩处，甚至有丧命之虞。因此，许多官员难耐艰苦，有意逃脱这一工作。曾国荃在奏折中写道：

> 自赈务既兴，在事各员疲于奔命，积劳物故者指不胜屈，死丧之酷，人人寒心。且事关民命，偶或办理不善，获咎极重；而奖叙不过寻常劳绩，既无越级之赏，反有蹈刑之惧。以是人皆退缩，视为畏途。近来各局委员有屡禀求代者，有因病推诿者，外省捐输亦觉批解寥寥。②

可知，在这次灾赈中，有较多官员因赈务过于繁重而退缩，并通过各种形式来躲避这一差使。当然，这也在某种程度上给锡良这样的新进官吏提供了机会。

当时，锡良正担任拦车镇厘卡委员一职。由于他在任职期间办事认真而为负责蒲州等地赈济的吴大澂看重。1878 年 1 月，吴大澂以锡良办事"谨慎周详"而让其兼办赈济事宜，③ 管理拦车镇馍厂，以便赈济灾民。当时凤台县境内，"饥民流离满道，皆奄奄一息，垂毙之人"。④ 吴大澂在其诗中如此描述当时救灾的情况：

> 挽粟飞刍腊正残，区区何以慰饥寒。（所运高粱七十石，不敷两月之赈。）野多枯骨生人少，树不留皮粒食难。救火情悯循吏苦，望梅心喜圣恩宽。万家性命存呼吸，吾辈盘飧愧未安。⑤

可见，当时的景象颇为荒凉，"饥寒"、"枯骨"、"树不留皮粒食

---

① ［英］李提摩太：《亲历晚清四十五年——李提摩太在华回忆录》，第 112 页。
② 曾国荃：《请将办赈各员照海运河工例请奖疏》，第 372 页。
③ 《锡良办山西拦车镇厘卡时文件》，"札即用知县锡良"，光绪三年十二月廿八日，《锡良任山西县府地方官时文件》，档号为甲 374—188。
④ （清）吴大澂：《愙斋自订年谱》，吴大澂撰《愙斋诗存》，华东师范大学出版社 2009 年版，第 205 页。
⑤ 同上。

难"等词句均反映了当时灾民缺衣少食的生存状况，因此亟须官方的赈济。就是在如此艰难的情况下，锡良接办拦车镇赈务。在赈灾过程中，他亲自到拦车镇附近调查灾民人数及各村庄灾荒情形，做到"户必清查，款必实放"。① 这样做尽量保证了灾民的基本生活，大幅提高灾民生存的几率。后来，山西巡抚奎斌在谈及锡良此一时期的活动，亦称"诸资赞益，全活甚多"。②

此后，锡良又参与了永济县和凤台县的荒地清查等工作。对此，曾国荃对锡良的评价非常高。在奏折中他谈及锡良办理赈务，称其"招抚流亡、清查荒地各事"，颇能体察到这"实非寻常差事"③。因此，他对锡良也非常器重。不久，锡良即因办赈出力，经曾国荃在办赈出力案内奏报而获得嘉奖，奉旨"加同知衔随带二级"。曾氏还试图将锡良"量移繁剧"，出任更为重要的永济县知县。④ 永济县为"冲、繁、难"三字要缺。⑤ 此前锡良仅代理过孝义县（为"繁"一字简缺）、高平县（"冲、繁"二字中缺）等县事。因这一调令有越级升迁之嫌，势必打破官吏正常升迁的制度，曾氏的提议难以为清廷接受。虽然如此，这也显示出曾氏对锡良的赏识，亦可知锡良在赈灾过程中的表现确为优异。此后，锡良回到了其本任山西汾西县令。

这时，延续多年的山西各地的灾荒已渐近尾声，但对于山西的官吏而言，这场灾荒的影响仍在持续。汾西县一直是这次灾荒中受灾最重的地区之一，加以该地为"民贫地瘠"之区，因而，治理颇为不易。1878年4月，锡良到任。此时汾西县"邨落成墟，蒿莱满目"，他即向

① 赵尔巽等纂修：《清史稿》卷449，中华书局1977年版，第12531页。
② 奎斌：《遵保循良以备任使折单一件》，奎斌撰《杭阿坦都统奏议》，见沈云龙主编《近代中国史料丛刊三编》第314册，台北文海出版社，第178—179页。
③ 中国第一历史档案馆藏：《山西巡抚曾国荃奏请准补汾西县知县锡良调补永济县知县事》（光绪五年四月十六日），录副奏折，档号为03—5138—098。
④ 中国第一历史档案馆藏：《山西巡抚曾国荃奏请准补汾西县知县锡良调补永济县知县事》（光绪五年四月十六日），录副奏折，档号为03—5138—098；中国第一历史档案馆藏：《山西巡抚曾国荃奏请仍以准补汾西县知县锡良调补永济县知县事》（光绪五年八月二十二日），录副奏折，档号为03—5141—086。
⑤ 刘子扬编著：《清代地方官制考》，第478页。

曾国荃提出"除弊蠲苛，与民休息"①的政策，经曾氏"据情入告"，获得清廷的允准。于是，他在汾西县推行"蠲赋弛徵，移粟拨帑，解衣推食，瘗死恤生，购牛具发籽种"等政策，以便"赈恤而招抚"。②

　　曾国荃提议重新编修山西地方志既有宣扬朝廷德意，以"澄叙"吏治民风，"俾得观感奋兴之资"之意，③又暗含着史鉴之目的，使人们牢记"丁戊奇荒"所造成的危害和教训。对此，锡良颇为赞成，并积极回应这一决策，参与汾西县地方志的修纂工作。他投入了巨大热情，深入民间"遂访佚事于牧竖农夫之口，寻断碣于荒烟蔓草之中"，与已有的文献进行互相考证，"仅就见闻所及采访所得，与夫吏牍尚存于朽蠹之余者，连缀成篇"。④事后，锡良更能直接指出《汾西县志》编纂的缺点，"仅就见闻所及，连缀成篇，文体庞杂，至今犹以为憾"。⑤可见，锡良也直接参与了该县县志的编纂工作。正是锡良"视公事如家事"的作为感染了其他编纂者，他们毅然任事，最终，于1882年修成《续修汾西县志》。这一地方志的编订成功，虽为当地的历史记载增添了新的篇章，但从锡良的角度来看，他显然希望通过该地方志宣传这次灾荒的危害，以便总结经验教训，使世人避免重蹈覆辙。

　　此后，锡良调署平遥县。锡良亦以创办社仓、丰备仓为其重要职责。所谓社仓，即由各村庄买谷加以储存，而丰备仓则从各村每亩地中抽取谷一升加以储备。此二者皆为备荒而设。锡良认为，"三晋民间素鲜盖藏，岁一不登，民有饥色"，为此，他还制定了丰备社仓章程，"劝令储谷"。⑥此后，他"轻骑减从，下乡新查"，饬令士绅参与买补社谷之事。在其经营下，平遥县境储谷的成效颇为显著，愈积愈多，需

---

　　①　奎斌：《遵保循良以备任使折单一件》，奎斌撰《杭阿坦都统奏议》，见沈云龙主编《近代中国史料丛刊三编》第314册，第178—179页。

　　②　《重修汾西县志发凡》，锡良、贾执钧、周凤翔等纂修《续修汾西县志》，光绪八年汾西县署刻本。

　　③　锡良：《平遥县志跋》，恩端、王舒尊、武达材等《光绪平遥县志》，光绪八年续修张大中丞鉴定、县署藏板。

　　④　锡良：《续修汾西县志序》，汾西县衙光绪八年。

　　⑤　锡良：《平遥县志跋》，恩端、王舒尊、武达材等《光绪平遥县志》，光绪八年续修张大中丞鉴定、县署藏板。

　　⑥　《上山西藩台绍复陈地方情形禀》，《锡良任平遥等县知县时公牍》，档号为甲374—105。

"派仓长二人经管，纠首、乡保、主持一并看守"。①

由上可知，锡良在出任山西州县后，特别是在办理灾赈过程中展露了其干练之吏的本相，贤声亦随之远播。曾国荃称其为"年强才敏，有守有为"，为"州县中才能出众不可多得之员"，可知锡良是深受曾氏赏识的。其声名亦在山西官场中流传，初任山西巡抚的张之洞称其"自其候补时，抽厘办赈，早著贤声"②，即是一明证。

二　"不易得之真才"

光绪七年（1881），锡良调补阳曲县知县，这一任命使其个人声誉达到了一个新的高度。此时，曾国荃已经离开山西，继之任者为张之洞。张之洞是清末一位颇有作为的官吏。他一到山西任上就有意整顿山西政治，准备大张旗鼓地进行省差徭、禁罂粟、裁摊捐等二十件大事。③ 这些措施，与其说是张之洞个人的主张，不如说是山西社会对丁戊奇荒所带来的巨大灾难的深刻反思。因此，他的这些措施受到了有着切身经验的锡良的积极响应。

阳曲县地处要冲，为交通要途，亦面临着冲途州县的差徭之累。当时，山西冲途州县普遍存在着各种弊政，"冲途州县则设立车柜、骡柜，追及四乡牲畜，拘留过客车马，或长年抽收，或临时勒价，一驴月敛数百，一车动索数千，以致外省脚户不愿入晋"。这就严重阻碍着山西这个"以商贾为本"④ 的省份的发展，事实上已成为山西社会经济复苏的重要障碍。

为了革除这些弊端，锡良在阳曲县"为筹生息，官设差局，自养车骡，如必不敷，临期自行雇备，并饬将驿马买补，严定应差章程，不准差员滥支，总之不取民间一钱，不扰过客一车"。⑤ 这些措施得到了切

① 《社仓丰备仓记》，张正明、科大卫编《明清山西碑刻资料选》，山西人民出版社2005年版，第668页。

② 中国第一历史档案馆藏：《请阳曲县知县锡良升补代州直隶州知州事》（光绪九年十一月十七日），录副奏折，档号为03—5185—097。

③ 李细珠：《张之洞与清末新政研究》，上海书店出版社2003年版，第44—45页。

④ 光绪《山西通志》卷82，第22页。

⑤ 张之洞：《裁减差徭片》，苑书义等编《张之洞全集》（第1册），河北人民出版社1998年版，第105—106页。

实的贯彻，据张之洞调查，自该年四月推行以来，阳曲县"未出一拉车扣骡之票"，"两月革除差累，商民咸悦"。① 由此可见，锡良推行各项政策之认真和严厉，且其效果非常明显。为此，张之洞奏保锡良为循良，认为其"守清识定"，清廷亦认为锡良所表现的才能政绩，"均有可观，实为山西出色人员，深堪嘉尚"，"勉为循良"。② 受到褒奖的锡良并未因此而懈怠，于抚民治盗，"益加自奋"③，更积极地投入张之洞的改革之中。此时，锡良还对所属县境内的罂粟栽植进行了整治，因"办理得法、卓有成效"而受到交部议叙的奖励。④ 锡良在阳曲县内推行的"兴水利、劝农桑、减差徭、清粮赋"措施，在多年后，士民仍称之。锡良的这些表现使张之洞不禁大加赞赏，称其为循吏第一，以致远在北京的翁同龢亦知这一名声。⑤

此后，锡良更是受到历任山西巡抚交相称誉，力为举荐。护理巡抚奎斌向清廷表示，锡良"悃愊无华，风操端谨，为政简惠"，深得士民之心，⑥ 为此，锡良受到"军机处存记"的奖励。⑦ 巡抚松椿亦在奏章中称其"才识明敏，尽心民事"。⑧ 巡抚刚毅也称其"洁己爱民，实心任事"⑨ 等。而锡良的政治活动不仅为当道所乐道，也因其"所至皆有政声"，据其同僚所言，绅民也会对其留念。⑩ 当然，这些评论均来自山西当道之口，难免有所偏颇，但可以确信的是锡良深为各当道所称

---

① 张之洞：《保奖循良片》（光绪八年四月二十日），苑书义等编《张之洞全集》第1册，第98—99页。

② 《清实录》（第54册）卷146，第62页，乙丑。

③ 邓之诚：《锡良与东三省》，http://auction.artxun.com/paimai-14-69928.shtml。

④ 张之洞：《陈明禁种莺粟情形折》，《张之洞全集》第1册，第202—204页。

⑤ 陈义杰整理：《翁同龢日记》（第4册），中华书局2006年版，第1723—1724页。

⑥ 奎斌：《遵保循良以备任使折单一件》，奎斌撰《杭阿坦都统奏议》，见沈云龙主编《近代中国史料丛刊三编》第314册，第171页。

⑦ 《清实录》（第54册）卷198，第814页，庚申。

⑧ 中国第一历史档案馆藏：《山西巡抚松椿奏请锡良调补平遥县知县事》（光绪六年十二月二十三日），录副奏折，档号为03—5154—147。

⑨ 中国第一历史档案馆藏：《奏请锡良补授绛州直隶州知州事》（光绪十三年十二月初四日），录副奏折，档号为03—5230—037。

⑩ 中国第一历史档案馆藏：《护理陕西巡抚张汝梅奏为保荐新授山东沂州府知府锡良广西候补道何昭然事》，录副奏折，档号为03—5326—105。

许。也由于此，锡良的仕途显得颇为顺遂，屡次承担重要职务，如山西部院文案副总办、汾西工赈会办、清源局总办等职务。在此过程中，他通过办理各种地方事务，逐渐地成为一名"以才识迈众、足备任使"①的官吏。当然，他也对山西地方社会做出了自己的贡献，所谓"历任州县有惠政"。②

当然，锡良的声名虽然已为诸多官员所知晓，但这还只是在官员中间。真正使其声名超越山西的事件正是办理山西关外七厅赈务。1892年春，山西关外七厅（即归绥地方）大旱，秋陨霜冻禾，涉及范围有千余里之广。该年9月，山西巡抚即派锡良设局抚恤灾民。到任之后，锡良"办赈重审户，散放颇核实"。③ 在此过程中，锡良"奔走救死，经营劳瘁，多人所不能堪，因得全活无算，邻省咸争道弗衰"。④ 远道而来的直隶、浙江义振士绅"无不同声敬佩"。⑤ 可见，在处理山西口外七厅的赈务，使锡良的声名已达到一个新的高度。也正由于此，锡良得以受到李秉衡的青睐，在中日甲午战争危急的情况下，奏调其前往山东办理军务。就此，锡良开始了一段追随李秉衡的时期。

第三节　追随李秉衡

随着声誉日隆，锡良开始受到其他督抚的关注。让锡良正式走出山西的恰是李秉衡。李秉衡与锡良的相识是因二人曾同在晋为官，素有贤声的锡良给李秉衡留下了较深的印象，这也为后来成为一方疆臣的李秉衡奏调锡良埋下了伏笔。

---

① 《清实录》（第55册）卷279，第728下页，光绪十五年十二月乙亥。

② 赵尔巽等纂修：《清史稿》卷449，中华书局1977年版，第12531页。

③ 郑植昌、郑裕孚编修：《归绥县志》，民国二十三年（1934）线装书，经政志，赒恤，第21页。

④ 李秉衡：《奏保山西候补知府锡良片》，李秉衡《李忠节公（鉴堂）奏议》，沈云龙主编《近代中国史料丛刊》第295册，台北文海出版社，第647—648页。

⑤ 中国第一历史档案馆藏：《护理陕西巡抚张汝梅奏为保荐新授山东沂州府知府锡良广西候补道何昭然事》（光绪二十一年六月二十二日），录副奏折，档号为03—5326—105。

一　借调烟台

1894年中日甲午战争爆发后，中国军队在战场上节节败退，奉、直、鲁同时告急。山东巡抚李秉衡为了防范日军进攻，奏调锡良赴山东办理防务事宜。① 李秉衡认为锡良的到来"必能调和将领，辑睦军心"，对于处于危机中的山东防御颇有助益。② 经清政府批准后，锡良于是年12月下旬行抵烟台，经营烟台等地防务。当时的烟台是李秉衡山东防御的关键节点，在李秉衡的规划中，烟台处威海、蓬莱之间，可以兼顾东西两地的战事，一度成为山东防御决策的中心。而此时，日军已占据刘公岛等地，烟台的防御变得尤为重要。到任之后，锡良精心布置和认真办理防卫，使日军未能侵入烟台，有效地防护了山东战场的安全。李秉衡也对锡良的工作非常满意，认为其到任后"实心任事，罔恤险危"，对军事多所匡襄。③

当然，掌管烟台营务处事务，锡良虽承受了巨大压力，但也颇为满足，甚至可以说有点兴奋，因为他在与友人聊天时"恒以未谙军旅为恨"。经过此番历练，锡良的任职履历变得完备了，他也成为"不易得之真才"④，这为其升迁奠定了坚实的基础。

二　曹州教案

对锡良这一干练之吏，李秉衡颇为欣赏。不久，李秉衡就奏调锡良出任山东沂州府知府，这样锡良就暂别了任职多年的山西，开始了新的宦途。而锡良也没有辜负李秉衡的期望，任职期间非常认真。与锡良仅有一面之缘的于荫霖亦对锡良颇为赞赏。他在赴任途中见过锡良后，对锡良作如此评价："清弼笃正而机警，所言多可行，办事材也。"⑤ 于

① 《清实录》（第56册）卷351，第536下页，光绪二十年十月丙辰。
② 李秉衡：《奏调山西候补知府锡良来东片》，李秉衡《李忠节公（鉴堂）奏议》，第486—487页。
③ 李秉衡：《奏保山西候补知府锡良片》，李秉衡《李忠节公（鉴堂）奏议》，第647—648页。
④ 中国第一历史档案馆藏：《护理陕西巡抚张汝梅奏为保荐新授山东沂州府知府锡良广西候补道何昭然事》（光绪二十一年六月二十二日），录副奏折，档号为03—5326—105。
⑤ 于荫霖：《悚斋日记》卷3，第52页。

是，锡良接连受到李秉衡和张汝梅的保荐。该年锡良先后受到张汝梅奏保一次，李秉衡奏保二次，特别是李秉衡在 9 月 28 日的奏章中对锡良赞誉有加，称其"廉明诚笃，勤政爱民，地方军务均有实济，尤能留意人才，堪胜监司"。① 不久，锡良就升任兖沂曹济道一职。可见，李秉衡对锡良的器重。

兖沂曹济道是管理运河事务和兖州、曹州、沂州等府事务的职缺，以疲、繁、难著称。这一时期，曹州等地民教冲突严重，会党活动频繁，治理之艰难可想而知。到任之后，锡良就遇上了当地百姓因为教民强割麦子而招聚大刀会反抗的事件。原来，邻省砀山县庞姓富户因种麦子被教民恃势强割，彼此争殴，"贼匪乘机冒充大刀会，藉端生事"，②拆毁教堂，蔓延至单县亦有多处教堂被拆毁。③ 若以武力镇压，势必造成匪党铤而走险，酿成巨案，锡良就秉持着以解散匪众为第一要义。他"亟率队前往，张示谕众，只擒首要，搜获蒙单，当众焚之，匪党咸畏，皆散"。④ 李秉衡也称"其愚民之误入刀会者，见首恶伏诛，皆悔过自新。闾阎一律安堵"。⑤ 这就暂时避免了一场波及平民的恶战。

虽然如此，当地社会民教冲突的深层次原因仍未得到解决。时任巡抚李秉衡道出了当地爆发民教反抗的缘由：

> 臣查此次会匪滋事固由庞三杰因教民刘荩臣抢麦起衅，而民教之所以积不相能者，则以平日教民欺压平民教士袒护教民，积怨太深，遂致一发而不可制，其酿乱之由，有不可不亟图挽救者，自西教传入中国，习其教者率皆无业莠民，借洋教为护符，包揽词讼，凌轹乡里，又或犯案惧罪藉为逋逃之薮而教士则倚为心腹，恃作爪牙。凡遇民教控案到官，教士必为之关说，甚至多方恫喝，地方官

---

① 李秉衡：《奏保举人才折》（光绪二十一年八月二十五日），李秉衡《李忠节公（鉴堂）奏议》，第 740 页。

② 中国社会科学院近代史所藏：《锡良任兖沂曹济道时往来函电》，光绪二十二年五月廿七日，档号为甲 374—159。

③ 同上。

④ 赵尔巽等纂：《清史稿》卷 449，第 12531 页。

⑤ 李秉衡：《奏办理曹单等处会匪情形摺》，李秉衡《李忠节公（鉴堂）奏议》，第932—938 页。

恐以开衅取戾，每多迁就了结，曲直未能胥得其平，平民饮恨吞声，教民愈志得意满，久之，民气遏抑太甚，积不能忍，以为官府不足恃，惟私斗尚可泄忿。于是有聚众寻衅，焚拆教堂之事，虽致身罹法网，罪应骈诛而不暇恤。是愚民之敢于为乱，不啻教民有以驱之也。

由上可知，当地百姓因平日受到教士、教民欺压过甚，而地方官又屈服于外国势力，不敢公平公正地处理民教冲突，颇有息事宁人之意。百姓们因为无法得到公正，不再相信官府能保障他们的安全，于是自发起来反抗。无怪李秉衡称其为"教民有以驱之"。李秉衡也试图请清廷与各国领事商议，"嗣后遇有民教案件，由地方官秉公讯断，教士毋许干预"，以便消弭后患。① 显然，这一提议无法获得列强们的支持。

除了民教冲突，大刀会还参与到地方社会的事务之中。如曹州府属观城县两月之内三次闹漕，"枪械攻城，对官开炮，传单明言犯上，复敢谋勾盗匪抢劫"。这些盗匪即指大刀会。锡良以为该县近年屡屡闹漕，是因为"官多姑息"，"所以恶胆愈炽"②，因而他主张对这些人进行重惩，严惩首要，以免长刁风。③ 但大刀会在山东社会的存在由来已久，虽屡遭清政府打击，仍能存在。显然，这并不是锡良一时所能解决的。只是，中日甲午战争之后，大刀会因其宣称可以避免枪炮，所以民间"传习愈多，几于无处不有"，"渐至聚众滋事"。④ 因而大刀会的存在对清政府的统治来说无疑是一个潜在的威胁。

为了打击大刀会的势力和扭转"曹属盗贼繁滋，积习成风"的局面，锡良极力推行团练，并令州县防营与其协防，再议定联络会巡之法，"使匪无可乘之机"。⑤ 针对逃往外地暂时避匿的"首要各犯"，锡

---

① 李秉衡：《奏民教相仇情形请旨饬议豫弭后患片》，李秉衡《李忠节公（鉴堂）奏议》，第939—942页。
② 中国社会科学院近代史所藏：《锡良任山东兖沂曹济道时禀稿》，档号为甲374—114，第33—36页。
③ 同上书，第37—38页。
④ 李秉衡：《奏办理曹单等处会匪情形摺》，李秉衡《李忠节公（鉴堂）奏议》，第732—738页。
⑤ 中国社会科学院近代史所藏：《锡良任山东兖沂曹济道时禀稿》，档号为甲374—114，第43—46页。

良则详列名单，请李秉衡进行全省或全国性通缉。另外，鉴于曹属与江南交界，他又联络江苏方面官员，"彼此协缉，并会衔印票照交地方营县手执为凭"之法，力图维护地方社会的安定。这些举措得到了李秉衡"无不照办"的答复。①

尽管如此认真的防范，奈盗匪与平民结合颇为紧密，"分析实属不易"②，锡良亦是回天乏术。不久，曹州就发生了近代史上著名的"曹州教案"（又称"巨野教案"）。

据已有的研究显示，曹州教案的发生是因曹州府巨野县盗贼进入教堂偷窃，教士惊醒后即开枪击毙一名盗贼，但回过神的盗贼也杀死了教士。这原是一件非常普通的刑事案件。德国人却对此作出了非常激烈的回应，占据了胶州湾。原来，德国人较早就有企图占领清朝领土作为其租借地的计划，曹州教案给了它一个非常好的借口。对此，清廷颇为震动，但又不敢采取军事措施，把希望寄托在谈判和外国干涉上，这使德国人有了充分的时间。

当时，锡良在李秉衡的饬令下随同臬司毓贤驰赴巨野，彻底勘查这一案件。③ 1897 年 11 月 16 日，锡良等人饬令当地官员"赶紧取赃，速拿逸犯"。④ 次日，巨野地方官再次拿获四名犯人，追得"真赃八件"，事主亦认明。⑤ 可知该事件确为平常之刑事案件。

但是，这时德国的舰队相继来临，清政府对德方更是无可奈何，不得已只得答应了德国人的条件。其中就包括有惩处锡良的要求。德国人将其列为曹州教案"应请革职，不准留任"的官员。也因此，锡良受到了清廷的惩处。清廷先是对锡良处以交部议处的处分。⑥ 之后，清廷

① 中国社会科学院近代史所藏：《锡良任山东兖沂曹济道时禀稿》，档号为甲 374—114，第 47 页。
② 同上书，第 74—76 页。
③ 《山东巡抚李秉衡致总署电》，中国第一历史档案馆、青岛博物馆、青岛市社会科学研究所编《德国侵占胶州湾史料选编，1897—1898》，山东人民出版社 1987 年版，第 128 页。
④ 《臬司毓贤等致山东巡抚李秉衡电》，《德国侵占胶州湾史料选编，1897—1898》，第 131 页。
⑤ 《臬司毓贤、兖沂曹济道锡良致山东巡抚李秉衡电》，《德国侵占胶州湾史料选编，1897—1898》，第 132 页。
⑥ 《清实录》（第 57 册）卷 413，第 401—402 上页，光绪二十三年十二月戊寅。

又给锡良以"革职留任"的处分。① 对于清政府屈服于德方的无理要求,锡良感到相当不堪。他曾以"外交事件多棘手",向巡抚张汝梅请求引退。张汝梅复函挽留说"公义私情,断无任执事远引之理",劝其"勿遽萌高蹈之见"。② 此后,锡良仍有回函请辞,但均未能如愿。

在曹州教案发生后的较长时间内,锡良的心境颇为抑郁。这不仅因为其个人受到了严厉的惩处,也有深为其敬重的李秉衡也因此事而受到开缺的处分的因素。锡良与李秉衡的关系是随着锡良到山东省之后逐渐亲密起来的。对于李秉衡这一上司,锡良颇为敬佩。这从其在与李秉衡的通信里就能看出这一点。他写道:

> 初五日奉到初一日手谕,敬悉。赵工吕工均已合龙闭气,西韩家亦将堵合,陈庄引河勒限挖通。宪台乘一叶扁舟,于洪涛巨浪中风餐露宿,将及两月,督饬兴作,用能克日完工,拯民水火。然已劬劳太甚,请早日命驾旋省为盼。职道回署料理积牍,七八日衙斋静坐,遥想宪台亲冒海天风雪,踌蹰不安。③

李秉衡勤勉干练的形象在锡良的心中留下了深刻的印象。当然,锡良也深受李秉衡敬重,并倚其为重要的助手,重要的问题都与其进行探讨。锡良认为,李为其生平难逢之知遇,④ 已然超越了同僚关系。也因如此,锡良在李秉衡调任四川总督后,即向李表明心迹,表示愿随其赴川任职。⑤ 然而,在曹州教案中,李秉衡却因德国方面的无理要求而遭罢官,而锡良亦因该教案而遭处分,这使其颇为愤懑。当其听闻李秉衡请求引退后,他立即写信给李秉衡,谓:

> 窃以为今日时势而论,不惟我宪台引退为宜,即职道年力正强

---

① 《清实录》(第57册)卷414,第414下页,光绪二十四年正月乙未。
② 刘薇:《"曹州教案"新议》,《辽宁师范大学学报》(社会科学版)2001年第5期。
③ 中国社会科学院近代史所藏:《锡良任山东兖沂曹济道时禀稿》,档号为甲374—114,第30—33页。
④ 同上书,第85—89页。
⑤ 中国社会科学院近代史所藏:《锡良任山东兖沂曹济道时禀稿》(光绪二十三年九月二十八日),档号为甲374—114。

亦亟思罢斥，盖劳苦固所不辞，而挫辱实所不堪。况官愈大，辱愈甚，任愈久，辱愈多，有何足恋，进不如退，退不如早之为得也。惟念宪台一身，为两间正气所钟，一身之隐见正气之屈伸系焉，君子小人之消长系焉。汲黯在朝，淮南生忌司马入相，敌人守盟，贤人去留关乎天下轻重，宇内喁喁仰望，德辉炳耀，诚非浅鲜矣。东海夷氛愈让愈炽，不知何所底止，而备御毫无，祸患更不堪设想，时艰日迫，忧愤填胸，何时训诲，重亲思之神往。冬风凛冽，为国珍重，临禀依依，不知所云。①

从上可知，锡良对李秉衡情谊之浓烈。随着李秉衡的请退，锡良亦因不堪挫辱而萌生了"退意"，颇有与李秉衡共进退之意。当李秉衡确实遭到了清廷开缺的消息传来时，锡良感到长城顿失，"时事真不可为矣"。他对于前途也是非常迷茫，"海内茫茫，何处是乐土，以辞爵禄为荣，尤以离人世为快也"。② 此后，他又向李秉衡表示：

> 至于时局日益离奇，无人不为愤恨。自读十一月十八日邸钞，益觉心灰意索，浩然长叹。祇以在任一日，不得不强作精神，勉力办理。巨野之案至今仍无发落，余更消息杳然，令人闷闷，东事亦无可道者。③

可见，曹州教案对锡良的打击可以说是非常巨大的，其抑郁的心境中含有对清廷外交失败的愤恨，也有对其国家的前途及方向的迷茫和怀疑之情。

第四节　戊戌—庚子之际的抉择

曹州教案对锡良的宦途似乎是一个打击。不曾想，再次调回山西的锡良，其仕途之路反而有了加速的态势。这与当时晚清政治变局有着莫

---

① 中国社会科学院近代史研究所藏《锡良任山东兖沂曹济道时禀稿》（光绪二十三年十一月十九日），档号为甲374—114。

② 同上书，第95—97页。

③ 同上书，第100—101页。

大的关系。

一　戊戌维新中的保守倾向

1898 年 3 月 3 日，到达山西之后锡良即被委以重任，署理山西布政使一职。① 是年 10 月 7 日，他就升任为山西按察使。② 升任之后，锡良即请入都陛见③，受到慈禧的准许。进入京师，锡良受到召见三次，"训诲周详，无微不至"。④ 锡良再次回到山西是在 1899 年 1 月 3 日。因曹州教案而受到的处分也在这时得以开复。⑤ 不久，他就被调往湖南任按察使，但很快，即升任湖南布政使。⑥ 这一切对锡良来说亦有出乎意料的感觉。他在到任湖南布政使折内写道："伏念奴才甫调冀方，旋陈臬事，曾涓埃之未效，乃迁擢之频膺，固深感恩图报之忱，益增任重材轻之惧。"⑦ 由上可知，锡良的迁擢速度甚为迅速。为何锡良能得以如此迅速地升迁呢？

从时间上看，锡良这一系列升迁均发生在 1898 年，正赶上清代政局的重大转捩点。这一年正是光绪帝有意推行维新变法之机，可知锡良的升迁必然与戊戌维新有着莫大的关系。这一时期，锡良对维新变法又是怎样的态度呢？

事实上，还在山东任职的锡良就曾对清廷的某些改革发表过自己的见解。当时清廷正有意接受赫德所提出的改革土药税收，以增加税收之事，对此，锡良表现出强烈反对的意向，其理由就是外人可能通过财政来扰乱中国。其言曰：

> 窃思本朝圣相承，深仁厚泽，虽咸同间发捻蹂躏半天下，度支告匮，朝不谋夕，而未尝发令括财，行一扰民之政。所以人心固

---

① 锡良：《接署晋藩谢恩折》，《锡良遗稿：奏稿》，第 1 页。

② 《清实录》（第 57 册），光绪二十四年八月癸卯，卷 428，第 617 下页。

③ 锡良：《补授晋臬谢恩折》，《锡良遗稿：奏稿》，第 2 页。

④ 锡良：《晋臬到任谢恩折》，《锡良遗稿：奏稿》，第 2 页。

⑤ 中国第一历史档案馆藏：《山西按察使锡良奏为奉懿旨开复处分谢恩事》（光绪二十五年正月初六日），朱批奏折，档号为 04—01—12—0588—060。

⑥ 锡良：《补授湘藩谢恩折》，《锡良遗稿：奏稿》，第 3—4 页。

⑦ 锡良：《湘藩到任谢恩折》，《锡良遗稿：奏稿》，第 4 页。

结，卒能易乱为治。自马关定约以来，已觉气颓体解，民为邦本，岂可再有动摇。部中听何人言岁加土药二千万税银，是必奸夷惟恐中国乱之不速，生此毒计，而愦愦者流惟命是听，真可痛哭流涕者也。我公具疏力争，素荷采纳，或则电致各省同声，圣主之知，必邀呼吁得请而后已，诚天下亿兆生民之幸。[①]

可知，锡良对中日甲午战争后"气颓体解"的状况已有所了解，认为此时并不应再行推行改革土药税收这一扰民之政，而对赫德这一外国人所提议改革之事存有强烈的敌意，认为是"奸夷惟恐中国乱之不速，生此毒计"，扰乱中国政治。[②] 由此可知，锡良对于改革，特别是外国人的提议改革存在着深深的敌意，这无疑在某种程度上表现出锡良保守的一面。而光绪帝推行的维新变法，急速地推行西式的政治体制，显然，这一新政难以获得锡良的认同。

关于其对维新变法的态度，锡良在其日记中有所体现。谓：

光绪二十四年四月廿八日刘幼堂学使拜会，谈及召见康长素、张元济等人，恐从此开门户之见，甚不以时务报为然，谓梁起【启】超诸人才策诚有，如真抱忠爱之忱，何忍目无君长，肆无忌惮。洵笃论也。

（光绪二十四年六月）十四日晴刘幼云学使来谈，张香帅所著《劝学篇》议论正大，足以正人心息邪说云云。……

（六月）十五日上院，请将京发《劝学篇》迅速刊刻，广为散放，蕲帅亦以为然。……

（六月）十六日奉发《劝学篇》，饬令刊刻。其书内篇九，以正人心，外篇十以开风气，与时务诸报专意变洋忘本迥别，遂交李

---

① 中国社会科学院近代史所藏：《锡良任山东兖沂曹济道时禀稿》，档号为甲374—114，第74—76页。

② 美国学者 Roger V. Des Forges 在其书《锡良与辛亥革命》中提出锡良是因曹州教案而对西方的美好看法破碎的。（参见 Roger V. Des Forges, *Hsi-Liang and the Chinese National Revolution*, New Haven and London Yale University Press, 1973, p. 8.）从此处可见，锡良甲午中日战争之后就对外国人存有戒心。

葆生觅匠刊刻。①

其日记中所谓"邪说",盖指康有为等人的维新变法思想。此时,锡良虽然未直接发表见解,但对其同僚所谈反对康有为存有"门户之见、目无尊长"等言辞,颇为认同,认为是"笃论"。此后,他又向巡抚胡聘之建议,颁发"足以正人心、息邪说"的《劝学篇》,予以抵制。而且,他的动作甚为迅速,不到三天即刊发该书。由此可见,锡良并不认同康梁等人的主张,且有抵制维新变法之意。所以,在得知慈禧重新垂帘之后,锡良的心情显得格外轻松。他在日记里写道:"(八月)十五日……接平字十一号云,皇太后垂帘之日,天气晴朗,人心大定。"如此看来,锡良对慈禧再度垂帘非常赞同。

或许正是这一态度,锡良在这一时期获得了迅速的升迁。10月7日,清廷发布上谕,令锡良接任山西按察使一职。众所周知,慈禧发动戊戌政变后,于10月1日重新训政,再度掌握大权。因此,锡良的调动显然是慈禧在政变后重新调整人事布局的一环。随后,锡良即获得进京面见慈禧的机会,受到了三次召见,"训诲周详,无微不至"。②可知,慈禧对锡良的政治态度颇为满意。未久,锡良又接获清廷电谕,出任湖南按察使。当时湖南是戊戌维新时期推行最为有力的省份,此时湖南巡抚陈宝箴等官员因支持光绪的新政措施而为慈禧所撤换。所以,让锡良出任湖南按察使,必然有慈禧意图整顿湖南政治生态的考虑,希望借此调值得信任的官吏来填补该省之权力真空,以便重新掌握该地政局。不久,清廷即令锡良出任湖南布政使。③颇值一提的是,戊戌政变后,慈禧一度有意让保守的毓贤出任湖南布政使,④不知何故,毓贤调往他省,于是,锡良调任湖南布政使。值得注意的是,毓贤亦是旗人。⑤可知,锡良保守的政治态度和旗人的身份为其赢得了慈禧的信

①《晋垣随笔》,中国社会科学院近代史所藏《锡良手稿》(1898—1907),档号为甲374—96。【】号内之字,乃笔者修正。以下皆同,兹不赘述。
② 锡良:《晋臬到任谢恩折》,《锡良遗稿:奏稿》,第2页。
③ 锡良:《补授湘藩谢恩折》,《锡良遗稿:奏稿》,第3—4页。
④《锡良手稿》,光绪二十四年八月廿二日,档号为甲374—96。
⑤ 毓贤为清末汉军正黄旗人。参见陈旭麓等编《中国近代史词典》,上海辞书出版社1982年版,第733页。

任，这也是锡良屡次升迁的重要原因。

此后，升任湖南布政使的锡良再次入都觐见。在这次觐见过程中，慈禧直接向其表示，"教【叫】你来，为听几句真话"。① 由此亦可知慈禧的信任之情。

尽管如此，锡良在这一时期也向慈禧提出了其改革之言。他曾利用觐见的机会当面直陈反对慈禧驻跸颐和园，认为那样会使"京外人心不安"，请慈禧此后能常驻都城，"无游园亭，停工作"，"太后纳之"。② 但慈禧并未真正采纳这一建议，但也未否定他的忠心。此后，锡良再次对慈禧驻跸颐和园的举动专门上奏折进行了批评，其言曰：

> 盖患不仅在外国，祸每伏于隐微。中国之外托官宦杂役，内实顺夷逆党者，到处恐所不免，特慑于法律威严，不敢蠢动耳。要在强固根本，周密防闲，庶几化险为夷，可免危生意外。颐和园风景虽佳，而园外即同旷野，墙垣非峻，宫闱庭宇亦不邃深，少派兵不足以资拱卫，多派兵适足以示弱，为外人所轻。况咫尺禁御，设或有万分之一，虽百万貔貅，亦不能施其力于分寸之地、俄顷之间，言之至为心悸。凡属京外臣民，心系朝廷，无不为忧虑，咨嗟叹息。若逆党幸灾乐祸，惟恐中国之不速乱，中国之不亟危，彼固可乘隙肆其逆谋也。伏念西苑虽稍紧凑，楼台殿阁无美不备，而地势团聚，门禁森严，实为过之。惟有叩乞早赐回銮，人心安定，大局幸甚！③

在这一建议中，锡良看似是对慈禧的批评，实则包含着其对慈禧安危的深深的忧虑。这无疑表达了他的忠心。而在其由忠心包裹着的谏言中，锡良对慈禧的游园、兴建工程等逸乐行为进行了批评，这其中也不乏暗示慈禧作为清政府掌舵人，劝其通过自律来保持对政权的掌控。从目前的资料看来，这是锡良在这一时期的唯一"改革"之言。透过此

---

① 《锡良手稿》，光绪二十五年三月初四日，档号为甲 374—96。

② 于荫霖：《悚斋日记》卷 5，第 44 页。此处的"停工作"，应指的是慈禧兴修颐和园等工程，锡良希望慈禧能停建。

③ 锡良：《密请早赐回銮折》，《锡良遗稿：奏稿》，第 31—32 页。

一言论可以看出，他只愿通过清最高统治者道德自律来保持清政府的运作，而不是立即对清朝体制进行全面的改革，反映出他依然执着于臣子对帝王忠谏，以使帝王在自身修养方面有所改正，最终达到振兴国家的效果，这也是他的传统面向的表现。

二 庚子勤王的观望者

正当锡良仕途一帆风顺之时，由曹州教案所导致的帝国主义侵略不断加剧的态势，引发了中国人民的极力反抗。这时，以"扶清灭洋"为口号的义和团运动如火如荼地发展了起来，到了1900年，义和团运动进入京津地区，势力大张。帝国主义者颇为不安，要求清政府镇压义和团运动。1900年4月初，美、英、法、德四国公使联合照会清政府，限"两月以内，悉将义和团一律剿除，否则将派水陆各军驰入山东、直隶两省，代为剿平"。12日，俄、英、美、法等国舰队齐聚大沽口，再次照会清政府，"若于两月以内不能镇抚，则各国联合以兵力伐之"。①此时，以端王载漪为首的顽固排外势力在清政府内部占据上风，他们主张利用义和团来对抗外国势力。各国公使眼看形势已朝着对他们不利的方向发展，便策划直接出兵干涉。五六月间，帝国主义各国组成八国联军开始向京津地区进发。

为了应对八国联军的侵略，清廷以"因民教寻仇，匪徒乘机烧抢，京师内外扰乱已极"为由，用六百里加紧谕旨，要求各省总督及巡抚派遣"得力将弁，统带数营，星夜驰赴京师"，进行勤王。② 接到谕旨之后，两湖督抚即做出了不同的反应。湖北巡抚于荫霖认为，两宫忧危，"为臣子者惟有竭心尽力，以期上报国家"③，"若再迟迟其行，不但于心不安，吾等将受天下之责矣"，因此，他一再催促张之洞迅速派兵，④并主动提出带兵入卫。张之洞则以已有和局将定的传言，所以，即便派遣勤王军到达北京，大局安危已定。但为了体现"臣子之义"，张之洞

① 《八国联军志》，《义和团》第3册，169页。
② 《清实录》（第58册）卷464，中华书局1987年版，第76页。
③ 《悚斋日记》卷6，光绪二十六年六月初二日，第9—10页。
④ 参见《悚斋日记》卷6，光绪二十六年五月二十四日、二十九日、六月初七日，第8—10页。

又表示"此军断不可不派"，但其作用仅限于"万一不幸，便扈卫两宫圣驾"。① 显然，张之洞并不赞成迅速北上入卫，主张静待大局明朗，再有所行动。

事实上，张之洞并不赞同清廷借助义和团对抗各列强的政策，并且联合了刘坤一等督抚与列强谈判，进行东南互保的活动，然而，他又不想承担违抗清廷旨意的责任，需要派遣军队勤王，以显示其忠诚。这就需要选择一个懂得既能维持与列强的和平，又能体现对清廷的忠心这样一种张力关系下的人物来统领这一军队。可见，张之洞如何控制勤王军的走向是张之洞面临的重大难题。而张之洞作为湖广总督，名义上管辖着两湖地区，因此他须对两湖勤王军负责。但素来迂腐②的于荫霖出任勤王军统帅，亦非张所乐见。当然，两湖勤王的统帅也并非张之洞一人所能决定，实际上仍需要与于荫霖协调立场方能确定人选。

于是，时任湖南藩司锡良则成为这一人物的合理选择。首先，锡良与于荫霖的私交颇好。对于这一点，于荫霖的日记也予以了证实，谓：

> 光绪二十一年十一月初十日沂州府尖，晤锡太守良清弼……清弼笃正而机警，所言多可行，办事材也。
>
> 光绪己亥二十五年二月十五日，湘藩锡清弼良同年到，得畅谈。清弼劝太后无游园亭、停工作，太后纳之。太后圣德可钦，清弼忠爱可敬，闻之心感。
>
> （光绪己亥二十五年）二月十六日约清弼、晓帆吃饭，雨亭作陪，到此第一番招客也。是日畅谈。
>
> （光绪己亥二十五年）二月十九日，清弼来辞行，留共便饭，与星海共三人，谈尤快。
>
> 光绪二十七年九月初八日……清弼来拜，陆凤石亦来。
>
> 光绪二十七年九月初十日，偕清弼同到府瞻仰行宫。
>
> （光绪二十七年）九月十二日，约清弼来谈，便饭。雇一敞车，带一仆，跨坐。其俭质，为吾所不及，真可敬佩。

---

① 张之洞：《致长沙俞抚台、锡藩台》，《张之洞全集》（第10册），第8024页。
② 赵尔巽等纂：《清史稿》"于荫霖传"，第12523页。

（光绪二十七年）九月十九日偕清弼赴西关，谒周公庙、二程
子、邵子祠。① ……

从以上记录来看，于荫霖与锡良较早就认识。从材料中可以看出，
于荫霖最初是在山东沂州府方才与锡良有所接触。锡良也给于留下了较
好的印象。当然，这其中不乏李秉衡极力赞誉之功，因为于荫霖与锡良
同为李秉衡所奏保。此后，于荫霖又一次见到赴湖南布政使任的锡良，
能与锡良"畅谈"、"谈尤快"，并为其作"第一番招客"，凡此种种行
为，均可见锡良与于荫霖关系之融洽。而这一融洽的背后则有其共同的
理念追求和锡良个人特有的魅力，如锡良劝谏太后"无游园亭、停工
作"，对于锡良之平素简朴生活，于称其"忠爱可敬"、"真可敬佩"。
二人还共"谒周公庙、二程子、邵子祠"，即可显示出其共同理念追
求。显然，张之洞也能明了锡良与于荫霖的友谊。

其次，张之洞判定锡良不会支持义和团。在张之洞的心目中，锡良
"是一个性格很不相同的人物，他没有名气，但却很想维护秩序和履行
条约的义务"②。当然，锡良与张之洞的关系亦颇好。锡良在赴任途中
经过武昌时即受到了张之洞的热烈欢迎。对此，锡良在其日记中有所
记载：

（四月）十五日……禀谒张香涛、于次棠中丞，均极亲近。
十九日辰刻，香帅携酒饭来会馆，谈三时许，激昂忧愤，沉痛
之极。③

虽然未清楚张之洞与锡良交好其背后有何因素，但从二人谈话能达
到"激昂忧愤、沉痛之极"来看，二人的私交显然亦颇好。由此可知，
锡良是一个能游走于张之洞与于荫霖之间的官员，所以，在政治妥协的
情况下，锡良似乎成了张之洞和于荫霖较好的统帅人选。

① 参见于荫霖《悚斋日记》卷3，第52页；卷5，第44页；卷6，第42—43、48页。
② 胡滨译：《英国蓝皮书有关义和团运动资料选译》，中华书局1980年版，第360页。
③ 《锡良手稿》，光绪二十五年四月十五日、十九日，档号为甲374—96。

　　于是，张之洞以两湖军队派兵不多、"不成大队，声威不壮"为由，致电湖南巡抚俞廉三、藩司锡良，筹议由湖南派大员统率湖南、湖北军队入卫。对于原本湖北方面于荫霖拟亲率湖北勤王军北上，张之洞以其"病未大愈，军旅似不甚便"，不同意于的要求。同时，在参考陕西派按察使升允统率马步八旗赴援之例，他认为若由"坚强而又精细"的湖南布政使锡良总统该军，"最为郑重得体"①。隔日，湖南方面即来回电，称"商派锡良统兵北上，论湘事万难离开，然入卫事重，两省合军，断不容辞"②。随后，张之洞与于荫霖联合上奏，"遵旨会派湖南布政使锡良带兵北上"③，"较之更易生手，似觉稳妥"④。事实上，对于这一结果，于荫霖仍不同意，认为"南北两军成行，尚未有日，此事真令人愧憾"⑤。可知，于荫霖对时局非常焦急，希望能早日勤王北上，但这并非反对锡良之出任勤王军之统帅。于荫霖曾以李秉衡的名义向锡良表示"盼公速行"，并问询其"何日起程"⑥。对此，锡良亦明了于荫霖焦急的心理，向于要求"鄂军请先行"⑦。此后，于又有意亲自率队入卫，⑧ 但最终不了了之。由此观之，当时督抚中间对于如何执行清廷政策方面仍存在着不同的意见。虽然二者争论的意图不同，但可以肯定的是，于荫霖显然坚持督抚为清廷在地方的利益代表的原则，张之洞则在某种程度上有转向督抚为地方群体利益代表的趋向。对此，锡良又是如何抉择的呢？

　　收到要出任勤王军统帅的命令后，锡良即与张之洞等人交涉，增加两湖勤王军人数。原本在张之洞等人的规划中，湘鄂两军合为一军，大约人数在三千。锡良却主张多带兵队北上勤王，而俞廉三则以"湘力已

---

　　① 《致长沙俞抚台、锡藩台》，《张之洞全集》（第 10 册），第 8024 页。

　　② 《俞抚台、锡藩台来电》，《张之洞全集》（第 10 册），第 8024—8025 页。

　　③ 《清实录》（第 58 册）卷 464，中华书局 1987 年版，第 76 页。

　　④ 张之洞等：《会派藩司统军北上折》，赵德馨等编《张之洞全集》（第 3 册），武汉出版社 2008 年版，第 563 页。

　　⑤ 于荫霖：《悚斋日记》卷 5，第 10 页。

　　⑥ 《锡良手稿》，光绪二十六年六月初八日，档号为甲 374—96。

　　⑦ 《锡良手稿》，光绪二十六年六月初九日，档号为甲 374—96。

　　⑧ 光绪二十六年六月初十日，于荫霖有电致锡良云："台旆十二三启行，甚盼。鄂五营非初十后不能齐，鄂因虑洋枪子药不足，现正赶造抬枪，招募两营，拟请自带北上，尚未能即日成军。并闻。"（《锡良手稿》，档号为甲 374—96。）可知，于荫霖勤王之急切。

竭，且非剿夷，营多无益"，认为锡良"不知行军转饷之难"。① 最终协商，两湖勤王军总数在五千人。这不能不令人生疑锡良是否亦与于荫霖的主张相同。张之洞再一次向锡良等人表示，"京津各处拳会太炽"，"两宫不免为所挟制"②，实质上他希望锡良能体察其苦心。

这并不是说张之洞会将两湖勤王军控制权完全交予锡良。为了控制两湖勤王军的走向，张之洞向锡良表示，"清江浦刘岘帅电阻行走，信阳州正修铁路，亦属不宜"③，张之洞一度还希望锡良能走路线复杂而难行的襄阳一线北上，但遭到了锡良、俞廉三等人的抵制，最终同意锡良经由信阳北上勤王。只是线路略与原来不同，但其行军时间由七日延长至九日。此后，锡良到了武汉后仍有意取道清江浦，北上勤王，因此通过张之洞向刘坤一表达了这一意思。但刘坤一回电仍力阻其由此北上，这使锡良颇为愤懑，在日记中骂其"不知是何肺肠"。④ 可知，锡良有意迅速北上。张之洞派遣了在湘军营官资望颇深的方友升出任鄂军统领，⑤ 显然他希望通过方友升对锡良的行动产生一定的牵制作用。此外，张之洞还将解送京饷的任务交给了这支勤王的队伍。此后，张之洞还通过电报等手段，控制着行军的步调，如在锡良所率湖南劲字营较为赶速前进时，他就命令方友升挑选精健步队赶上锡良，以便两军合军齐进。⑥ 需要指出的是，张之洞的这些措施，并非其个人行为，而是以张之洞、刘坤一为代表的东南互保督抚所采取的联合行动的一部分。

出任两湖勤王军统帅之后，锡良迅即于 1900 年 6 月 27 日，接统劲字营。⑦ 7 月 9 日他率劲字营启程北上，15 日到武昌。其间，锡良亦曾邀请赵尔丰等心腹同僚同赴京师勤王，可知其确有意于迅速入卫京师。由于张之洞的刻意延缓和锡良本人生病等因素，迟至 27 日，锡良方从

---

① 《俞抚台来电》，《张之洞全集》（第 10 册），第 8025 页。
② 《致长沙俞抚台、锡藩台，岳州颜道台》，《张之洞全集》（第 10 册），第 8070—8071 页。
③ 《湘水双鱼》，光绪二十六年六月二十六日，《锡良手稿》，档号为甲 374—96；《致长沙俞抚台、锡藩台》，《张之洞全集》（第 10 册），第 8104 页。
④ 《锡良手稿》，光绪二十六年六月廿七日，档号为甲 374—96。
⑤ 《致长沙俞抚台、锡藩台》，《张之洞全集》（第 10 册），第 8075 页。
⑥ 《致信阳朱道台转统领武功军方镇台友升》，《张之洞全集》（第 10 册），第 8212 页。
⑦ 《俞抚台来电》，《张之洞全集》（第 10 册），第 8056—8057 页。

武昌启程北上。锡良途经滠口、黄陂县、杨店、孝感县、云梦、德安府、应山、平靖关，8月1日抵达信阳州，这与张之洞为其设计的路线略有不同。① 曾有传闻锡良自带军队沿京汉铁道北上时，遭到张之洞所派军队的截留。② 案之张之洞前后所主张，可知此并非空穴来风。到达信阳后，锡良重新规划了行军事宜，由其所率湘军劲字营迅速进军北上，鄂军武功营则在后押解京饷等物缓慢行走。③ 然而，各营子药沉重，车少，半滞中途，士卒亦多疾病。④ 而遭到清廷两次发布"六百里加急"严旨催促⑤的张之洞，一度希望锡良能等待方友升营赶上，齐头并进。⑥ 这些因素迫使锡良的军队行军较为缓慢，每日以六七十里的速度前进。但是，这并不是锡良所企望的。锡良在得知李秉衡死讯后，曾在其挽联中有"恨迁回遵陆"之句。可知，锡良对张之洞等人的路线是存在抵触情绪的。值得注意的是，即便在得知慈禧等人西幸晋省的消息，锡良所部行军速度亦只在每天四十里至七十五里之间，并未比以前的速度快多少，可知"武功五营，因辎重稍多，兼之护解京饷及神机虎营各营子药，沿途车辆缺乏"⑦ 等因素确实影响亦是有所体现。虽然不能否定这其中有锡良等人观望缓行、以遥应京师的因素，⑧ 但实证地看其他因素确实对勤王军的行动产生了一定的影响。

至于为何锡良会观望迟延，其原因颇为复杂，笔者认为大体上有两个主要原因：一是从这次勤王军的组织过程来看，勤王军在某种程度上

① 张之洞所设计的路线由黄陂、孝武、云梦、安陆、应山、平靖关，至信阳，共九日。而锡良所走路线与原来至信阳路线略有相同，由滠口双庙、杨店小河溪、广水驿、观音河一路行走，至信阳七日。（《锡良手稿》，光绪二十六年六月廿七、廿八、廿九日，七月初一—初二、初三、初四、初五、初六、初七日，档号为甲374—96。）

② 黄濬：《花随人圣庵摭忆》（中），中华书局2008年版，第459—460页。

③ 《锡良手稿》，光绪二十六年六月廿三日，档号为甲374—96。该日锡良得到方友升信函云"十六日已到信阳，又奉督抚堂文，催速行焉"。可知锡良所带劲字营已先于方友升所带鄂军武功营七日，已处于前方。

④ 《锡良手稿》，光绪二十六年六月十一日、六月廿三日，档号为甲374—96。

⑤ 金家瑞、林树惠编：《有关义和团上谕》，七月癸丑（十四）、戊午（十九），中国史学会《义和团》（四），上海书店出版社2000年版，第36—37页。

⑥ 《致信阳朱道台、总统湖南湖北各军锡方伯、统带武功营方镇台（朱道台飞递）》，《张之洞全集》（第10册），第8227页。

⑦ 锡良：《鄂湘两军留驻晋省以资守御折》，《锡良遗稿：奏稿》，第36页。

⑧ 黄鸿寿：《清史纪事本末》，上海书店出版社1986年版，第498—499页。

代表了地方督抚的利益。据当时的舆论看来，清廷发布各省征集勤王军入援的命令后，"鹿传霖、锡良等遥应之，而南方督抚皆不奉诏"。① 正因此，张之洞能用各种举措来掌控勤王军的走向，这使锡良在指挥勤王军行动时受到颇多掣肘。其二则锡良对时局的认识。在北上勤王过程中，锡良已然认识到"时局奇危"，② 但八国联军气势如虹，这无疑让他颇为踌躇。当然，他显然也向河南布政使景星表达了要迅速北上的意向，但景星的回信再三嘱以"多磕顿，少说话"。③ 可知，危乱的局势使地方官员不得不做出审慎的抉择。

当然，锡良的延缓行动已然为舆论所注意，这似乎为其仕途蒙上了一层阴影。幸而，处于观望状态的勤王军并非只有锡良一人而已。清廷在谕旨中也承认，"各省援兵到者不多"。④ 即便是在义和团运动中颇为坚决地执行清政府命令的毓贤，其勤王军也未能如期到达北京。可知，勤王军多有畏葸、观望之态。

得知慈禧西巡的锡良，并非如同以往史家所云立即前赴山西，直至8月23日，他仍对慈禧等人西幸"究系如何，尚未确实"⑤。8月24日后，锡良奉到荣禄等人札饬，令其驻扎正定，收集溃勇。⑥ 8月25日，锡良在向荣禄等人禀请，由其自带卫队随扈入晋，得认可后，再次启行。9月6日他到达太原，9日到黄土寨迎接慈禧等人，"蒙谕随扈"，⑦9月10日随慈禧等人回到太原。

见到慈禧等人的锡良并未受到任何惩处，按照《清史稿》所言，乃是"迎驾山西，立授巡抚"。⑧ 细绎《清史稿》的字义，颇有护驾有功之意。事实上，颇多西来护驾之人得到升迁，其著名者如鹿传霖、瞿鸿機等人。案之当时情势，其中意蕴却有耐人寻味之处。

---

① 黄鸿寿：《清史纪事本末》，上海书店出版社1986年版，第498页。
② 《锡良手稿》，光绪二十六年七月二十六日，档案号为甲374—96。
③ 《锡良手稿》，光绪二十六年七月二十三日，档号为甲374—96。
④ 中国第一历史档案馆编：《光绪朝上谕档》（第26册），广西师范大学出版社1996年版，第263页。
⑤ 《锡良手稿》，光绪二十六年七月二十九日，档号为甲374—96。
⑥ 《锡良手稿》，光绪二十六年七月卅日，档号为甲374—96。
⑦ 《锡藩司来电》，《张之洞全集》第10册，第8290页。
⑧ 赵尔巽等纂：《清史稿》卷449，第12531—12532页。

　　到达太原的慈禧已有通过与各列强和谈来挽回大局的意向。① 然而，各列强则向清政府提出要求先行惩办酿祸诸大臣，方能进行谈判。英国驻华大使曾就山西巡抚一事向英国政府表示："我们应立即坚持任命一位外国人亲善的巡抚。这是很重要的，因为那样或许可能在全省开始寻找那些失踪的人。"② 日本政府则向清廷明确表示："大皇帝如果切望和平，宜须明降谕旨，断不举用守旧顽固之人，亟应简选中外众望有为者为大臣，另立一新政府。"③ 与此同时，张之洞、刘坤一等督抚又集体电劾酿祸大臣，这又不得不使慈禧等人审视督抚的力量，撤换酿祸诸臣，所谓"圣意已动"。④ 不久，清廷发布了惩处纵拳"肇祸"诸臣之上谕。鉴于这些人的强大势力，在发布这一上谕前，慈禧曾与毓贤进行了沟通。她对毓贤说："今山西境内无洋人，汝之力也。但联军索汝甚急，予或将汝革职，以掩外人耳目。"⑤ 这时，慈禧处在毓贤管辖的区域，身边所带亲信大多为后来的"拳乱祸首"，这无疑束缚了慈禧的手脚。因而慈禧需要寻找"妥当"的人选，重新布局，锡良显然是其中的重要一环。

　　首先，锡良自身的能力是出任巡抚一职的重要保证。锡良被张之洞目为循吏第一，且在此之前，他曾护理湖南巡抚一职达四个月之久，已具备了成为巡抚的能力。其次，锡良在晋为官二十年，晋省官吏大半是他的知交，⑥ 且"历任州县有惠政"，⑦ 深受山西士民的感念。这无疑会使锡良迅速适应当地的政治生态，稳定山西社会，为清廷提供某种屏障的作用。更为重要的是，锡良是蒙古族旗人。此时汉族官吏组织东南互保，这使慈禧对汉族官吏的任用保持高度的警惕，而锡良的旗民身份为他进一步赢得了慈禧的信任。当然，这其中不乏安抚张之洞等东南互保督抚的意味，因为勤王军的组成、北上路线的选择均由张之洞等人指定，可以说在某种程度上限制了勤王军的行动。而东南督抚之所以如此

---

① 岑春煊：《乐斋漫笔》，中华书局 2007 年版，第 17 页。
② 胡滨译：《英国蓝皮书有关义和团运动资料选译》，中华书局 1980 年版，第 357 页。
③ 《李盛铎电稿·致军机处电》，《近代史资料》总第 50 期，第 59 页。
④ 《李盛铎电稿·致杨儒电》（闰八月初四日），《近代史资料》总第 50 号，第 57 页。
⑤ 黄鸿寿：《清史纪事本末》，第 434 页。
⑥ 锡良：《举劾属吏折》，《锡良遗稿·奏稿》，第 67 页。
⑦ 赵尔巽等纂：《清史稿》卷 449，第 12531 页。

做，其重要的原因就是由于东南互保、各督抚与列强妥协所造成的。所以，当得知锡良已与慈禧见面之后，张之洞立即向锡良询问慈禧等人对其勤王之事的态度，锡良随即回复道："宪台急切催进情形，已经上陈。"① 此后，张之洞又向清廷上奏，对派出勤王军迟延进行辩护。可知，张之洞等人急切而又惶恐的心理。而当时勤王之军较多皆停留于路途中，持观望之态度，② 这已使清廷对锡良等人难以用法责众之策。此时，若让代表两湖勤王军的统帅锡良升迁，无疑会使张之洞等人看到清廷间接地表达对他们勤王等行动的肯定。

此外，锡良与刚毅、李秉衡、崇绮、毓贤、赵舒翘等守旧人士有着颇多联系。锡良也在此时向慈禧等人表达对他们的某种好感。在毓贤被罢免、治罪的情况下，锡良依然向慈禧表示毓贤"有忠愤之气"。③ 此后，在得知清廷惩办赵舒翘等人后，锡良曾书写下一二句感言，或许是过于愤激，甚至是大逆之言，又用浓墨将其涂去。④ 可知，锡良与这些守旧人士交情匪浅。这其中是否有他们的助力作用，我们无从得知，但可以肯定的是，锡良的任命能在一定程度上迷惑住这批人的判断，舒缓他们的惶恐心理。总而言之，清廷对锡良等人的任命是在综合各方意见的基础上，深思熟虑之后做出的决定。事实上，列强确实也肯定了清廷政策改变，⑤ 更遑论深悉清廷内情的张之洞等官员了。

三　晋东保卫战中的强硬姿态

在慈禧等人到达山西太原后，锡良不久即奉命出任山西巡抚一职。出于担心山西防御不能稳固，慈禧决定西幸西安。⑥ 这其中不乏

---

① 《锡藩司来电》，苑书义等编《张之洞全集》第 10 册，第 8290 页。
② 当时各路勤王军统帅，如鹿传霖等人，在北京城未被攻下时，多持观望、等待的态度，直至清廷西逃，他们才迎头赶上慈禧等人。（参见黄鸿寿《清史纪事本末》，第 498 页。）
③ （清）柳堂：《宰惠纪略》卷 5，笔谏堂 1901 年刻本，第 18 页。
④ 参见《锡良手稿》，光绪二十六年十二月廿六日、廿七日，档号为甲 374—96。
⑤ 在锡良被任命为山西巡抚后，英国也没对这一任命有所反对。德国则在外交文件中直接表达了对清廷最近的人事变动感到满意的态度。（见孙瑞芹译《德国外交文件有关中国交涉史料选译》第 2 卷，第 132 页。）
⑥ 岳超：《庚子随行简记》，庄建平：《近代史资料文库》（第 6 卷），上海书店出版社 2009 年版。

锡良、鹿传霖等人劝谏之故。① 临行前，慈禧太后、光绪帝召见了锡良，并向其指出"晋省系属陕西后路，毗连直境，防守宜严"。② 锡良奏对"欲守秦先保晋，欲保晋先防直，居庸、宣化、保定、正定、顺德希置重兵，直固晋安，陕亦稳如太山矣"。慈禧等人对此意"甚以为然"。③ 为此，清廷留下富有军旅经验的四川提督宋庆、浙江提督马玉崑与锡良一起主持山西防务。④ 尽管如此，锡良的压力并未因此减小，反而因宋庆等人的存在，不得已独立承担起防御八国联军西侵的重任。

最初，锡良以为"在境内不如守之境外"，提出"非扼守正定，不足固直南豫北藩篱而严晋东天门户"的主张，请宋、马调数营与湘鄂勤王军新旅进驻。对此，"宋、马均以为然"。⑤ 待到八国联军至保定，宋、马顿翻前议，称"不可担此重任"。⑥ 而新任直隶总督兼议和全权大臣李鸿章"密函令各官迎迓，勿抵拒"⑦ 的命令，更使宋、马有恃无恐。对此，锡良不禁感叹"此等怯将，尚拥多兵，焉得不见贼而溃抢乎，可恨"。⑧ 但清政府在对待八国联军的态度上不明朗，其他官吏处于观望情形下，他放弃了原定的防御计划。此后，锡良又与宋、马议定布防获鹿，但宋、马以其奉命防守太原，只负责布防平定州等晋省腹

---

① 多年后，鹿传霖去世，锡良赠一挽联，中有"幸晋、幸秦常从汲直，同时有徐还京师之请，心焉相许，感怀知己更谁归"之句，这反映了锡良当时对慈禧西幸陕西之认同。（参见中国国家博物馆编，劳祖德整理《郑孝胥日记》（第3册），中华书局1993年版，第1272页。）

② 《山西巡抚锡良折》，故宫博物院明清档案部编《义和团档案史料》，中华书局1959年版，第677页。

③ 《致湖南抚臣俞》，中国社会科学院近代史所藏《锡良任晋抚时函稿》，档号为甲374—131。

④ 《军机处寄山西巡抚锡良等上谕》，《义和团档案史料》，第830页。

⑤ 锡良：《湘水双鱼》，光绪二十六年闰八月二十三日，《锡良手稿》，档号为甲374—96。

⑥ 《致湖南抚臣俞》，中国社会科学院近代史所藏《锡良任晋抚时函稿》，档号为甲374—131。

⑦ 锡良：《湘水双鱼》，光绪二十六年闰八月廿五日，《锡良手稿》，档号为甲374—96。

⑧ 锡良：《湘水双鱼》，光绪二十六年闰八月廿七日，《锡良手稿》，档号为甲374—96。据该月日记，有两个"廿七日"，当为锡良手误所致。此处所指为第一个"廿七日"。

地，建议他将固关防御由原本驻防获鹿的毅军接手。这实际上表明宋
庆、马玉昆不赞成锡良的提议。而锡良认识到获鹿为入山西之门户，
"获鹿动摇，太原亦将震惊"，"非添派重兵扼守获鹿，不能固晋东门
户"①，不得已，他提出"把守关门，地方官应办之事，不敢撤换"。鉴
于宋、马等人不愿提供将领，锡良准备亲自前往该关督兵。后在山西司
道官员及将领张成基表示愿带病前往的情况下，锡良才放弃了这一行
动。② 与此同时，锡良向清廷指明获鹿固关之重要，上报清廷，请其定
夺。清廷很快回函，云："洋兵西犯，防务紧要，正定洋人以带护教士
为词难拒。晋省门户总以获鹿、固关为要，如何布置，务商宋马，联络
各军严守。"③ 这实际上肯定了锡良的策略。于是他再次与宋庆、马玉
昆筹商，派所部各军进扎获鹿。但宋庆等人随即向清廷表示"维持和
局，应归地方官接待"。④ 如此造成了"宋、马各军高会省垣，井陉、
紫荆各关隘，皆系新集之军"的局面，虽然不久他获得马玉昆"毅然
以战事自任"的承诺，⑤ 但马亦只负责固关等关卡后路策应事宜，所以
防御八国联军西侵的重任在事实上由锡良所承担，出现"大厦独支"
之态。⑥

锡良亦知单一依靠其所带新军，并不足以抵御八国联军的西侵。他
透过鹿传霖已然知晓，清廷求和之切。鹿传霖向其指出，山西因毓贤惨
杀教士教民，已为洋兵"藉口西犯，早为之所"，"如有犯晋，委近劝

---

　　① 锡良：《拟统武威等军驻扎获鹿折》，《锡良遗稿·奏稿》，第41页。
　　② 锡良：《湘水双鱼》，光绪二十六年闰八月廿七日、廿八日，《锡良手稿》，档号为甲
374—96。此为第二个廿七日。张成基，字养田，与锡良交情颇深厚，此时为随锡良北上勤王
之湖南将领。其后，因带病赴固关，他在巡防中受寒，于光绪二十六年九月二十八日病故。对
此，锡良亦颇感念，为其奏请从优议恤并操办后世，还为其子嗣筹划生计问题。参见《锡良手
稿》（档号为甲374—96）及《锡良任湖南布政使及山西河南巡抚时文件》（档号为甲374—
196）。
　　③ 锡良：《湘水双鱼》，《锡良手稿》，档号为甲374—96。
　　④ 《宋庆马玉昆电》，中国史学会编《义和团》（四），上海书店出版社2000年版，第
281页。
　　⑤ 锡良：《湘水双鱼》，光绪二十六年九月初二日，《锡良手稿》，档号为甲374—96。
　　⑥ 徐继孺：《答王筱汀》，徐继孺《徐悔斋集》，大梁1935年刻本，卷8，第8—9页；
按，当时西行至此的唐晏亦亲见宋庆、马玉昆之军皆驻于太原。（参见唐晏《庚子西行记事》，
光绪二十六年十月十五日，中国史学会编《义和团》（三），第482页。）

止，一面飞章入告。若遽接仗，军不足，必搅和局"。① 这样，锡良的防御就需要做到既能应对八国联军的侵扰，以保护清廷的后路，又能执行清政府维持和局的政策，维持"衅不自我开"的和平局面，所谓"不战不得谓之守，以战为开衅，惟有拱手奉让耳"，时人更发出"大势去矣"的呼声。② 对此，护理直隶总督廷雍曾向锡良表达"战守和三字无一可筹"之困境。③ 而李鸿章的方法则是要求直隶地方官员大开城门，对经过之八国联军须出城迎接，以牛酒犒师。锡良则认为"保守晋疆，即所以扈卫行在，不敢不用全力争之"。④ 他向清廷谓："我处今日虽不敢主战以重敌人之怒，断不可撤防以受敌人之欺"，"然我苟一无可战之具，卑辞厚礼，乞哀于人，则彼所以为和者，必将予我以不能自主、不能复振之势"。⑤ 期间，以牛酒犒师的廷雍为八国联军所杀害后，锡良向清廷提出"尚未停战"之说，⑥ 要求清廷继续实行抵抗政策。这并不表明他不在乎和局。恰恰相反，他认为这样做正是为了和局。在他看来，"盖敌人之性，见利忘义，畏强侮弱。我若有以相待，彼必适可而止；我若一意退让，彼将肆为无厌之求，其至求和而不可得"。⑦ 因此，他认为"遽与决裂固恐有碍和局，而放敌入关，实所不可"，制定了"拟接以礼貌婉劝折回，倘彼竟以枪炮相加，亦断难束手以待"⑧，即只守不战的策略，所谓"来则迎击，去不复追"⑨，以此期望达到"衅不我开"的局面。当然，他也意识到如此做法，势必束缚防御官兵的手脚。为了鼓励部属勇于抵抗，他亦向其部属表示"敌人若来，惟有

---

　　① 《锡良手稿》，光绪二十六年九月初一日，档号为甲 374—96。
　　② 徐继畬：《答李心海》，《徐梅斋集》，卷 8，第 3 页。
　　③ 《锡良手稿》，光绪二十六年闰八月廿二日，档号为甲 374—96。该日护理直隶总督廷雍在得知八国联军西来保定时向锡良发电文如此感叹。
　　④ 《锡良手稿》，光绪二十六年十月初二日，档号为甲 374—96。
　　⑤ 《锡良任云贵东三省总督及热河都统时文件》，中国社会科学院近代史藏档号为甲 374—196。这是一份锡良任山西巡抚时期的密折，乃筹议庚子和局之文件，暂以"锡良密折"称之。
　　⑥ 朱寿朋辑：《光绪朝东华录》，中华书局 1958 年版，第 4560 页。
　　⑦ 《锡良密折》，《锡良任云贵东三省总督及热河都统时文件》，档号为甲 374—196。
　　⑧ 王彦威辑：《清季外交史料》（第 10 册），沈云龙主编《近代中国史料丛刊三编》（第二辑），台北：文海出版社 1985 年版，第 4326—4327 页。
　　⑨ 王耀焕：《晋东防军纪略》，中国史学会编《义和团》（三），上海书店出版社 2000 年版，第 319 页。

力阻，将来彼若藉口，诏书诘责"，愿"身任其咎，决不累及麾下"。①
后来，在井陉东天门，法国军队一再挑衅，清军主动占据山头抵抗法国
人，迫使其"蛇伏以遁"。② 这种"主动"在当时被视为破坏和局的行
为，锡良却对有功人员进行了奖励，可见他确实有意阻击联军西侵。但
这一策略等同于放弃了战场的主动权，使山西防军处于被动挨打之地，
其后德法军队在晋东屡屡得手即缘于此。

当然，在采取防守而不主动出击的政策下，保卫山西是项非常费力
的工作。为此，锡良除认真督饬晋东各军外，亦竭力经营山西。在军事
上，由于宋、马等人均注重于保卫太原，极力经营山西内陆，加上，当
时驻留山西的勤王军人数约有四万人，"宋、马两帅经练之师，其余主
客各军亦不下二三万"。③ 在与宋、马等人商议后，他"选派将弁，督
兵分往沿边各关隘，严密防堵，以固边围"。④ 为了使各地到山西的勤
王军"联成一气，互为声援"，消除地方官与各客军的隔阂，他接受了
时任知府徐继孺等人的建议，⑤ 授固关等处地方官以营务处之衔，以加
强地方军事将领联系，达到"事权归一"、提高行政效率的效果。为
此，锡良派遣与他颇有交情的赵尔丰等人经营固关等晋东各地营务
处。⑥ 同时，他饬令防守要区太原府、汾西府先行认真举办地方团练，
"树之准的"，然后各地仿效办理，最终"通省皆办"。在他看来，团练
"不特可以保身家，抑且可以制盗贼"，做到"表里山河，隐然有长城
之可恃"。⑦ 显然，锡良期望以此作为后路保障，能及时防堵八国联军
突入山西腹地的行为。

此外，锡良还要应对山西旱荒所造成社会动荡的考验。1899—1900
年间，"晋省南北郡县，连年因旱歉收"⑧，"重者颗粒无收，轻者收成

---

① 《锡良手稿》，光绪二十六年十月初二日，档号为甲374—96。
② 王耀焕：《晋东防军纪略》，中国史学会编《义和团》（三），第321页。
③ 《附：盛转锡抚阳电》，顾廷龙、戴逸编《李鸿章全集》（第27册），安徽教育出版社
2008年版，第432—433页。
④ 锡良：《直隶龙泉关都司秀昆请破格录用片》，《锡良遗稿：奏稿》，第58页。
⑤ 徐继孺：《上山西抚台锡续陈晋省防守事宜禀》，《徐悔斋集》卷6，第21—22页。
⑥ 锡良：《委赵尔丰办理固关防军营务片》，《锡良遗稿：奏稿》，第56页。
⑦ 徐继孺：《上山西抚台锡续陈晋省防守事宜禀》，《徐悔斋集》卷6，第21—22页。
⑧ 《山西巡抚锡良折》，故宫博物院明清档案部编《义和团档案史料》，中华书局1959年
版，第677页。

歉薄"①。严重的灾害使山西"旱乡之民，壮者多逃于外，老弱妇女四出拾槐豆、扫蒺藜以食，树皮都刮尽"②。灾民随时会"饥驱为盗"，这将严重威胁到清政府的统治，尤其是在德法联军西侵的境况下，如处置不当，将出现"则内讧外侮，相逼而来"③ 的局面。为此，锡良积极地采取了蠲免租税、截留漕粮、奏办实官赈捐和地区粮食调剂等措施，④极力筹办灾赈。同时，锡良又通过奏参惠格等山西官员，以整肃官场而维护社会安定。这些措施确保了山西社会在八国联军西侵期间总体上保持了安稳的态势，也使晋东防御少了后顾之忧，并有可靠腹地的保障。

除了山西的准备外，锡良还希望清政府能令董祥福、袁世凯、宋庆等人出动军队，从不同的方向牵制敌势，配合其筹防之行动。具体而言：

> 除山西由奴才筹防守外，应请迅移董福祥之军进扎正定、栾城之交，以遏敌人南犯之路。山东密迩海疆，虽不可再行开衅，然德州一带与直接境，人臣大义，断无作壁上观之理，应请饬下袁世凯密派一军，由德州连营于束鹿藁城之间，名为自保，实缀贼，使不得西。以上两军既出，然后晋军东下井陉，趣获鹿，合东南西三面为掎角之势。而以程文炳驻阌陕之军移驻赵州顺德一带，以为三路策应，再令宋庆、马玉昆两军出没于大同、居庸，各路以牵制其北，观衅而动。难者曰，现以衅自我开为敌所持，若如再耀武，必碍和局，不知奴才此举正所以经和局也。盖敌人之性，见利忘义，畏强侮弱。我若有以相待，彼必适可而止；我若一意退让，彼将肆为无厌之求，甚至求和而不可得，故为今日计，愤兵不可有，应兵不可无。愤兵者，出而挑衅者也；应兵者，四面防堵，以备不虞者

---

① 锡良：《筹办晋省赈务折》，《锡良遗稿·奏稿》，第63—64页。
② 中国社会科学院近代史研究所《近代史资料》编辑组编：《义和团史料》，中国社会科学出版社1982年版，第1019页。
③ 锡良：《免解京协各饷折》，《锡良遗稿·奏稿》，第46页。
④ 锡良：《筹办晋省赈务折》，《锡良遗稿·奏稿》，第63—65页。

也。凡前所言，皆应兵也。①

　　当然，他明白，议和才是当前的大势所在。他也对清廷与各列强的和谈提出了自己的见解，谓：

　　　　奴才窃观今日大局，终归于和。然我苟一无可战之具，卑辞厚礼，乞哀于人，则彼所以为和者，必将予我以不能自主、不能复振之势。虽美其名曰不割地，而其害有万倍于割地者矣。盖地譬若肢体也，而政权、兵权、利权则譬若精血也，彼断我肢体之一，虽不得为完人，然精血苟充，犹堪运掉练习技勇，犹能健闻一朝发愤，未易亡也。若将精血全行摄取，肢体虽具，行止弗良，三尺童子得而踣之矣。奴才为今日和局计，宁可割地，而政权、兵权、利权三者断不可失。然我苟不稍为战守之具，彼将横肆要胁，此三权者势必欲存其一而不可，此诚危急存亡之机，愚以为宜竭全力以争之，无惩前事而自弱以成异日无及之悔，则宗社之福也。②

　　可知，他对于清廷要求和平之心颇为了解，但他也明了和平的取得并非仅通过放弃抵抗即能获得，所谓"我苟不稍为战守之具，彼将横肆要胁"。因此，锡良向清政府提出在和谈过程中要注意利权旁落之巨大危害，维护某些根本性的利权，如兵权、政权。在他看来，若能保存这些根本性的利权，则即便宁可割地亦在所不惜。由此可知，锡良所追求的乃是国家之独立自主。这也可以解释为什么锡良在这一时期采取一面抵抗、一面又对传教士等人采取保护举措的行为。显然，无论是抵抗还是和谈，他的最终目的均是维护清王朝的根本统治不被列强所侵蚀。当然，从历史的后观来看，此处锡良的说法，在某种程度上存在着合理性。清政府覆亡后，时人再次回顾这一历史时，认为"清之亡，实亡于庚子而非亡于辛亥"。③可见，此时签订的《辛丑条约》等丧权辱国的

----

① 《锡良密折》，《锡良任云贵东三省总督及热河都统时文件》，档号为甲374—196。
② 同上。
③ 张一麐：《古红梅阁笔记》，上海书店出版社1998年版，第52页。

条约，已然使清政府处于危亡的边缘。

与此同时，为了降低与八国联军发生冲突的可能性，锡良变通地采取了李鸿章开城迎敌的政策，"委员出境犒师"①，以便劝阻联军的西侵。同时，他向清廷请求，派端方等因保护教士而为外人所信服之人前往劝阻。② 另一方面，他直接或间接地与议和大臣李鸿章、张之洞、刘坤一等人保持联系，希求通过外交途径阻止联军西来。锡良还向清廷建言，应利用各国之间的矛盾，密令张之洞、刘坤一等与"各国领事，慷慨言之"③，以图尽早解决外交困局。

面对锡良的善意，抱着获取更多利益而来的德、法等国④并不认为撤退军队就能获取所需利益，因此，他们打着迎护教士的旗号继续向山西逼近。在张家口、正定等地作了一系列军事佯动之后，德法等军于10月29日分兵四面猛攻紫荆关。总统陕军、山西布政使升允督兵竭力抵御，但最终因实力不济，紫荆关失守，一时山西震动。为了防止敌军乘势侵入山西，锡良一面电饬升允派兵坚守具有重要军事价值的广昌县，又立即飞咨绥远城将军、归化城副统领、调大同镇总兵官，"督率弁兵，会同各厅州县，严密巡防"，并派兵入驻代州、雁门等地择要堵遏。⑤ 除此而外，他发电给清廷和议和大臣李鸿章等人，请他们质问各列强，为何在议和期间仍然不断进兵，并向他们表示力任缉匪保教，请他们"力阻洋兵西来，彼此共维和局"。⑥ 在得到李鸿章、张之洞、袁

---

① 赵尔巽等纂：《清史稿》卷449，第12531—12532页。

② 《山西巡抚锡良电》（光绪二十六年九月初五日），中国史学会编《义和团》（四），第280页。

③ 《锡良密折》，《锡良任云贵东三省总督及热河都统时文件》，中国社会科学院近代史所藏档号为甲374—196。

④ 德国人目的在于获取高额赔款和试图扩大战场，以便进入山东，获得更多在山东的权益。[参见瓦德西《瓦德西拳乱笔记》，《义和团》（三），第7页] 据马士所言："法国是同德国合作的，但是它的行动用在保护教会和京汉铁路方面，在支持俄国政策方面，要比讨伐方面来得多。德国集中了它的力量在北京，它独自全心全意地推行讨伐性的远征的政策。"（见马士《中华帝国对外关系史》，上海书店出版社2006年版，第343页）原来法国此时还承担着保护传教士的责任，迟至1906年1月，法国在颁布政教分离法后，方才放弃了本国以外的在华天主教护教权。（参见佐藤公彦《义和团的起源及其运动：中国民众民族主义的诞生》，中国社会科学出版社2007年版，第770页）

⑤ 《四川提督宋庆等折》，故宫博物院明清档案部编：《义和团档案史料》，第757—759页。

⑥ 《附：盛京堂转晋抚锡来电》，顾廷龙、戴逸主编《李鸿章全集》（第27册），第386页。

世凯、奕劻等人极力为之说项后，德法军队"始允暂不来晋"。① 随即，德法等军队暂时退出了紫荆关，这使山西获得了短暂的安宁。不幸的是，督兵固关、获鹿的张成基此时病故，锡良由于无法调动客军，德法军队得以于廿九日即进驻获鹿，使"晋省人心为之大恐"。② 以往的研究直接将此归结为宋庆主动撤退的行为，显然未能明晰其他因素的作用。③ 这次战斗因参与国有德、法、英、意四国，它也被称为带有八国联军鲜明的报复色彩的战斗。④

此战过后，清政府内部反对抵抗的声音日益增强，翰林院侍讲朱祖谋等人认为锡良等"素不知兵，如何能当大敌？"⑤ 部分实权的地方督抚也对锡良的抵御行为不甚赞同者，李鸿章及两江总督刘坤一甚至以停止拨解军饷为要挟，⑥ 试图迫使锡良放弃他的抵抗行动。幸而，清廷对于锡良的行动仍颇为支持，张之洞亦用接济枪弹的实际行动支持锡良的行动，⑦ 如此，锡良才得以继续筹防山西，以御联军西侵。

为了使德法等军队失去迎护教士、查办晋案的旗号，锡良极力地解决山西教案。山西教案为毓贤任内所遗留，在该年 7—9 月间，毓贤下令大肆捕杀教士及教民，"统计山西全省，不遭拳匪之害者惟解、蒲二属"。⑧ 出于报复的心理，山西教民积极配合德法等军的军事行动，⑨ 向联军通风报信，为其入侵作带路导引，甚至散布谣言，制造混乱，等等。

---

① 《致湖南抚臣俞》，《锡良任晋抚时函稿》，档号为甲 374—131。
② 同上。
③ 候伍杰编：《山西历代纪事本末》，商务印书馆 1999 年版，第 754 页。
④ 李德征、苏位仁、刘天路：《八国联军侵华史》，山东大学出版社 1990 年版，第 374 页。
⑤ 王彦威编：《清季外交史料》（第 10 册），沈云龙主编《近代中国史料丛刊三编》（第二辑），台北：文海出版社 1985 年版，第 4432 页。
⑥ 锡良：《忠毅军饷仍由江南拨解折》，《锡良遗稿·奏稿》，第 49 页；锡良：《请给振远军饷糈片》，《锡良遗稿·奏稿》，第 62—63 页。
⑦ 锡良：《湖北拨解快抢炮并子弹运晋片》，《锡良遗稿·奏稿》，第 51 页。
⑧ 中国社会科学院近代史研究所《近代史资料》编辑组《义和团史料》，第 774 页。
⑨ 金家瑞、林树惠编《有关义和团上谕》，丙戌（十八）：又谕，中国史学会主编：《义和团》（四），第 71 页。

事实上，在上任伊始，锡良就"首饬保护教士，安辑教民，痛惩拳匪"，"不遗余力"。① 为此，他先后下令正法拳匪首要八十余人。② 为了扭转教民不安的情绪，锡良请清廷颁布专门保护教民的上谕。同时，他也采取在灾赈中"均照平民一律灾赈，无分畛域"。③ 针对教民通风报信的行为，锡良派员设法"劝化"繁峙等地教民，对"冥顽不灵"者则痛加惩处。④ 这使繁峙等地渐获安靖。⑤ 由于其到任未久，锡良显然无法妥善地解决如此繁重的教案问题。为了加速解决教案，1900 年 12 月，锡良在冀宁道衙门设立教案局，后改为洋务局，以便应付教士教民流离失所和将来的中外交涉。鉴于山西办理缺乏洋务人员，他还从其他省份奏调善于办理洋务的人员，如蔡乃煌、许钰等。⑥ 他还同李鸿章商议，希望能从直隶调善于办理洋务的沈敦和等人到山西。这一机构在处理山西教案中发挥了重大作用，此后山西教案的查处和确认都是在这一机构主持下完成。他还奏参对山西教案的发生负有重大责任的李恕等官员，并将毓贤送出山西，以使联军无所借口。

另一方面，他积极地采取保护传教士和寻找失踪传教士的措施。"凡在晋如平阳、洪洞、颍城、丰镇等处者"，均加以"严密保护"，"或拨兵协防，或由官抚恤"，地方官办理"均平妥"。遇有各属教士函借银两，无不立即发给，对有欲赴京他往者，则派员妥为护送，并表示"一切川资由晋备办，不须洋款"，以副钧嘱而敦睦谊。⑦ 而对遇害的教士和教民，他则派人"记明男女分别掩埋"。⑧ 对此，清廷亦是满意的，曾向各国领事公开表示，锡良"到任以后，极力保护教士，

---

① 《山西巡抚锡良电》，中国史学会主编《义和团》（四），第 292 页。

② 《附：盛京堂转晋抚来电》，顾廷龙、戴逸主编《李鸿章全集》（第 27 册），安徽教育出版社 2008 年版，第 431 页。

③ 中国社会科学院近代史研究所《近代史资料》编辑组编：《义和团史料》，第 774 页。

④ 《山西巡抚锡良等电报》，《义和团档案史料》，第 759 页。

⑤ 《山西巡抚锡良电》，中国史学会主编《义和团》（四），第 284 页。

⑥ 锡良：《仍在冀宁道署设立教案局片》，《锡良遗稿：奏稿》，第 63 页。

⑦ 《附：沪转晋抚来电》，顾廷龙、戴逸主编《李鸿章全集》（第 27 册），安徽教育出版社 2008 年版，第 428—429 页。

⑧ 《附：晋抚锡来电》，顾廷龙、戴逸主编《李鸿章全集》（第 28 册），第 37 页。

安辑教民，目下民教相安，办事甚为妥协"，并请"各使尽可放怀"。①

　　然而，传教士对此仍不满意。他们认为，锡良自接任巡抚以后，仅发布了两项保护教徒的布告，且还是官样文章。当时太原的街道上民众公开地谈论着屠杀教士的事，山西大部分肇祸官吏并未惩处，② 这使传教士们认定山西的教徒和传教士并未得到很好的保护。因此，他们对锡良推行的政策存在着强烈的怀疑，如当锡良派人殓埋教民及教士的尸体时，他们就"疑非原骨"，不准其葬入教堂专属墓地。③ 同时，各列强亦不想过早了结教案，失去其为保护教士而战的理由，以便对清政府施加压力。所以，当锡良提议解决晋省教案时，各教士金称其无权办理，"必须本国全权定夺"，锡良几度往返，皆无成说。不得已，锡良向清廷表示，要等待和局大定，由中外双方特简大臣持平查办，"务使匪徒尽法，无辜昭雪"。④ 但不久，八国联军再次发起了进攻。

　　这次进攻的原因主要是八国联军内部的矛盾。参与西侵的法军因德国人在战场中占得先机，使德国人在谈判桌上取得更大发言权，这使其颇为不满。⑤ 外国传教士更是称赞德国人的军事活动，表示对法军的失望，⑥ 这让自诩天主教保护国的法国人颇失颜面。为了挽回颜面和获有更多利益，法国人频频向山西发难，试图挑起战端。法军利用清廷急切的议和心理，先是借口晋军驻地过于靠近，要求晋军"酌退"，遭到锡良的拒绝。⑦ 不久，法国人又单方面提出清军驻扎地广昌属于直隶，"业划归法国，与山西无涉"，要求清军退守山西，⑧ 并寻机对清军发动

<hr>

　　① 顾廷龙、戴逸主编：《李鸿章全集》（第 27 册），安徽教育出版社 2008 年版，第 432 页。

　　② ［英］爱德华兹：《义和团运动时期的山西传教士》，李喜所等译，南开大学出版社 1986 年版，第 57—59 页。

　　③ 《山西省庚子年教难前后记事》，中国史学会主编《义和团》（一），第 510 页。

　　④ 《山西巡抚锡良电》，中国史学会主编《义和团》（四），第 292 页。

　　⑤ ［日］佐原笃介、浙西沤隐辑：《拳乱纪闻》，中国史学会主编《义和团》（一），第 220 页。

　　⑥ ［美］马士：《中华帝国对外关系》（第 3 卷），上海书店出版社 2006 年版，第 319 页。

　　⑦ 《山西巡抚锡良电报》，《义和团档案史料》，第 920 页。

　　⑧ 同上书，第 910 页。

进攻。紫荆关方面的法军见清军"严整不动"，只得放弃。① 在井陉方向的法军对守关清军进行了炮轰，遭到清军的强力反击，被迫撤退。② 无奈，法国人只得将军事行动的失败归结为前方将领的冲动，表示前方将领不会再鲁莽行事，并主动向山西军队示好。对于法国人的示好行为，锡良也积极回应，派人致书法人转达和好之意。③ 晋东又暂归平静。

清廷与各列强就惩办祸首等问题上的谈判迟迟未能达成协议，这使各国公使失去了耐心，④ 特别是德国人在瓦德西的坚决要求下决定从军事上对清廷施加压力。恰在此时，德国人接到所谓中国将领的书信中有"如德兵到彼，特与接仗"之语。⑤ 为了营造出一种谈判破裂的态势，德、法、英等军在直隶作了一番军事佯动之后，德、法军队于1901年2月17日对紫荆关、广昌两处清军展开了猛烈的攻势。他们分兵三路夹攻广昌，清军败退至艾河。次日，龙泉关也在八国联军的猛攻下失守，清军被迫退守长城岭，⑥ 由此，德、法军队进入了山西五台县境。为了遏制联军的步伐，锡良在清政府的指示下撤换了广昌方向的清军将领，选派郭殿邦前往，⑦ 并重新部署，择要严密防堵。他又从进入山西的各地溃勇中挑选精壮者编成新军，前往增援，设法堵遏洋兵。另一方面，锡良与清方议和大臣联络，力图通过外交手段阻止八国联军的前进。对于其无法解决的教案问题，锡良只得向李鸿章表示"晋案既重且多"，"断非一省之力所能了结"，请李代为办理。⑧

面对危急的战局，李鸿章等人劝说清廷在惩办祸首及直隶防地等问

① 《山西巡抚锡良电报》，《义和团档案史料》，第921页。
② 王耀焕：《晋东防军纪略》，中国史学会主编《义和团》（三），第318页。
③ 《光绪朝东华录》，光绪二十六年十二月，总第4599—4600页。
④ 瓦德西：《瓦德西拳乱笔记》，中国史学会主编《义和团》（三），第91—92页。
⑤ 瓦德西在军事行动之前，却故意放出消息让李鸿章等人知道即将要进行的军事行动，可知此信为假。参见孙瑞芹译《德国外交文件有关中国交涉史料选译》（第2卷），第351页，"注一"。
⑥ 朱寿朋：《光绪朝东华录》，中华书局1958年版，第4626页。
⑦ 《锡良手稿》，辛丑正月初七日，档号为甲374—96。
⑧ 《上傅相》，中国社会科学院近代史所藏《锡良任湖南布政使及山西河南巡抚时文件》，档号为甲374—194。

题上，"似不得不曲徇所请"。① 不得已，清廷最终满足了列强们对惩办祸首的要求，并命令锡良放弃直隶的战略要地，撤回山西境内。对此，锡良并不赞同。他认为，守军所占据的直隶地方多为山西门户，"设我兵撤回山西境内防守，险要全失，洋兵仍复西进不已，大局何堪设想？"清廷无疑亦认同这一忧虑，因而饬令奕劻、李鸿章等婉商各使，"务令洋兵撤回，勿再四出滋扰，以保和局"②。为了使联军不再四处滋扰、侵入山西，锡良照会德、法将领，希望定明界限，各不相犯。在定明界限后，锡良先后将广昌和龙泉关两处防军，撤入山西境内。而井陉方向则因法国人迟迟不予答复，锡良则以清军人数过多，重新布置需要时日，延宕了这一方向的撤退时间。但后来新任巡抚岑春煊在未达成任何协议的情况下即从井陉撤退，致使德法军队乘势攻入山西，幸而议和将成，各国不愿再添枝节，不久该军即退出了山西，至此，晋东防卫战方才结束。

就整个晋东防御战而言，锡良极力经营晋东防御，试图一面防御性地抵抗列强入侵，阻遏列强于山西疆界之外，一面通过保护传教士等人的方式向列强释放善意，这一做法是锡良在强大的列强入侵面前的无奈选择，亦是其为了挽救清政府于危局，保存清政府独立性的抉择。但是，在国家利益面前，列强们对锡良的善意并不买账，仍是不断地向西入侵，试图通过武力威慑来向锡良和清政府施压，这对锡良的防御造成了极大的威胁。而宋庆等人对其政策的不支持，又使锡良的行动举步维艰，导致其在山西难有作为。③ 当然，其政策在某种程度上亦可以说取得了成功。在其任职期间，锡良采取了积极措施，使得"敌人未敢轻窥"，④ 大体上使德法等国军队止步于山西之外，从这个意义上说，锡良取得了山西防御战的适度成功。⑤

以往的研究认为，锡良在山西任职不到六个月即被撤任，其原因在于

---

① 《又电报》，《义和团档案史料》，第964—965页。
② 朱寿朋：《光绪朝东华录》，中华书局1958年版，第4626页。
③ 候伍杰：《山西历代纪事本末》，商务印书馆1999年版，第754页。
④ 徐继畬：《答王筱汀》，《徐悔斋集》卷9，第8—9页。
⑤ Roger V. Des Forges., *Hsi-Liang and the Chinese National Revolution*, New Haven and London Yale University Press, 1973, p. 17.

他推行强硬的对敌策略，因此倾向于议和谈判的李鸿章等人怕他妨碍议和，暗中请清廷将他撤换。① 考之当时大势，和谈乃是各方的共识。晋东防御战实质上是清政府与各列强围绕议和为求利益最大化所进行的角力，其中列强之间为争夺利益而展开博弈的因素。当议和谈判渐入尾声之际，锡良的强硬已成了谈判的噪音，出于减少摩擦，顺利实现其谈判意图的考虑，清廷显然同意李鸿章等提议的将锡良撤任的请求。这自然是锡良撤任的最重要因素。但除此之外，锡良之撤任，亦有其自身的因素。当时，山西财政因防务与灾赈交乘而颇为困乏，使锡良在应对传教士的需索②和筹措军饷等问题上极度苦恼。而山西的士绅对锡良为防御所采取政策颇不理解。锡良在接任山西巡抚之后采取了偏向洋人的政策，这使士绅们先是谣传锡良要迎接联军入晋，③ 此后锡良采取优恤教民的政策，这似乎使他们的猜测成为现实，因此他们更对锡良表示不满，"人言啧啧"④，以致在锡良被撤职后，"民心为之大快"。⑤ 更为重要的是，锡良防御晋省的政策引起了列强的不满。他们先是借晋省教案要犯郑文钦的远逃事件，对锡良是否真心办理教案提出怀疑，要清廷严惩锡良。⑥ 此后，英法等国还阻止了锡良出任湖北巡抚一职。⑦

因此，已感到自身处境之困窘的锡良主动通过荣禄等人向清廷表示其"为外邦所忌"，请将他开缺，结果"深蒙鉴纳"。⑧ 所以，锡良的离任并非仅仅因为他的抵抗政策，其中也含有自保的因素。

纵观锡良在庚子年的勤王行动，他都在认真执行着他认为有利于清廷的政策，特别是在担任山西巡抚之后，秉持公正的态度，认真统兵，

---

① 《锡良遗稿》"说明"部分，第1—2页。
② 岑春煊：《乐斋漫笔》，中华书局2007年版，第18页。
③ 刘大鹏：《潜园琐记》，乔志强《义和团在山西地区史料》，山西人民出版社1980年版，第51页。
④ 同上书，第55页。
⑤ 刘大鹏：《退想斋日记》，光绪二十七年二月初二日，山西人民出版社1990年版，第92页。
⑥ 时人曾传闻"归绥道郑文钦跑后，洋将坐罪锡中丞"，即是指此事。（参见高枬《高枬日记》，二月初一日，中国社会科学院近代史研究所编《庚子记事》，中华书局1978年版，第234页。）
⑦ 《湖广总督张之洞电报》，《义和团档案史料》，第1083—1084页；《又电报》，《义和团档案史料》，第1084页。
⑧ 《致锡良》，杜春和整理：《荣禄存札》，齐鲁书社1986年版，第413页。

积极地采取防御政策，保证了山西大局的稳定。但在议和的大背景下，锡良的行动只不过是清廷议和活动的重要步骤，一旦危害到和局，他就只有开缺的命运。锡良的际遇凸显了清末中央与地方、满与汉、清廷与列强之间多重矛盾错综复杂地交织的局面，也预示着新的政治格局的产生。

本章小结

锡良从一个贫寒出身的镶蓝旗蒙古人，通过自身的努力和清廷对旗人的优待政策，逐渐走上了仕途。在其州县生涯中，他办事认真、谨慎，深受历任巡抚之称誉。任职期间，他亲民、爱民，颇有作为，也给所在地区留下了不少"惠政"。随着其政治生涯中非常重要的人物——李秉衡的出现，锡良似乎找到了其政治理想的榜样，这从其明确表示要追随李秉衡和一再称许李为国家柱石之臣中即可看出。在多年后，任东三省总督的锡良仍不能忘情于李秉衡，曾言"我做此总督，万分为难，想死还不死了。我庚子年在湖南带兵勤王，与李鉴帅同行。他好福命，就死了。我到今日受罪。你们只当我是个疯子"。[1]

然而，从锡良的政绩来看，他的思想仍停留在传统的治理方式上。虽然他也主张要讲求时务，但并不赞同采用西式的改革方式。在戊戌变法期间，锡良就注意记录某些时务人才。他在日记中写道：

> 阅京报。四月廿八日，召见康有为、张元济。廖中丞片奏，讲求时务，需才孔亟，其切要尤在本原之地，必志趣坚卓，体用明备，有忠义奋发之气，明敏精密，遇事不苟，始能转移风气，干济时艰。查前福建安溪县知县戚扬，抱负宏深，学有根柢，请交部带领引见，朱批照准。果如所云，的未易才，姑记之，以观后效。[2]

可知，锡良所中意的改革人物，应该学有根底。而这根底，按照邓

---

① 中国社会科学院近代史所藏：《黑龙江提学使张愉谷致张亮清家书》，档号为户101。
② 《锡良手稿》，光绪二十四年五月初五日，档号为甲374—96。

之诚的说法，显然是指"服膺程朱理学，以性理道义为依归"。而此时，他对清廷提出的唯一改革之言依旧是保守个人的道德以使清政府的统治能正常运作，因此，此时的锡良仍难以脱离于传统的政治改革的范畴，未对西方制度思想有所借鉴，反而对西方人及其制度有着较深的敌意。然而，随着参与了庚子勤王和晋东防御战后，锡良深切地认识到清王朝统治危机四伏的局面。同时，清廷也有意推行新政，于是，锡良的思想由之发生重大改变，积极地投身到新政改革的大潮中。

第 二 章

从自办铁路到借债造路——锡良的
铁路思想及实践

19 世纪末以来，帝国主义列强对中国的路矿利权进行疯狂掠夺，其中铁路权尤为引人注目。铁路权的丧失，不仅造成利权外溢，而且还会使各列强侵略的触角深入到铁路所经过地区，给中国带来无穷的祸患。铁路权的丧失，往往使中国各阶层爱国人士感受到了亡国之危机，因此，谋求抵制列强侵夺铁路，挽回该项利权，成为这一时期各阶层努力的重要事项。目前学界对锡良在川汉铁路和锦瑷铁路建设方面已有涉及，但尚未对其铁路实践及铁路思想进行系统性的论述。本章拟就对此一问题展开论述。

第一节 川汉铁路的创设和筹办

一 川汉铁路自办的提出

四川地处西陲，交通不便，而其"财富和资源是世界上任何地方都无法和它比拟的"①，有着"难以估量的森林和矿藏，特别是最有价值的煤矿"，具有"高踞西陲之上，腴民殷阜，上通藏印，下达江海，左抱滇黔，右带陕湖，四通商战之地"的战略地位和经济价值，"外人所

---

① ［英］肯德：《中国铁路发展史》，李抱宏等译，生活·读书·新知三联书店 1958 年版，第 124 页。

亟欲驰逐争竞者也"①，成为外国资本主义势力的"第一注意之地"②。因此，各国列强对于四川铁路相当关注。虽然目前还不能确知由谁提出、从何时提出这一自成都至汉口的川汉铁路，但是最先试图予以落实的无疑是各国列强，他们最先向清政府提出要修造这一铁路。

早在 1903 年前后，英国人已提出要修造西藏铁路、与川汉铁路相连接的说法。③ 此后，美国人亦参与到川汉铁路权的争夺之中，表示"不惜重费，志在必成"。④ 事实上不止美英两国，参与该铁路争夺的国家仍复不少。⑤ 除了直接参与争夺外，它们还与中国商人联合，以华商集股自办之名，试图获取该路利权。⑥ 可知，列强间争夺该路之激烈。或许鉴于该路的重要性，外务部迟迟未批准外国公司的申请。但是清政府已有"议借外款修川路"⑦，并一度传言英国公司获得了该铁路的修筑权⑧，可知清政府已有动摇。

调署四川总督锡良在北京时，就有法国商人与其联系，要求承办该路。⑨ 因此，如何维护川汉铁路路权成为即将赴任的锡良的重要难题。在京时，他就与同在北京的张之洞多次筹商此事。⑩ 此后，出于担心清政府会与各列强签订有关协议，赴任途中他便匆匆向清政府递上奏折，提议川汉铁路自办，以保利权。他认为，"铁路所至之地，即势力所及之地，从未有让人修筑，自失其利而自削其权者"。而川省物产殷富，"只以艰于转运，百货不能畅通"，因此创办铁路有开发四川丰富资源的一面。考虑到中国财政困难情形，锡良指出，无论是借款修路，还是请外国人修筑，"必至喧宾夺主，退处无权"，最终路权都将在外人手

---

① 《东方杂志》第 2 年第 9 号，实业。

② ［法］得酿得勒：《〈吞灭四川策〉弁言》，《云南杂志选辑》，第 443 页。

③ 《藏事丛谈》，《外交报》光绪二十九年正月二十五日，第 35 期，第 19 页。

④ 《铁路丛谈》，《外交报》光绪二十九年三月十五日，第 40 期，第 19 页，"外交纪闻"。

⑤ 《路政汇志》，《外交报》光绪二十九年七月二十五日，第 51 期，第 18 页，"外交纪闻"。

⑥ 锡良：《奏设川汉铁路公司折》，《锡良遗稿：奏稿》，第 339 页。

⑦ 赵尔巽等纂修：《清史稿》卷 449，第 12532 页。

⑧ 《铁路丛谈》，《外交报》光绪二十九年五月二十五日，第 47 期，"外交纪闻"。

⑨ 参见 Roger V. Des Forges, *Hsi-Liang and the Chinese National Revolution*, New Haven and London Yale University Press, 1973, p. 60。

⑩ 鲁子健：《清代四川财政史料》，四川社会科学院出版社 1984 年版，第 450 页。

中，此后中外争端必多。并且，"川省西通卫、藏，南接滇黔，高踞长江上游"，具有极为重要的战略价值，若将铁路权让与外人，"藩篱尽撤"，将直接威胁到下游数省的安全，可知，川汉铁路"关系全局实大"。因此，他认为"非速筹办不可"，为此，主张仿照京张铁路章程，由四川设立官方性质的川汉铁路公司。① 这一主张得到清廷的积极回应。负责铁路修造的外务部在半个月，即 1904 年 7 月 13 日即将此事议复。它也以川省"物产充盈"，"非修铁路，以利转输"，且认为"外人蓄意觊觎"，"终难以空言为久拒之计"。因此，它赞成锡良"速筹自办"的提议，只是修路款项之事应等商部设立后，由商部切实专募华股，不用外款。② 很快，清廷准许了这一计划。③

当然，锡良提出这一主张还有一个重要原因就是压制人民的反抗，维护清王朝的统治。在经过一番考察后，他发现"川省民情骚动，士习浮嚣"，"伏莽滋多，动辄藉端思逞"，因此，他认为"若不自为举办，不惟利权坐失，抑更防护难周"。④ 也有学者认为锡良这一主张的背后有着为个人捞取政治资本的考虑，因为，办理铁路是清末新政的重要组成部分。⑤ 不管怎样，自办川汉铁路已提上日程。

二　川汉铁路之交涉

然而，列强认定清政府无此财力进行如此浩大的工程，因此并不打算就此罢休。在宣布自行修造铁路后，锡良却迟迟未能提出具体实施方案，因而社会上盛传其"意以空名相抵制"。⑥ 这似乎印证了列强的判断。于是，列强们再次行动起来，英国人首先发难。为了造成既定事

---

① 锡良：《奏设川汉铁路公司折》，《锡良遗稿：奏稿》，第 339 页。
② 《外务部为咨行事光绪二十九年六月初一日本部具奏议覆调署四川总督锡奏自设川汉铁路公司一折》，中国社会科学院近代史研究所图书馆藏《锡良存川汉铁路奏咨录要》，档号为甲 374—27。
③ 《路政汇志》，《外交报》光绪二十九年七月二十五日，癸卯第廿二号，第 51 期，第 18 页，"外交纪闻"。
④ 锡良：《开办川汉铁路公司折》，《锡良遗稿：奏稿》，第 390 页。
⑤ 何一民：《锡良与晚清四川近代化》，《四川师范大学学报》（社会科学版）1993 年第 03 期。
⑥ 《川汉铁路改进会报告书》，鲁子健《清代四川财政史料》，第 453 页。

实，英方竟自行遣派工程师到川路沿线勘测路线。① 很快，锡良向清廷报告了此事，此事方为清廷所阻止。此后，英国又向清政府建议，若准许其出资承修该路，它将每年向中国报效若干银两。不过，这一提议再次为清廷所拒。② 当然，锡良在创办川汉铁路公司过程中确实遇到了严重的财政困难，据初步估计修造川汉铁路需银五千万两③，"尚非一朝一夕一手足之烈耳"④。此外，清政府新的机构设置也在一定程度上延缓了锡良对川汉铁路的筹划。按照原定计划，川汉铁路需用等到商部成立之后方能商议实施。而商部是在 1903 年 9 月间方才成立的⑤，其后又有新的路矿章程出台。所以，锡良迟迟未能推出新的规划方案。

这并不表示锡良以空言相抵制。事实上，锡良曾亲自查勘了川汉铁路经过区域的地形。在赴任途中，到达湖北宜昌后，他舍舟而陆，实地察看了由湖北进入四川沿途地形，发现"川汉路轨，纡回修阻，以及山径之逼仄险峻，咸视芦汉为过之"。⑥ 此后，他又派员勘查川境路线。由此可见，锡良对川汉铁路颇为重视。

列强们的觊觎也迫使锡良不得不采取措施。针对清廷制定的铁路章程中"无论华洋官商均可开办"的规定，锡良获知后不久即致电外务部、商部等主管部门，请求他们鼎力主持，抵制各国索求办路的举动。⑦ 锡良在尚未准备好资金的情况下就向清廷奏请设立川汉铁路公司，"然后人人知事之必成，无虑旁挠豪夺，俾集款助路次第可以措手"。他还专门派人勘路兴工，实力筹款，以示并非"空言抵制"。⑧ 1904 年 12 月，官办川汉铁路公司在成都岳府街正式设立。这是清末最早成立的省级铁路公司，为全国首创，此后各地纷纷效仿，至 1907 年

①　《大公报》1903 年 10 月 25 日，"时事要闻"。

②　《会议开办铁路》，《大公报》1903 年 12 月 14 日，"时事要闻"。

③　《川汉铁路实情》，《大公报》1904 年 3 月 9 日，"时事要闻"。

④　《拟复山西藩司吴》，中国社会科学院近代史所藏《锡良督川时函稿》，档号为甲 374—113。

⑤　李鹏年等编著：《清代中央国家机关概述》，黑龙江人民出版社 1983 年版，第 300—301 页。

⑥　朱寿朋编：《光绪朝东华录》，光绪二十九年十二月，总 5144—5145 页。

⑦　《收四川总督锡良致外务部、商部电》，《清代军机处电报档汇编》（第 28 册），第 547 页。

⑧　锡良：《开办川汉铁路公司折》，《锡良遗稿：奏稿》，第 390 页。

间，全国 15 个省成立了铁路公司。① 为了体现对该路的重视，他派令川省大员督办该公司事务，先是派署藩司冯煦为督办，成绵龙茂道沈秉堃等为会办，待到藩司许涵度来川后，他又令其接续督办该公司事务。②

即便如此，列强仍不善罢甘休，通过各种方式向清政府施压。英国公使萨道义仍认定清政府无力完成该路。萨道义向外务部照会称"该公司如不能筹集全股开办"，那么"将所需之外国资本，皆在英美二国借用"。③ 当外务部以此询问时，锡良以"筹款自办即实行"回复，于是外务部以"自行修造"答之。④ 而其他列强则采取了其他方式。有比利时商人联合华人向清政府提请修筑汉口上游的铁路，希望通过模糊字义来获取该路之修筑，遭到有识之士的坚决反对。⑤ 法国公使则表现出不达目的、誓不罢休的态度。驻川法国领事先是照会锡良称，该国华利公司在北京定立川汉铁路招股勘路办理合同，并筹集款项 38 亿佛郎，意图强行包揽川汉铁路⑥，但为锡良所婉拒⑦。接着，法国公使向外务部提请"川汉铁路虽由中国自办，然工程师必须用法人"⑧，并由成都法国领事照会锡良。锡良以该路为自办，所用工程师，应由川汉铁路总公司酌度办理，并不在通商约章利益均沾之列，所以，他认为中国在用人方面应自主，"他人均不得干预"。⑨ 此后，法国人因川汉铁路需用铁轨而表示要包办，锡良从保全利权考虑，竭力拒之。⑩ 或许是不堪其扰，昧于交涉的川汉铁路督办冯煦向法国驻川领事表示："贵领事于本公司创办伊始，动以笔墨相诘辨，不特有碍交谊，将来虽有应商之件，亦不便奉商

---

① 席萍安：《锡良与二十世纪初年的四川》，《成都大学学报》（社科版）2002 年第 2 期。
② 锡良：《委许藩司督办川汉铁路公司》，《锡良遗稿：奏稿》，第 400 页。
③ 《驻华英使萨道义覆外务部预定川汉公司借款照会》，《外交报》甲辰第十一号，文牍，第 5 页。
④ 《交涉录要·路矿汇志》，《外交报》乙巳第二十六号，第 5 页。
⑤ 《条陈禁修铁路》，《大公报》1904 年 3 月 9 日，"时事要闻"。
⑥ 《驻重庆法领事安致四川总督锡包揽川路照会》，《外交报》甲辰第十五号，光绪三十年六月十五日，文牍，第 8 页。
⑦ 《路政交涉》，《外交报》甲辰第十七号，"外交纪闻"，第 15 页。
⑧ 《路矿汇志》，《外交报》乙巳第二号，"交涉录要"，第 6 页。
⑨ 《路政交涉》，《外交报》乙巳第十五号，"交涉录要"，第 8 页。
⑩ 《路矿汇志》，《外交报》丙午年第十五号，"交涉录要"，第 7 页。

矣。倘再不赐谅，复相疑诘，本公司一切办法已详前文，不再赘覆。"① 一再受挫、无处发泄的法国领事抓住这一"有失邦交"的辞令，表示"即将来如何结局，不论贵督办升迁何省，本领事亦电知敝国钦使，惟贵督办是问"。② 对于此事，锡良"竭力婉言，多方排解"，但法国人仍"纠缠不已"。③ 有学者将此事与锡良联结在一起，认为是对锡良而发的威胁④，这显然不确。或许正因如此，法国人在中国人的心中留下了颇为不好的形象。山西留学生在谈及自保铁路利权时，有言"川汉铁路蜀人立案自办而法人绝望"之说。⑤ 此外，德国公使穆默也向外务部提出了承办川汉铁路的要求。在其致外务部的节略中，他声称，中国铁路的承办权是"各国人民照约应享利权"，并认为各省筹划自保的举动为"夺回"行为，这样的做法"与中国甚有险要"，悍然提出"四川总督办法，应不准行"。⑥ 可知，列强始终未放弃对川汉铁路的觊觎，亦可见川汉铁路利权之重要。

锡良也意识到各列强的不甘，于是，再一次向外务部声明"此路关系西南大局，拟归中国自行修筑"，"不借洋款，不招洋股"，并咨请外务部"嗣后无论何国商人禀办，概不准行"。⑦ 他也向友人表示"现正创设公司，分途招股，明（告）［知］智小谋大、力小任重，然处此竞争世界，力求进步，得寸即寸，不止甘心退让也"⑧。可见，其力求办成川汉铁路之决心，因此，列强在很长时间内染指川汉铁路的意图均未实现。

相较于列强近乎对抗的交涉，锡良还需与湖北的官绅就川汉铁路问题进行协调。由于该路横跨川鄂两省，鄂省官绅的态度也极为重要。不

---

① 《川汉铁路公司覆驻川法领事川路毋庸华洋合办照会》，《外交报》文牍，甲辰第十九号，第5—6页。

② 《驻川法领事覆川汉铁路公司川路结局责成督办照会》，《外交报》文牍，甲辰第十九号，第6页。

③ 锡良：《枭司冯煦性情偏执恐误地方乞量予更调折》，《锡良遗稿·奏稿》，第512页。

④ 参见何一民《锡良与川汉铁路》，《历史知识》1984年第1期。

⑤ 《山西留学日本学生为同蒲铁路敬告全晋父老公启（再续前稿）》，《大公报》1905年8月5日，"代论"。

⑥ 参见宓汝成《帝国主义与中国铁路》，上海人民出版社1980年版，第192页。

⑦ 《奏办川汉铁路》，《大公报》1904年4月18日，"时事要闻"。

⑧ 《拟致俞廙帅》，中国社会科学院近代史所藏《锡良督川时函稿》，档号为甲374—113。

幸的是，张之洞对于锡良奏请自办川汉铁路未与其联衔会奏颇为不满，此后，"但涉川汉铁路事，鄂方每多为难"，锡良"悔之无及"。① 清廷又以该路关系重大，要求锡良早日开工②，这使锡良感觉到了事情的棘手。为了迅速推动川汉铁路的顺利进行，锡良于 1904 年 10 月以自身"职掌过繁，能主持大纲，诸事尚待人经理"，而"前派两司督办，仍以政务殷剧，未能一意经营，深虑事久变多"为由，向清廷建议仿照芦汉铁路专派督办铁路大臣的方式，由时任川汉铁路督办赵尔丰出任该职，以便"一切展布不虞掣肘"，这牵掣中就包含着"联合邻省，应接外人"等事。③ 可见，锡良出于避免与张之洞直接冲突的考虑，清廷似乎未能体会锡良的苦衷，只是令锡良督饬赵尔丰妥慎办理，④ 并未对其行动作进一步的指示。此后，川汉铁路跨省办法迟迟未能成议。清廷似有所省悟，于 1905 年 9 月间，谕令锡良与张之洞"川汉铁路，关系甚巨，宜画一事权，以维路政"⑤，试图设立督办川汉铁路大臣。虽然此事又因张之洞的反对⑥，锡良亦同意与张联衔具奏反对此议而作罢⑦，但在某种程度上却加速了川汉铁路跨境路线规划。此后，张之洞接待了锡良派来的川汉铁路督办胡峻，商议川汉铁路跨境的办法。最初，双方决定川鄂两省分办，"各修各路，各筹各款"，张之洞则以筹款不易为由，拟请该路仍由川省专办。⑧ 对此，锡良认为应由川省派人估勘川汉铁路之在鄂境者，并应准许川省在鄂省招股办路。⑨ 经过一番讨论后，双方最终决定"宜昌以上鄂路"（即宜昌、万县一段）由四川代筑。但这一段路是所经地形"千岭百嶂，层峦叠峰，敷设轨道，实为全路之最

---

① 周询：《蜀海丛谈》，沈云龙主编《近代中国史料丛刊》，第 7 册，台北：文海出版社，第 504—509 页。

② 《清实录》（第 59 册）卷 535，第 126 页，光绪三十年九月戊戌。

③ 锡良：《派川汉铁路公司督办折》，《锡良遗稿：奏稿》，第 441—442 页。

④ 《清实录》（第 59 册）卷 537，第 144 上页，光绪三十年十一月丙子。

⑤ 《清实录》（第 59 册）卷 548，第 274 下—275 上页，光绪三十一年八月丙午。

⑥ 张之洞：《致成都锡制台》，《张之洞全集》（第 11 册），河北人民出版社 1998 年版，第 9397—9398 页。

⑦ 锡良：《川汉铁路毋庸请派督办折》，《锡良遗稿：奏稿》，第 559—561 页。

⑧ 《川汉铁路归专办》，《大公报》1906 年 1 月 4 日，"要闻"。

⑨ 《川汉铁路消息》，《大公报》1905 年 12 月 29 日，"要闻"。

复杂繁难者"，据估计造价"须费款二千万金"。① 所以，川汉铁路在四川境内，已占三分之二，"约计川方，非集资四五千万两不办"。② 就全路而论，"川已独任其难矣"③。至此，由于他的坚持，锡良能在川汉铁路的中外交涉中不断地克服各种困难，川汉铁路的兴工也就提上了议事日程。

三　川汉铁路资金的筹措

早在开办之初，川汉铁路公司就面临着资金短缺的问题，这成为各国列强一再与清政府进行交涉的理由，也成为锡良亟须解决的问题。而张之洞之最终将宜万铁路让归四川修筑，其中就有筹款艰难的因素。④

川汉铁路原估需款五千万两，后来有增至八千万两之说。⑤ 面对如此庞大的款项，在清末政府财政困窘的状况下，这显然不是四川这一省所能承担的，也不是积弱的中国所能一下子承担起来的。当时，四川岁入，通计不过一千六七百万两，⑥ 更何况庚子之后，四川因"赔款骤增，综计常年出入之数，不敷甚巨"，"疆臣仰屋，更司农竭蹶之情，匪可言喻"。⑦ 这也是外国列强一再试图介入该路并力图夺取川汉铁路路权的主要原因。如何成功筹集款项，成为筹办川汉铁路成败的关键。

在创办川汉铁路公司之初，锡良竭力筹划，仍是困难重重。他先是设局招股，并电请由各省协助召集股份，再由国家认股若干，作为公司运行的基础。⑧ 但效果并不理想，不得已，他又积极寻找其他方式来办理铁路。此时，四川田赋较轻，"轻者不过百征五六，重者亦不过百征六七"。此项修路巨款，仍唯有取诸田地，分年派纳，既不过于困民，且可以时集事。路成以后，便可停收。所纳之款，既属股本性质，仍归

---

① 《宜万铁路之艰巨》，《大公报》1906 年 3 月 22 日，"要闻"。

② 周询：《蜀海丛谈》，第 504—509 页。

③ 鲁子健：《清代四川财政史料》，四川省社会科学院出版社 1984 年版，第 454 页。

④ 《电告川汉铁路办法》，《大公报》1906 年 3 月 18 日，"要闻"。

⑤ 《参照粤汉川汉两铁路之艰易》，《大公报》1906 年 3 月 27 日，"要闻"。

⑥ 周询：《蜀海丛谈》，第 374—376 页。

⑦ 《拟致山东藩司胡》，中国社会科学院近代史研究所藏《锡良督川时函稿》，档案号为：甲 374—113。

⑧ 《川汉铁路开办》，《大公报》1904 年 4 月 25 日，"时事要闻"。

民有。锡良意识到除了按粮加征赋税，合全省民力任之，别无筹措此巨款之法。但是，在清代，政府对于加赋一事颇为谨慎。[1] 此前，河南布政使延祉，于护豫抚任内，疏请加赋以济公用，激成民变，遭人奏参。清廷即命赴任途中的锡良前往调查此事。[2] 在亲自调查后，锡良将此次民变的原因归结为延祉所采取的加粮政策。[3] 此时，若采用征收田赋来获取路款，这显然与其前次所言多有矛盾之处。因此，锡良颇为踌躇。就在此时，同样因缺少资金来建设粤汉铁路建设的湖南地方政府率先提出并实施了按租捐谷的方式来筹集资金的方案，这就为锡良提供了实践的依据。[4]

经过一番调查，锡良发现四川租税征收亦存在着参差不齐、不公的问题，这为其田赋加征改革有了现实的基础。对于这一情况，其幕僚周询做了颇为详细的说明，谓：

乃察川省粮户，内容极为复杂，因展转售卖，任意划粮，而加押短租者，且多佃户享其利，而业主负其粮。于是其中有有粮无业者，有有业无粮者，有粮多业少者，有业多粮少者，若避劳取逸，按粮派认，不特加赋无异，必遭谴斥，且按诸事实，负担亦不公平。乃改为按租抽谷，以谷折色。[5]

当然，为了能成功地实施加赋的政策，锡良积极地与四川绅民加强联系。为了"开示诚心，祛疑惑之端，而破庸俗之论"，锡良尽力争取四川士绅的认同，不断地与在京在籍的士绅往复协商。经过一番讨论之后，锡良了解到了四川绅民的忧虑所在，一方面他通过报刊等向四川绅民阐述修筑铁路的重要性，以便争取他们的理解。针对民间存在的两大忧虑，锡良亦分别作了保证：其一，民间担忧出资后，事

---

[1]　周询：《蜀海丛谈》，第374—376页。

[2]　《清实录》（第58册）卷517，第8—9下页，光绪二十九年闰五月甲申。

[3]　锡良：《查明河南钱粮改章滋事并藩司被参各节折》，《锡良遗稿：奏稿》，第343页。

[4]　《为示谕按租抽谷兴办铁路事》，中国社会科学院近代史所藏《锡良存川汉铁路奏咨录要》，档号为甲374—28。

[5]　周询：《蜀海丛谈》，第374—376页。

或辍于半途，款或移于他用，他声明川汉铁路公司所集官款民款股本，无论异日有何急要，决不提挪；其二，绅民担忧清政府不能坚持自办的原则，将来中外分歧，利权侵损，他再度声明，"自办者，即不招外股，不借外债之谓也"，"如非中国人之股，公司概不承认"。①这两条原则成为川汉铁路筹股的重要基础，亦成为清末四川绅民争夺路权的重要依据。

如前所述，锡良在设立川汉铁路公司之初，已开始筹划自办之事宜，这其中不乏为应对各列强交涉之因素。鉴于轨政将兴，锡良认为，雇洋匠、购洋械，终非自办者所能比，因此积极选派留学生赴比利时等国学习路矿、器械之学。② 此后，随着各项工作的推进，锡良亦积极寻觅川汉铁路的工程师。先是找到了詹天佑，因当时詹天佑在督办京张（北京至张家口）铁路，无暇顾及，锡良等人几番寻找，最终找到了赴美留学生胡栋朝为川汉铁路工程师。③ 这些都表现了锡良力主自办铁路的诚意，加之其积极与各列强交涉，无疑使其赢得了川省士绅的信赖。

经过努力，稍明时务之人积极地参与筹措资金的活动，即便寡闻者亦不以建路为骇怪。所以，在与士绅们的讨论后，锡良确定了以加赋的方式为"凡实收租谷在五十石以上者，均按所收谷数，提百分之三，照市折银，缴纳路股"④，"十石则免，征不及贫"。⑤ 而在具体的实施过程中，该款均为官绅协办而来，如此将极大地降低民变的可能。由于这些股份中，每股额定为银五十两，有些租股因分化零星难以一次性达到这一额度，因此，川汉铁路公司又推出零星的银两由地方官给予临时印收，俟凑足五十两时，再凭印收换领正式股票。⑥

除了租股和招股之外，川汉铁路公司还有其他两种资金来源。一为

---

① 锡良：《川汉铁路集股章程折》，《锡良遗稿：奏稿》，第455页。
② 锡良：《请奖派赴比美各员生先行奏明立案片》，《锡良遗稿：奏稿》，第402—403页。
③ 《收四川总督锡良致外务部电》，《清代军机处电报档汇编》（第29册），第222页。
④ 赵尔巽等纂：《清史稿》卷449，第12532页。
⑤ 锡良：《川汉铁路毋庸请派督办折》，《锡良遗稿：奏稿》，第559页。
⑥ 周询：《蜀海丛谈》，第374—376页。

四川富绅巨商认领的股票，约有三百万两，称为认股；另一种则为官股，由本省将军总督以至各厅州县，量其例入之多寡，酌定某官每年认入股若干，此款每年共取银十余万两。[①] 总体上还是以租股占有绝对的优势。

随着筹款活动的展开，锡良也逐步改组了川汉铁路公司。最初，为了进一步取信于民间，去除公司的官习，锡良采取了多用士绅的办法，让四川籍士绅参与川汉铁路集股章程的讨论和川汉铁路公司运行等方面的活动。他认为"绅与民近，其言易入"，如此则可收便民之利，因而，较早地任用在籍士绅胡峻、高楷等人。到了 1905 年 7 月初，锡良进一步提出将该公司由官办变为官绅合办。在他看来，该公司为官民合股之公司，即应官绅合办。因此，他又请调乡望素著的四川籍官员乔树枬作为士绅的代表参与公司的管理。[②] 但此时乔树枬正充学部要差，清廷不允其请。不得已，锡良另请他人，在总公司内派官绅总办各一人。不过，锡良并未就此放弃，采取了变通的方式，让乔树枬参与该公司的活动，掌管驻京总理京外集股及公司考察事宜。经过其努力，川汉铁路公司中官员人数不过数员，绅则倍之。其后，锡良又设立研究所，每事集绅讨论，省内外更设有总董、分董。至 1907 年 2 月，锡良仿照浙江等省铁路公司通例，重新改定了铁路章程，并将川省川汉铁路公司改为商办川省川汉铁路有限公司，裁撤了原设官总办，举乔树枬为公司总办，胡峻为副理。[③] 至此，川汉铁路公司的筹办始克有端绪[④]，公司的发展亦进入了一个新的阶段。正是由于其积极运作和筹划，锡良在任三年，集款至两千余万两，"股款之多，为中国自办铁路之最"。[⑤] 这也为川汉铁路的兴工奠定了坚实的基础。

由上可知，由于锡良对铁路作用有着明确的认识，因此，他在创办川汉铁路的过程中颇为积极。正是在其努力下，锡良坚决地抵制列强的

　① 周询：《蜀海丛谈》，第 374—376 页。
　② 锡良：《奏调京员办理铁路折》，《锡良遗稿：奏稿》，第 498 页。
　③ 锡良：《四川铁路举定总副理并续订章程折》，《锡良遗稿：奏稿》，第 653 页
　④ 锡良：《滇省应办事宜大概情形折》，《锡良遗稿：奏稿》，第 663 页。
　⑤ 蔡冠洛编著：《清代七百名人传》中册，中国书店 1984 年版，第 1419 页；赵尔巽等纂：《清史稿》卷 449，第 12532 页。

各种企图，化解了川鄂间协同办理铁路的各种矛盾，也因如此，川汉铁路的建设成为一种可能。此后，他又通过自身的努力，让万难措手的资金问题得以初步解决，这使川汉铁路公司在其创办初期渡过了重重困难。

当然，川汉铁路公司的创办和成功举办的经验，亦使锡良认识到保护铁路利权的可能性。在挽回川汉铁路路权之后，锡良亦竭力保护其他地区的利权，如有法国商人提请修筑成都至大箭炉铁路，锡良在婉辞拒绝后，饬令筹款局设法自行修筑。[①]　为此，锡良被时人视为"公认的疆防事务专长"[②]。

第二节　力保云南铁路利权

一　筹划滇蜀腾越铁路

清末，云南铁路中滇越铁路已为法国所侵占，英国政府则意图染指腾越铁路，有识之士已感到英法瓜分云南的企图。[③]　因此，对铁路利权更为注重。即便被锡良以政事不休参劾[④]的云贵总督丁振铎也在任内提出了滇蜀铁路计划和腾越铁路计划，以挽利权。而该省士绅亦知滇路之利害，亟谋自办。

对于云南的铁路计划，时任四川总督的锡良就已关注和参与。他对云南方面提议的滇蜀铁路办法即表示了川方将与云南方面合力筹划。在接到调任云贵总督之任后，锡良便向清廷表示，要积极经营云南铁路，并希望清廷能在筹款方面给予支持。[⑤]　在实践中，锡良一方面加紧筹议滇蜀滇越铁路的自办，另一方面与滇省士绅采取合作，力图赎回滇越铁路。

---

①　《拟修成都至大箭炉铁路》，《大公报》1906 年 4 月 28 日，"要闻"。

②　[美] 韩德：《一种特殊关系的形成——1914 年前的美国与中国》，项立岭、林勇军译，复旦大学出版社 1993 年版，第 218 页。

③　大悲：《呜呼腾越铁路之运命》，《云南杂志选辑》，第 460 页；无已：《滇越铁路赎回之时机及其计划》，《云南杂志选辑》，第 480 页。

④　沃丘仲子：《近代名人小传》，"官僚·丁振铎"条，中国书店 1988 年版，第 53 页。

⑤　锡良：《滇省应办事宜大概情形折》，《锡良遗稿：奏稿》，第 663 页。

在其到任之前，云南地方已设立滇蜀腾越铁路公司，所以，锡良到任后面临的重要问题是筹集资金，以便兴筑该路。原本，锡良向清廷奏请或由邮传部能助巨款以为倡，或于津榆、芦汉两路盈余项下，按年拨给若干款项。对此，邮传部则予以驳复，令云南按照川汉铁路办法进行筹款。[①] 不得已，锡良只能将其再次按照办理川汉铁路的模式推行。他在云南财政中腾挪出旧锡股、盐捐股、彩票股三项，同时他发动官绅，让他们分别认购股票，按十年计算，可得四五百万两。[②] 当地士绅对保全利权的愿望颇为强烈，更有士绅李光翰独自认领股票达十一万两之多。[③]

对于筹股，锡良亦是延续了其在四川时充分与士绅合作的方法，让士绅参与到滇蜀腾越铁路公司的管理决策之中。不久，滇蜀腾越铁路公司绅董已拟定随粮认股章程，这显然不乏锡良利用创办川汉铁路公司的经验。但是，他并不是简单地复制其在四川的经验。考虑到滇省民力久匮，[④] 加以滇省处于边瘠之区，锡良认为滇省铁路，"固赖官为主持，筹款亦应官为辅导"。[⑤] 此时，随粮加征的额度，亦由原来凡百抽三酌改为每粮一升收银五分，最先在昆明试办。试办的效果较为良好之后，锡良才将该制度推向全省，自 1908 年始，由各地方官督绅筹办，以十年为率，约可集一千万两。[⑥]

但是，滇蜀腾越铁路办理并不顺利。在滇蜀腾越铁路公司贴出劝谕集股告示之后，英国领事提出了抗议。英方认为，按照利益均沾，英国方面理应取得腾越铁路的修筑权。所以，英方要求将告示中腾越字样删除。锡良则认为，中方并未允诺给予英方修筑该路，实为英方"有意刁索"，表示"万难因其牵引附会甘心退让"，并请外务部鼎力主

---

①　雪生：《邮传部不允部筹滇路款》，《云南杂志选辑》，第 533 页。

②　《致邮传部电》（光绪三十四年六月十三日），中国社会科学院近代史研究所藏《北京来往电（云贵总督任）》，档号为甲 374—10。

③　锡良：《滇绅报效铁路巨款奏请移奖片》，《锡良遗稿·奏稿》，第 802—803 页。

④　当时，云南各地连续几年经历荒情形旱灾害。

⑤　锡良：《滇省应办事宜大概情形折》，《锡良遗稿·奏稿》，第 663 页。

⑥　锡良：《滇蜀腾越铁路工巨费艰公议酌改随粮认股章程折》，《锡良遗稿·奏稿》，第 796—797 页。

持。① 此后，锡良因法国人在修筑滇越铁路过程中种种违法举动和虐待华工行径所引起的愤怒，加上"英索缅界至省一路，不准滇人自修"之事，锡良以情势至迫，向外务部表示"除赎路别无善策，请设法筹商"。② 因此，赎回滇越铁路成为锡良工作的重点。

二　赎回滇越铁路

事实上，在接任云贵总督后，锡良即已筹及如何赎回滇越铁路问题。锡良在赴任途中就已向清廷阐述了其赎回滇越铁路的想法。他对铁路的军事作用具有清晰的认识，"路线所至，即兵力所至"③，所以对滇越铁路的危害亦颇为详悉，谓：

> 滇处承平，视若鄙远，顾昔只为缅越控驭，今直与英法昆邻。法先肆其吞噬之谋，力营滇越铁路。兹英亦踵以滇缅铁路相炫，夫外人欲张其势力范围，藉口通商筑路。曩徇其请，已失主权。乃以锡良所闻，暨四川近日所共见，尤有令人惊心动魄，其势岌岌不可终日者。法人筑路由越入滇，凡进筑一段，无非托名工厂在我疆，建碉安营，预谋兵守。路线所至，即兵务所至。出越复屡添多师，监工假以将领，转瞬路线即达省城，设一旦因事寻衅，出其强硬手段，精兵利器电掣飙驰，取滇势如破竹耳，盖以两强交迫，滇何能存。敌情无厌，自谓拼舍一滇，即饱其欲，得寸思尺，蜀桂两省将危。若之桂北，则必循而分踞粤东，彼龙州九广之铁路，皆得收其效力，南疆之门户洞开，海权尽失矣。至于蜀省，则所以绝英人由藏窥川之路，矧为长江上游，中原根本。一有摇动，全局立倾。窃恐瓜分之祸将不旋踵。④

---

①　《收云贵总督锡良致外务部电》，《清代军机处电报档汇编》（第 33 册），第 413—414 页。

②　《发出使法国大臣刘式训电》，《清代军机处电报档汇编》（第 33 册），第 451 页。

③　《收云贵总督锡良致外务部电》，《清代军机处电报档汇编》（第 33 册），第 214—216 页。

④　《收云贵总督锡良致军机处外务部请代奏电》，《清代军机处电报档汇编》（第 33 册），第 120 页。

　　这其中虽不乏夸大之言，且有过分突出云南作用之嫌，但在某种程度上亦反映了清末云南局势之危迫。当时云南的吏治、军政均颇为腐败，显然难以对抗英法等国。锡良认为，循是苟安，则祸在眉睫。①因此，他希望在这一问题上有所作为。在他看来，英法分别提出滇越铁路和腾越铁路的建设，实际上意图均分其利益。而滇越铁路已然为法人经营，故英人欲修腾越之路，所以，他认为，若能收回滇越铁路，则英人要求腾越铁路之议亦无可置喙。于是，他再次向清廷要求将滇越铁路赎回。②清廷亦表赞同，认为"英人援照法例，阻我自修腾越铁路，非将法路赎回不能杜此争端"，饬令中国驻法领事刘式训竭力与法外部商议赎回之事。③法方表示，该事可以谈判，但须中方另许利益，以作酬报。④这显然使锡良看到了某种希望。

　　由于此事是由清外务部与法国方面直接交涉，锡良为了使其计划更具可操作性，锡良请在京的友人兼同僚蔡乃煌和世增等人帮忙打探消息。

　　另一方面，锡良积极地发动滇省绅民筹款赎路。他曾向清廷电奏称"现在全省绅民公议开办国民义务捐，先筹六百万元，与法国磋议赎回自办，请饬下各省督抚谕殷户认捐"。⑤但是，这一数目显然远远无法赎回铁路。而滇省财政已异常支绌，蜀腾越铁路即是采取随粮认股的方式，显然难以支撑赎回滇越铁路这一计划。

　　此后，北京传来的消息是令人沮丧的。蔡乃煌致电锡良说，法国人认为，若借外款，则需借用法款。原来清政府意识到其并无此财力，因此有意用借款来赎回该路。对此，锡良向外务部表示，请其设法赎回滇

---

　　① 《收云贵总督锡良致外务部电》，《清代军机处电报档汇编》（第33册），第214—216页。

　　② 《收云贵总督锡良致军机处外务部请代奏电》，《清代军机处电报档汇编》（第33册），第120页。

　　③ 《发出使法国大臣刘式训电》，《清代军机处电报档汇编》（第33册），第510页。

　　④ 《收出使法国大臣刘式训致外务部电》，《清代军机处电报档汇编》，第498页。

　　⑤ 《铁路公司致云南京官电》（光绪三十三年十二月十五），中国社会科学院近代史研究所藏《北京来往电（云贵总督任）》，档号为甲374—10。

省铁路，如仍任法人经营，恐将为缅甸之续，表达不愿借用外债的想法。① 蔡乃煌则劝其借用外款，说："滇款既难多筹，中央又无巨款，非借款万难赎路，非借法款则法廷万不许赎。"② 锡良似有所动，将此提议交给滇省士绅加以讨论。

原本就反对借款的滇省士绅受到苏杭甬铁路风潮的影响，更加不愿借外债，认为"借款甚危"。在他们看来，人民保国权即当以拒外款，只有自修铁路方能达到挽救滇省危亡的目的，若清政府提议借款，反而会有"畏外媚外"之说。③ 而在筹划赎回滇越铁路的计划中，滇绅士绅并未将借款之事列入赎回铁路的项目之内，即便滇省的京官探讨赎路之策时亦未将借款赎路作为一对策④，这显然对锡良的决策产生了重大的影响。他在回复蔡乃煌的信中，仍寄希望于能得到清廷和各省人士的支持，曰：

> 连日公司绅董集议，均不愿借外款。一面已竭力自行筹集，并请弟电告滇人之官各省者，合力以图。群情奋激异常，颇有破釜沉舟之势。然款项如是其巨，以滇省著名贫瘠，即人有毁家之思，终恐集款无多，于事无济。窃维此路之关系全局安危，已为我国内外上下所共知，惟有合内外上下，以共图补救。苦思熟计，非向各省大举集股，款项断不能敷；非得度支部为公司担任若干年之利息，集股亦难踊跃，更非得国家银行为之通其有无、济其缓急，则需款速而集款迟，头批先无以应付。凡此数者，但得赎路，果有成议，赎款果有的数，弟自当痛切上陈并向各省效秦庭之哭。⑤

当锡良提出要通过自筹的方式赎回铁路后，蔡乃煌则直接向其指

---

① 《请赎滇省铁路》，《大公报》1907 年 9 月 3 日，"要闻"。
② 《蔡伯洪丞堂》（光绪三十三年冬月廿三到），中国社会科学院近代史研究所藏《北京来往电（云贵总督任）》，档号为甲 374—10。
③ 擎椎生：《苏杭甬铁路与滇川铁路之比较》，《云南杂志选辑》，第 546—551 页。
④ 同上。
⑤ 《致蔡丞堂电》（光绪三十三年十二月初八日），中国社会科学院近代史研究所藏《北京来往电（云贵总督任）》，档号为甲 374—10。

出，"若照庚电所示，则恐终成画饼，中央及各省穷困异常，滇人商仕于各处者亦寥寥无几，虽作秦庭之哭不能集事"。他仍请锡良按照苏杭甬铁路方案，议借外债，认为"滇越主借系唤醒回头，既可收去之滇越，又可救未去之滇缅。近时合同比往时为优，不愈于空言无补乎"。① 新任臬司世增亦建议锡良采用苏杭甬铁路模式②。其他官员亦向锡良指出"非借款万难赎路，非借法款则法廷万不许赎"③。虽然未有锡良此后的回复信息，但此事确使其颇为难，甚至一筹莫展。此后，法国公司又提出须待全路造成后，"方能议赎"。④ 事实上，法方并无诚意，只是将此事作为获取其他利益的诱饵。在一份法国外交部的内部报告中，法国人明确表示赎回该路须在此路修筑完成后八十年方准行。⑤ 这就彻底断绝了锡良赎路的计划。

尽管如此，锡良办理云南铁路的努力为其在滇省绅民中间赢得了极高的声望，以致辛亥革命时，清廷在云南的统治出现危机时仍有意派锡良为云贵总督。⑥ 但锡良的作为却引起了英法等列强的强烈不满，曾一度联合要求清政府将其调离云贵总督之任。⑦ 法国人更是在其内部文件中认定锡良在云南制造和扩大敌对的思想状态，他的存在"有害于我们的睦邻关系和不利于我们已取得的矿山开采特许权和建造铁路的特权"。⑧ 由此亦可知，锡良已在某种程度上挽回部分利权，并在某种程度上唤起了民众的危机意识。

────────────

① 《北京蔡丞堂来电》（十二月十四日到），中国社会科学院近代史研究所藏《北京来往电（云贵总督任）》，档号为甲374—10。

② 《京都世臬司来电》（光绪三十四年二月廿一日），中国社会科学院近代史所藏《北京来往电（云贵总督任）》，档号为甲374—10。

③ 《蔡伯洪丞堂》（冬月廿三），中国社会科学院近代史研究所图书馆藏《北京来往电（云贵总督任）》，档号为甲374—10。

④ 《蔡伯洪丞堂》（光绪三十三年冬月廿三到），中国社会科学院近代史研究所图书馆藏《北京来往电（云贵总督任）》，档号为甲374—10。

⑤ 《关于云南开放的备忘录，巴思德致外务部长先生（1908年12月9日，北京）》，《辛亥革命史资料新编》第七卷，第137页。

⑥ 《拟派锡良赴滇宣抚军民》，《大公报》1911年11月12日，"要闻"。

⑦ 《两钦使要求撤换锡制军之原因》，《大公报》1908年3月20日，"要闻"。

⑧ 《法国外交部档案·档案供外交部长的摘录》，《辛亥革命史资料新编》（第七卷），第100—101页。

第三节　锦瑷铁路计划

关于东三省铁路的研究，学术界已有较为丰富的成果①，但是对于锡良在其中的作用仍是晦暗不明。通过前文，我们亦知晓锡良对自办铁路颇为坚持，并不主张借用外款来修筑铁路，以免利权旁落，而锦瑷铁路计划则是锡良主张借用外款来修筑铁路。我们不禁要问，锡良为何会提出这一主张？其由自办转向借款筑路的变化背后有着怎样的考量？锡良又在其中起到怎样的作用？

一　安奉铁路交涉

安奉铁路问题由来已久，是日军在日俄战争中临时搭设的轻便铁路。自安东至奉天，全长 188 英里，宽 2.6 英尺，为一狭轨铁路。安奉路线的修建乃是基于军事上的需要，而铁路用地大半是征用民地，日俄战争后，理应拆除，或者按照惯例，售卖给中国。但日本军部坚持不让，中国亦未据理力争，反而于 1905 年与日方签订了《中日东三省事宜条约》，规定中方允许日本享有"改良"安奉铁路之权。②此后，日本方面困于财力，迟迟未能兴筑，甚至已超过中日协定中规定的期限。但由于日方的强硬态度，该铁路的"改良"工作仍属有效，而中日双方也对该铁路的兴筑问题展开过多次接触，但均无果而终。

到了 1909 年 1 月底，日方再次提出"改良"安奉铁路，最初，总

---

①　有关清季东三省铁路问题研究成果较为丰富，其中韩德（Michael. H. Hunt）的 *Frontier Defense and the Open Door*（New Haven and London，Yale University Press，1973.）及中译本《一种特殊关系的形成——1914 年前的美国与中国》（复旦大学出版社 1993 年版），美国查尔斯威·威尔（Chaeles Vevier）著《美国和中国——财政和外交研究（1906—1913）》是较有代表性的著作，它们主要侧重美国方面对东北外交政策变动的研究，而吴心伯《金元外交与列强在中国（1906—1913）》则是国内研究这一问题较为深入的著作，该书开始注意到中方在这一时期的反应，但也仅限于清政府的最高层。马陵合的博士论文《清末民初铁路外债研究》则对在幕后起重要作用的郑孝胥、熊希龄等人进行了较为深入的研究，此外，他还对借款救国与同时进行的国会请愿的关系进行了研究。

②　参见林明德《安奉铁路改筑问题与抵制日货运动》，《"中央研究院"近代史研究所集刊》第 2 期，第 345—364 页。

督徐世昌并不同意，认为该合同已过期限予以拒绝，但在外务部的默认下，徐世昌与日本驻奉天总领事小池张造（简称"小池"）就改良还是改筑问题展开了激烈的辩论。中方认为，改良系在原有轨道上适当拓展，而日方则认为，改良系改筑之谓，即重新修筑铁路线路。① 由于中日双方间意见过于分歧，谈判难以妥协，在徐世昌任内双方并未取得任何进展。

待到徐世昌内调邮传部，锡良调补东三省总督之任，安奉铁路成为锡良到东三省即要面临的一项交涉。在赴任前，锡良对友人表示，东三省交涉繁难，"我此次到东宜先将关于交涉问题切实研究，于利权、主权概不能稍事退让，我更不能以朝廷根本重地见好于外人"。② 表现出了要维护东三省主权利权的决心，显然，安奉铁路交涉亦在其列。

有研究认为，日本驻奉天总领事小池张造与锡良有过多次接触后，未得要领，方才于三月初拟定以实力达成其改筑的目的。③ 然查考锡良到奉天省城的时间为 5 月 15 日，正式接东三省总督任的时间为 5 月 19 日，而程德全到奉的时间更晚，大约在 6 月 9 日。④ 可知，小池在此一时间显然无法与锡良进行相关的协商。此后，因东三省政局的变动，锡良到东三省后借财政困难、冗员过滥，实行裁汰冗员的政策，引起了东省官场的强烈反对。原来负责办理交涉的陶司使，亦借口另有他事，未再来奉天。⑤ 也因此，双方的谈判迟迟不能展开。直到 6 月 10 日前后，锡良方才调吉林交涉使邓孝先署理奉天交涉司。⑥

至于锡良与小池的第一次会谈大约是在五月初九日。锡良曾言，他

① 《详述东三省交涉事件（续）》，《大公报》1909 年 8 月 16 日，"言论"。
② 《锡督到东后之方针》，《大公报》1909 年 5 月 10 日，"要闻"。
③ 参见林明德《安奉铁路改筑问题与抵制日货运动》，《"中央研究院"近代史研究所集刊》第 2 期，第 345—364 页。
④ 据《大公报》报道，程德全大约是在四月十八日前后请训出京，二十二日左右即到达了奉天。（参见《程中丞面奉王命》，《大公报》1909 年 6 月 5 日，四月十八日，"要闻"；《程雪帅荣赴新任》，《大公报》1909 年 6 月 2 日，"东三省"）若以锡良接任的时间为参照，程德全则大约是在四月底方才正式接任。
⑤ 《清帅注意交涉干员》，《大公报》1909 年 6 月 2 日，"奉天"。
⑥ 《邓孝先调署奉天交涉司》，《大公报》1909 年 6 月 10 日，"东三省"。

与小池的第一次会谈是讨论他提出的十项条件，小池不认 2、8、9 条。①
而这一时间正是在 6 月 26 日，当日，锡良正式向日方提出了十项谈判
条件，双方进行了激烈的谈判。② 从中，我们也可以得知，这次会谈是
在锡良到任后近一个月方才展开的。

　　期间，锡良对安奉铁路进行仔细的研究，认定日方改筑安奉线，目
的有二：一是与京义线相接，一是与南满线相接，目的均"于彼皆有大
利，于我皆有大不利"。因为，若使日方达到其目的，则"彼自仁川而
奉天，自奉而北至长春，南至大连旅顺，节节灵活，脉络贯通，乃得徐
以侵蚀我人民有限之利益，启发我内地无尽之宝藏，且万一变起仓促，
彼屯驻于朝鲜之兵队，可以朝发军书，夕至疆场"。这俨然使东三省进
一步纳入到日本的统辖范围之内，因此，锡良本着极力挽回利权的目
的③，对其属员黄国璋的意见颇为赞同，力图设法拒阻日方的要求，于
6 月 8 日电致外务部，拟定了八条对策：④

　　　　一、抱定约内改良二字之义以与之争，不得另勘路线，与改
　　易广轨也；一、该路应声明系单独之路，与南满铁路绝无关涉；
　　一、沿路兵队应令其一律撤退；一、沿路警察应令其一律撤退；
　　一、除铁路必需用地外，不得多购余地；一、车站宜会同地方官
　　妥商协定；一、宜于未开工之前先与日方议定我方特派人员，俾
　　确立我有派员干涉之权⑤；一、索回南满公司所占安东县六道沟
　　之地。⑥。

　　外务部对此观点迟迟没有回复，而接到日本政府训令的小池则一再

_____

　　① 《东三省总督锡良等致外务部电》，《清宣统朝中日交涉史料》，第 157 页。
　　② 同上书，第 109—110 页。
　　③ 《锡督外交之开幕》，《大公报》1909 年 6 月 9 日，"要闻"。
　　④ 《清季外交史料宣统朝》卷 10，第 6877—6878 页。
　　⑤ 查北京条约第六款内载有：改良办法应由日本承办人员与中国特派人员妥实商办等
语，因此，锡良认定安奉线之改良，中国有派员干涉之权。
　　⑥ 安东作为通商口岸，按约应及早划定各国商人公共居住之地，而六道沟地方又为日本
满洲公司恃势强买大半，锡良认为，这是日方意图将安奉线与朝鲜京义线相接所作的预备，因
此，他欲借索还该地达到解决公共居留地和防止日方意图的目的。

催促锡良商议安奉铁路之事。不得已，锡良再次向外务部询问意见。①随即，外务部深为认同其拟定的八条，称极为周密，令锡良以此与日本驻东三省领事小池磋商。②

与此同时，日方对于中日谈判似乎已失去了耐心。日本政府内部要求在安奉铁路问题上采取强硬措施的势力日渐得势，只是此时日方仍有意通过谈判的途径获得安奉铁路改筑的权利。因此，日本政府电令小池与东三省当局展开谈判，设法迫使中国政府就范。③于是，小池向锡良催促开议。

在 6 月 26 日，锡良与小池第一次接触，向小池提出了修正的十项条款：

> 一、安奉线依北京协约为独立之铁路，非他路之支路；二、工程应按约就原路改良，不得改造，更不得改动全路；三、应设车站须彼此会勘，设于地方铁路两便之处；四、沿路用地除铁路必须建造物用地外，不得多购；五、六道沟所占之地，由中国收回，已交地价者，由地方官查明发还；六、议定开工时，应彼此派员会商购地公平给价；七、中国政府应派员查察经理有关铁路一切事宜；八、驻扎沿线之日军应即撤去，铁路由中国政府派队保护；九、沿线地方中国有自治之全权，日警应一律撤除；十、双方应速派员会商运输章程。④

小池对此不予同意，认为第二条为无理条件，争辩良久，大有决裂之势，八、九两条系题外之件，当删去另议，其余七条允诺会同商办。对此，锡良颇感满意，因为他提出该方案的一、五两条意在禁止安奉铁路与南满、京义两路相接，此时日总领事同意商谈，这就为其埋下了争

---

① 《东三省总督锡良致外务部电》，军机处藏《清宣统朝中日交涉史料》，沈云龙主编：《近代中国史料丛刊》第 62 辑，台北：文海出版社，第 79 页。

② 《发东三省总督锡良电》，军机处藏《清宣统朝中日交涉史料》，沈云龙主编《近代中国史料丛刊》第 62 辑，台北：文海出版社，第 80 页。

③ 《日本外交文书》第 42 卷第 1 册，第 373、374 页（第 181 号、第 138 号），第 608 页（第 53 号）。

④ 《清宣统朝中日交涉史料》卷 2，第 14—15 页。

拒之机，颇有利于中国。

此后，锡良因有巡视吉林、黑龙江两省之事，将安奉铁路交涉交由奉天巡抚程德全主持，但重大事件仍须与其商议。日本当局颇为不满意于锡良在此会议吃紧时出巡①，小池随即前往旅顺，并不与程德全相商。在此期间，日方显然意识到锡良所提十条的真正目的所在。所以，日本驻华公使向外务部明确表示，"提议十款，本国政府以为失当"，并指出这十条是破坏条约，威胁说"若不速了，恐别生枝节"，要求与外务部进行直接交涉。外务部则以当时驻华日使主要在奉天商办，有意推卸责任，电催东三省督抚与日总领事妥议，并未给予因应之策，要求奉天当局酌量情形与日方切实磋商。② 但小池自锡良走后，随即前赴旅顺，并不与程德全接触。到了7月14日却忽然面谒程德全，试图探查程德全的意见。③ 随即程德全即将此事电告锡良。对此，锡良仍希望能以允准日本改筑宽规换取日方对其他九条之承认，因此请外务部力为主持。④ 此后，奉天的谈判陷入了僵局。

为了打破僵局，日方试图利用中国注重于间岛领土归属的问题，向清政府表示，除非中国于安奉铁路问题予以让步，否则将影响其他诸问题之谈判。⑤ 外务部似为所动，但锡良仍坚持不肯让步。日方屡次催逼，均为锡良等所拒，因之恼羞成怒，态度更行蛮横，称"倘不速行了结，恐致别生枝节"。⑥ 7月28日，锡良再次与小池会晤。小池向锡良表示，若能就第二条小有商量，即可在奉天商办，对此，锡良并不同意，仍希望日方能将中国所提之十原则通盘复议。随后，小池又提出愿以第二条与中方交换他项利益，但锡良仍不为所动，坚持请小池对其十

　　① 《日本当轴对于安奉铁路之态度》，《盛京时报》宣统元年五月十四日，"中外要闻"。
　　② 《发东三省总督锡良等电》，《清宣统朝中日交涉史料》，第134页；《日本对于安奉线之意见》，《盛京时报》宣统元年五月二十三日，"中外要闻"。
　　③ 《署奉天巡抚程德全致外务部电》，《清宣统朝中日交涉史料》，第135—136页。
　　④ 《东三省总督锡良致外务部电》，《清宣统朝中日交涉史料》，第138—139页。
　　⑤ 《日使伊集院与外部梁敦彦议东省各案请电程抚速办语录》，王彦威辑《清宣统朝外交史料》卷4，民国二十二年（1933），第45页。
　　⑥ 《日使伊集院与外部梁敦彦议东省各案请电程抚速办语录》，《清宣统朝外交史料》卷4，第44—45页。

项条件进行议复后再行商议。① 当然，小池的态度也让锡良看到了以第二项条件换取其他九项条件的希望。然而，到了8月1日，小池再次与锡良会晤。这一次，小池带来了日本政府强硬的声明。该声明要求中国方面撤回一切条件，并应无条件地允许日方改筑，在此基础上再与中方商议改筑细节。这显然难以为锡良所接受。他仍坚持以一条易九条的办法，派交涉司人员向小池要求先商议九条再易改筑一条。② 此后，他又向小池提出了甲乙两种方法：甲、日政府允认九条，则我允认第二条；乙、我暂允第二条，俟九条议决再行开工。开始，小池强硬地坚持要开工后，再议九条，但在锡良的坚持下，"良久，允转达后答复"。

　　锡良的态度使日本政府看到难以通过谈判实现其改筑的野心，因此，日方使用武力威胁，遂有了所谓"八六通牒"。事实上，自6月中旬开始，日本政府内部对于是否采取自由行动问题展开了激烈的辩论，到了8月2日方才达成较为一致的意见，即若采取自由行动，对日本利益伤害并不大。③ 于是，日本政府决定于四日之后，向清政府发出将在改筑安奉铁路问题上采取自有行动的通牒。随后，日本外交部除了饬令驻华公使伊集院及奉天总领事小池与安东领事岗部三郎向各驻华公使解释外，④ 也要求其驻外领事向各国解释安奉铁路一事。这其中，日本尤为注意于取得其同盟国英国的谅解，同时，还利用英国媒体报道有利于日本的言论，⑤ 采用歪曲事实的方法，率先将安奉铁路交涉公诸于世，以便争取赢得国内外舆论的先机。⑥ 到了8月6日，日本驻华公使伊集院正式向清政府发出照会，强调日方以安奉铁路为交通要冲，极欲改筑铁路，增进便利的立场，谴责中国政府借词延缓的态度，并认定东三省总督锡良所提出的撤退守备兵及警察等事，皆与改筑路线无关，因此其

---

　　① 《东三省总督锡良等致外务部电》（宣统元年六月十二日），《清宣统朝中日交涉史料》，第155页。

　　② 《东三省总督锡良等致外务部电》（宣统元年六月十六日），《清宣统朝中日交涉史料》，第157页。

　　③ 《中日交涉余闻》，《东方杂志》第6年第10期，"记事"，第296—297页。

　　④ 《日本外交文书》卷42第1册，第386—387页（第251号）；第616—617页（第66、49号）

　　⑤ 英国报刊称日方有愤恚之色，固理之当然。《英报对中日交涉之忠告》，《盛京时报》宣统元年六月十八日，"中外要闻"。

　　⑥ 《中日交涉余闻》，《东方杂志》第6年第10期，"记事"，第298—299页。

所提议之内容"极为失当"。在无法获得中方的"反省"的情况下，日方决定"不俟中国协力，自行改筑线路"。①

清政府在获得通牒后，即于翌日向日本公使声明，驳斥日方所谓中国故意延宕之说，指责日方片面声明自行改筑之不当。尽管如此，清政府还是同意了改筑路线以及改用宽轨的要求，只是声明于铁路守备队持保留态度，而铁路警察则应由中国派遣。② 与此同时，清政府电令驻日公使胡惟德和奉天督抚锡良、程德全，分别与日本外务省及驻奉天总领事商谈相关事宜。另一方面北京外务部亦希望于开工之前，将收购土地等事议妥，故电令驻日公使胡惟德及东三省总督锡良奉天巡抚程德全，分别并于 8 月 9 日致电各国使臣，饬向驻在国政府阐释中国立场，争取同情与支持。③ 但除意大利一报纸社论指责日本外，其他各国均无积极反应。④

此时，由载沣等人掌握的清政府的基础仍不稳，其统治已有日趋恶化的迹象，因此，清廷深恐安奉铁路问题的失败，引发民众反抗运动，乃实行新闻封锁，由民政部下令禁止报章杂志刊载有关安奉铁路交涉的消息。⑤ 此种压制舆论的做法，不仅民众不满，即东三省总督锡良亦表反对。⑥

对于日本的无理做法，锡良愤恨异常。⑦ 传言其发布禁令不准商民供给日方铁路材料和充当工人⑧，此事后来被证实乃子虚乌有。虽然如此，据吴景廉的说法，锡良曾支持过东三省的抵制日货运动。⑨ 此后，参加过奉省抵制日货运动的吴景廉当选为奉天咨议局议长后，日本领事小池曾向锡良提出口头抗议，锡良则以吴之当选乃出自民意回应。这从一个侧面确实反映了锡良对日方采取军事威胁的强烈不满。

① 《发驻日本大臣胡维德电》，《清宣统朝中日交涉史料》，第 170 页。
② 《发东三省总督锡良等电》，《清宣统朝中日交涉史料》，第 171 页。
③ 《清宣统朝中日交涉史料》卷 3，第 12—13 页。
④ 同上书，第 15 页。
⑤ 《详述东三省交涉事件》，《大公报》1909 年 8 月 15 日，"言论"。
⑥ 《清季外交史料宣统朝》卷 7，第 34—35 页。
⑦ 《吴景廉自述年谱》（上），《近代史资料》（总第 106 号），第 23—24 页。
⑧ 《详述东三省交涉事件（三续）》，《大公报》1909 年 8 月 18 日，"言论"。
⑨ 《吴景廉自述年谱》（上），《近代史资料》（总第 106 号），第 24 页。

但是，清政府在日本武力恫吓下表现得如此软弱，锡良虽坚持不予让步也无任何作用，此后，他遵命与日本方面议商收购土地细节问题。而主持安奉铁路改筑的南满路代表于谈判时态度异常蛮横，锡良等难于忍受，主张将中日交涉内幕布告中外，驳斥日方的蛮横无理要求，而清廷竟不敢采纳。① 8 月 19 日，锡良与小池张造议订安奉铁路节略第五款：

　　一、筑路轨道应与京奉铁路轨道相等；
　　二、该铁路线路，两国前承认大致应以两国委员前已会同查勘测定之路线为准，惟陈相屯至奉天路线，应由两国再行协议妥定；
　　三、本节略签字盖印之日起，应即开议购地暨其他一切细目；
　　四、本节略彼此签字盖印之第二日，即开议购地暨其他细目之第二日起，即赶办该路工事上紧办；
　　五、中国应令沿线地方官，关于该路工事之施行，妥实照料。②

经此节略，日本已如愿以偿，11 月 5 日，双方复签订了《安奉铁路购地章程》。至此，在日本政府武力支持下，满铁遂能依合约兴工，改筑安奉线。

对于此次安奉铁路交涉的失败，全国舆论一片哗然，引发了各地对日货抵制的运动，而舆论则将外交失败的怒火发泄到了锡良的身上。连向来颇为中立的《大公报》认为：

　　锡良无智能，国民皆知之，而政府不加察。其历任各省也碌碌无所表见，乃贸然付以东三省总督之任，今其措置乖方，而交涉日棘手矣，是锡良之失败，非乞休即勒归也。然近日政府日议东三省改任他人而任锡良内地，吾独不解。外患日深，遍中国皆如东三省之繁重，而锡良何所位置也。③

　　①　《东三省总督锡良等致外务部电》，北平故宫博物院编《清宣统朝中日交涉史料》卷3，民国二十二年（1933），第15—16页。
　　②　"中央研究院"近代史研究所编：《清季中日韩关系史料》（第十卷），第6968页。
　　③　《政府与锡良》，《大公报》1909年9月8日，"闲评一"。

奉天的舆论亦普遍认为，锡良到任后除了裁员节费外，并未办理任何新政，而在办理外交时仍持"和平了结"四字为宗旨，因此直呼锡良为"中立总督"。①

此时，清廷也有意卸责于锡良。摄政王载沣就曾对军机大臣说："不意锡良乃不能办交涉若此"。尽管有人从中为锡良缓颊，告以此次交涉实迫于时势使然②，但清廷仍有意撤换锡良。政界一度传言清廷有意让四川总督赵尔巽或两广总督袁树勋继任东三省总督之位③，后来因没有满意的人选，清廷借口东三省与日方的交涉已经议结，暂时放弃了撤换锡良的计划。④ 此外，也有传言清廷内部曾以锡良"遇事畏葸，难期振作"为由，有意让铁良出任东三省总督。⑤ 甚至传言有御史拟参劾锡良交涉失败、丧失主权之事，要求撤换锡良。⑥ 在无风不起浪的政界，如此之多的传言反映了清廷确曾有意撤换锡良。而在此时撤换锡良，就有将安奉铁路交涉失败的责任推卸给锡良的意味。

对此，锡良也向友人表示有意退让贤能，谓："此间局势窘困异常，交涉边防在在俱形棘手，自维才鲜德薄，岂能任此巨艰，正思退让贤能，以待后来之挽救陈力就列，义所当然。"⑦ 虽然如此，锡良的内心其实并不甘心。同一时期，在给清廷的《旧疾复发吁请开缺折》中，锡良提出了锦瑷铁路计划，大谈如何筹集款项来修筑该路，以摆脱东三省外交困局。⑧ 可知，锡良只是以开缺为名，要求清廷对其计划进行支持。但是，这也促使锡良有意加速实施其锦瑷铁路计划。

---

① 《中立总督之徽号》，《大公报》1909 年 10 月 7 日，"要闻"。

② 《东督之内援》，《大公报》1909 年 9 月 5 日，"要闻"。

③ 《东省总督之不易胜任》，《大公报》1909 年 9 月 8 日，"要闻"。

④ 《东督更动之罢议》，《大公报》1909 年 9 月 15 日，"要闻"；《锡清帅开缺问题》，《大公报》1909 年 11 月 21 日，"要闻"。

⑤ 《东督仍有调动之一说》，《大公报》1909 年 9 月 16 日，"要闻"。

⑥ 《某御史拟参某督之传闻》，《大公报》1909 年 10 月 15 日，"要闻"。该报道中并未指名道姓，只是指称要参劾"中立总督"。考之前文可知，"中立总督"即锡良氏是也。

⑦ 《复四川候补道泽宣》（宣统元年八月十四日），《锡良任东三省总督时信函》，档号为甲 374—75。

⑧ 参见锡良《旧病复发吁请开缺折》，《锡良遗稿：奏稿》，第 950 页。

二　锦瑷铁路计划的提出

对于锦瑷铁路计划的提出，有学者认为，锡良是在《密陈东三省关系大局情形折》方才表达了其认同徐世昌这一前任总督的基本观点。①这一说法颇不合实际。

在上任伊始，锡良就已向清廷提出了建设锦瑷铁路的计划。当时刚到奉天的锡良已认识到"东省自日俄战后，铁路为两邻所分据，彼则各展利权，我将势成坐困，此刻非另修大枝干路，不足以贯通脉络，稳固边防"。在与徐世昌商议之后，他采纳了徐世昌的铁路计划，即"由锦州绕小库伦以至洮南，再行接修齐瑷各段"的规划。锡良认为，"此路若能早成，尚可居中鼎立，大局可望保全"。因此，要求清廷迅速筹款，急图兴修。②为此，锡良还向清廷提议设立东三省银行，作为资本周转的中心。在他看来，东三省庶政之推行，"无银行以谋交通，则矿、牧、林、渔皆同弃利"。因此，他要求清中央拨济一千万两作为开办银行之资金，由度支部设法腾挪，或由部妥为借款，交给东三省使用，分期偿还。③

对于锡良的借债造路计划，邮传部颇为赞成，认为"锦州附近葫芦岛不冻口岸，将来连通枝路，辟作商港，则远东转运，斯为尾闾，不独铁路分南满之利权，抑且航路挽营口之损失"，"故锦齐一路，关系紧要，内则联合三省，外则策应蒙疆，水路兼筹，实今日谋边之至计"。④度支部则以内外财政同一艰窘，表示无法腾挪，至于借款问题，度支部认为，这并非善策，"赢则利分而见少，亏则本巨而难偿"，"转恐受外人操纵"，因此要求锡良将此事暂缓议。⑤所谓"既议驳银行，又复驳诘路款"，这使锦瑷铁路计划迟迟未能定计。⑥

---

①　马陵合：《清末民初铁路外债观研究》，博士学位论文，复旦大学，2003 年，第 135 页。

②　锡良：《请敕部筹修东省铁路片》，《锡良遗稿·奏稿》，第 893—894 页。

③　锡良：《请拨款开设银行折》，《锡良遗稿·奏稿》，第 891 页。

④　《议复筹修锦齐铁路折》，邮传部编《邮传部奏议类编·续编》（第 4 册），路政，第 1675—1676 页。

⑤　《度支部奏议复东督奏请拨款开设三省总银行折》，《大公报》1909 年 6 月 29 日，"要折"。

⑥　锡良：《旧病复发吁请开缺折》，《锡良遗稿·奏稿》，第 950 页。

此后，锡良与熊希龄等人讨论东三省事务时，均以交通、殖民诸策，为筹东之急务。奈何，东省财政困窘已极，锡良"未免力不从心"。但他认为筹东之务，其责无旁贷，"固不敢以财绌自安，总期设法逐渐扩充终达目的"。[①] 锡良仍在积极地寻求突破财政困局的方法，在 1909 年 8 月 5 日上清廷的折件中，锡良仍认为"筹办东省宗旨，仍不外以天下之全力赴之"。[②] 显然此时，锡良仍未能脱离自筹自办的范畴。然而，到了 9 月 6 日，锡良在其奏折中明确表示，"与邮传部臣往返函商，仍主息借外债为筑路资本"。[③] 为何锡良会有如此大的转变？

此前锡良在四川和云贵地区创办铁路，无论是官办还是商办，均未脱离自筹自办的范畴，其本身颇抗拒洋款的介入。到了东三省，锡良的想法却迅速发生了转变。对此，美国学者韩德的解释是"锡良受当时的一位美国金融代理人司戴德的影响，或许是受早先阅读和徐继畬的影响，或甚至是受其各个前任的计划的影响，很快得出结论，认为美国是一个理想的盟友"。[④] 中国学者马陵合则认为锡良"在东北感受到的日俄的步步紧逼，这种危迫感要远远超出徐世昌时代"。[⑤] 对此，笔者亦赞成马的说法。但锡良的转变并非一蹴而就的，亦是经过一番挣扎之后作出的抉择。锡良思想的转变是随着其对日俄在东三省势力的认识不断加深而变通的。

最初，锡良亦曾于宣统元年（1909）五六月间巡历了吉、黑两省。对于此次考察，锡良在致其亲家尚其亨的信函中言："端节后，出巡吉江考察边情，尤其动多牵掣，强邻日逼交涉纷滋。"[⑥] 回到奉天后，锡良即向幕府表示东三省欲图自立，非对内政大加整顿不可。[⑦] 然而，锡良虽明知日、俄两国有利用铁路划疆而治之企图，但长虑却顾，难有良

---

①　《复陆军部郎中陶葆廉》（宣统元年七月初三日），《锡良任东三省总督时信函》，档号为甲 374—75。

②　锡良：《密陈东三省关系大局情形折》，《锡良遗稿：奏稿》，第 929 页。

③　锡良：《旧病复发吁请开缺折》，《锡良遗稿：奏稿》，第 950 页。

④　［美］韩德：《一种特殊关系的形成——1914 年前的美国与中国》，项立岭、林勇军译，第 218 页。

⑤　马陵合：《清末民初铁路外债观研究》，博士学位论文，复旦大学，2003 年，第 136 页。

⑥　《复福建藩台尚》，《锡良任东三省总督时信函》，档号为甲 374—75。

⑦　《东省内政之大计画》，《大公报》1909 年 8 月 21 日，"东三省"。

策，感叹于"亡羊补牢已晚"，而东三省又限于财力问题，支柱两难，但锡良认为，慎固封疆，奋其螳臂，维持东三省之主权不失。① 在锡良看来，东三省逼近京畿，日俄以铁路加强对东北的侵夺，对于国家之安危是致命的，"三省则实切近心腹之区，稍有挫失，不堪设想，亦不忍言，所谓卧榻之侧不容他人鼾睡者也"。因此，他请清廷以十三年后赎回安奉铁路为度，倾天下之全力赴之。② 即便在日方就安奉铁路作最后摊牌的情况下，锡良仍坚持此议。在其致友人的信中，锡良写道：

> ……竭全国之力以卫三省，则慎固三省之边防，即隐杜列强之耽逐。外忧自亟，内患自可渐祛，此医家急则治标之法，施之今日之东省，洵为不易之良方。鄙人受事以来，其所昕夕兢兢者，固尝于交通、殖民诸大端，力图振作，即在政府亦非不知注意经营，卒以款巨难筹，未能解决。时机日迫，岂能长此因循。弟忝任巨艰责无旁贷，虽明知其难，不敢不勉亦惟竭蹶以赴，求无负贤者之厚望。③

可知，锡良在较长的时间内对东三省的困局有所了解，但认识显然不深，仍寄希望能借助清廷的帮助在全国范围内获取巨款，可以说，其观念仍未能跳出自办铁路的范畴。然而，安奉铁路交涉的失败，使锡良更清晰地认识到"边情困难日甚"，日俄"狡焉思启之举动，近尤强横，致起交涉"，逼处至此，"殊多隐忧"。④ 这也使锡良认识到"非亟修明内政，先自立于不败之地，未易与图功"⑤。于是，他将目光紧紧地投射在如何修明内政上。此后，锡良对借款修路的方案有了很大转变。在一封寄给友人的信中，锡良道出了其转变立场的心迹。他

① 锡良：《新制东三省全图序》，见 http://manbuzhe784. blog. sohu. com/78641290. html。
② 锡良：《密陈东三省关系大局情形折》，《锡良遗稿：奏稿》，第 929—930 页。
③ 《复分省补用道麦信坚》（宣统元年六月廿八日），《锡良任东三省总督时信函》，档号为甲 374—75。
④ 《复礼部左参议曹广权》，《锡良任东三省总督时信函》，档号为甲 374—75。
⑤ 《复署滇藩叶》，《锡良任东三省总督时信函》，档号为甲 374—75。

写道：

> 奉读另笺，开益有加，足资韦佩。举债不无流弊，弟亦明知，惟东省困难情形不可名状，千疮百孔，急待弥缝，而民生之凋敝已深，内帑之空虚更甚。欲图展布，断不能为无米之炊，现督办延吉大臣亦以经费无著，奏请裁撤矣。长此坐困事，尚可为乎？故欲救东省之危，舍举债更无所藉手。与其因循贻误，固不若挈长补短，或犹冀桑榆之收，可俟诸异日耳。①

可知，锡良之所以提出借款，是因为清中央不予以主持款项，东三省的财政异常艰窘，难以实施其救，但东三省时势颇为危急，亟须采取补救的措施。正是基于这一因素，锡良不得不跳出自筹自借的铁路修筑模式，开始积极地推行借款以修筑铁路的政策。而从上文，我们亦可知，锡良的借款用途并不仅限于锦瑷铁路。虽然锡良并未明言，但从其当时主张采取开发东三省森林等矿产、创办银行及移民实边等措施来挽救东三省危亡的情况来看，他显然试图利用铁路借款弥补其行政经费的不足。关于这一点，当时的日本报刊也曾提及。② 可知，锦瑷铁路计划并非简单地关于铁路的计划，其背后有着透过筹借外款来实现锡良兴办东三省各项政策，挽救危亡的一面。

因此，当其再次审视徐世昌所办之新政及案卷时，锡良对徐世昌所推行的政策大为佩服，深感"现在所欲言者，皆为菊帅所已言"。③ 于是，他再次向清政府强调"锦洮一路，尚为东省一线生机"，认为徐世昌所规划"皆深合机宜"。他认为，欲抵制外人，"仍不外将徐世昌所筹各事，赓续办理"，"惟以部臣不允借债兴办，至虽有良策而不能行"。否则，"彼则头头是道，我则首尾受敌，徒拥领土之权，竟无一

---

① 《复河南彰卫怀道石庚》（宣统元年腊月廿九日），《锡良任东三省总督时信函》，档号为甲374—75。

② 《日纸之妄论中国》，马鸿谟编《民呼·民吁·民立报选辑》，河南人民出版社1982年版，第385页。

③ 《锡清帅之公言》，《大公报》1909年8月30日，"要闻"。按，徐世昌，号菊人，因其曾任东三省总督，故按当时称谓习惯，有"菊帅"之称。

路可以自由兴筑"，如此，"东省惟有束手待缚，并无一事可为"。为此，他以旧疾复发为由，自称力小任重，补救无方，以致"到东三月，不意时局变迁一至于此"，请求开缺。① 这实际上是锡良以退为进之策。果然，清廷并不允准，对其所议筹备财政为难情形，准其详细具奏。② 到了 8 月 19 日，清廷再次发布了一道针对东北铁路筹借外债的上谕：

> 东省介居两强，势成逼处，积薪厝火，隐患日滋。该督等各密陈危急情形，所虑甚是，自宜预为筹备。迭据臣工陈奏，莫如广辟商埠，俾外人麕至，隐杜垄断之谋；厚集洋债，俾外款内输，阴作牵制之计。即使各国互均势力，兼使内地藉以振兴，似尚不为无见。③

这一谕旨无疑从正面肯定了借款筑路计划，为锡良展开借款活动创造了便利。锡良也积极抓住这一机会，认为该谕旨中所言"厚集洋债"、"互均势力"二语，"实足拯东省今日之危，而破日俄相持之局"。④

在这一时期，美国人因与日方签订了《罗脱—高平协定》，为了实现该协定中规定的"机会均等原则"，有意在东北地区展开大规模的投资活动。为此，在美国政府指导下，一个包括摩根公司（J. P. Morgan and Company）、坤洛公司、第一国民银行（First National Bank）和花旗银行等组成的美国财团迅速成立，委任已卸任的美国驻沈阳领事司戴德为银团常驻北京代表，极力争夺东北铁路等利益。而一直试图投资东三省铁路的英国宝林公司（Pauling and co.）仍在争取获得修筑该地区铁路的权利。随着中国在安奉铁路交涉上的失败，英美公司均感到这是一个极佳的机会。当时美驻奉天领事克劳德（Frederic Cloud）在给司戴德的信中说："这里的中国官员正在为日本近来的行动而惶恐不安，并且

---

①　锡良：《旧病复发吁请开缺折》，《锡良遗稿：奏稿》，第 950 页。

②　《清实录》（第 60 册），卷 18，宣统元年七月癸酉，第 346 下—347 上页。

③　"中央研究院"近代史研究所编：《清季中日韩关系史料》（第 10 卷），第 6999 页。

④　锡良：《筹借外债议筑铁路折（草合同一件）》，《锡良遗稿：奏稿》，第 960 页。

我相信，在考虑吸引外国资本，尤其美国资本投资的建议。……他们急于见到你，商谈事宜。"① 随即，司戴德抵达北京。鉴于美英双方在兴筑东三省铁路方面的共同利益，他与宝林公司代表法伦许（Lord French）商议决定美英合作建造铁路。八月初，英美公司即向清政府提出了投资和建筑锦瑷铁路的方案，并表示在路成后，成立一个由中、美、英组成的公司经营该路。对此，清中央存在着较大分歧。邮传部尚书徐世昌、外务部尚书梁敦彦、军机大臣世续等都支持锦瑷铁路计划，但兼任外务部会办大臣、军机大臣那桐表示反对，担心日本以此要挟，在东三省领土等问题上做文章。在商议之后，清廷决定此事由东三省总督牵头接洽。因此，司戴德带来了一份得到清廷官员同意的锦瑷铁路协定草案来到了奉天，与锡良作最后的讨论。②

对于司戴德的到来，锡良显然非常欢迎，因为他认识到"非借外人之财，不足以经营东省"，"非藉外人之力，不足以抵制日、俄"。经过紧张的谈判磋商后，以东三省总督锡良、奉抚程德全为一方，与美国银团、英国宝林公司的代表司戴德为另一方，很快就取得了一致，前后不过三日③，于1909年10月2日签订了《锦瑷铁路借款草合同》。其主要内容有：向美国财团借款修建锦瑷铁路，借款年利息为5厘，并以该路作保，宝林公司包工修建此路，负责购买所需材料及雇聘总工程师；在筑路期间及借款未还清之前，由中、美、英三国派员组织的铁路公司负责管理，并归邮传部节制。该公司还可提取余利的10%。④ 司戴德对此合同是满意的，他认为其所获得的控制之权远远好于"浦口条件"。⑤但锡良提议该合同由东省自借自还时，司戴德则不答应，坚持以清政府的名义予以承认，方准借款，并将此条列为合同条款。⑥

然而，这一草案的签订颇为草率，即使此后无日俄的反对，其事也将有一番波折。原来锡良并未向清廷禀请，取得其同意，而司戴德虽为

---

① 吴心伯：《金元外交与列强在中国，1909—1913》，复旦大学出版社1997年版，第44页。

② 同上书，第44—45页。

③ 赵尔巽等纂：《清史稿》卷449，第12533页。

④ 王芸生：《六十年来中国与日本》（第5卷），第293—296页。

⑤ *Paper Relating to the Foreign Relations of the Unite States*，1909，pp. 155—156.

⑥ 锡良：《筹借外债议筑铁路折（草合同一件）》，《锡良遗稿：奏稿》，第960页。

英美方面的代表，但也未取得代表方的同意。为何出现此情况？据司戴德回忆，在合约签订前，法伦许也准备到奉天来共同出席签订活动，但锡良颇为焦急，一再派人催促其签订。按照司戴德的推测，锡良已将签订合同的消息发至清廷。为了避免误会，司戴德与锡良迅速签订了合同。① 显然，锡良希望通过造成既定事实，力图迫使清廷接受该合同。

随后，锡良即将该草合同呈递给清廷，并"电奏请旨速正式签定，即日、俄再争，已落后着"。② 掌握重权的那桐仍坚持反对意见，度支部尚书载泽则反对地方官筹借外债，故亦反对。外务部、度支部、邮传部三部于宣统元年十月十二日会奏，以路事由中美英组成的公司经理，以及提余利百分之十等项，均侵害中方利权，故主张废除该合同。对外务部的议复后，清廷即表同意。③

对此，锡良有意亲自赴京，向清中央阐述锦瑷铁路利害关系。清廷则以东三省关系重要，要求锡良从缓进京，但允许锡良派人赴京筹议。④ 11月底，他派遣属僚颜世清到京活动。⑤ 颜世清经过打探后，将京中情形反馈给锡良："闻铁路借款事，外邮两部均极赞成，度支部现亦了然，倘再由宪台切实入告，必可照准。"⑥ 锡良随即向颜世清表示："锦瑷路事，本以救亡，竟奉部驳，鄙人知小谋大，无计筹边，徒增愧赧。惟东省危迫情形，无可讳饰，谒见枢府时，尚望详陈毋隐，俾后来者得所措施，未始非东省之幸也。"⑦ 恰在北京的东三省监理官熊希龄

---

① 王芸生：《六十年来中国与日本》（第5卷），第246—247页。
② 赵尔巽等纂：《清史稿》卷449，第12533页。
③ 王芸生：《六十年来中国与日本》（第5卷），第248—250页；《外度邮三部奏东省借款筑路事关重大遵旨统筹全局折》，《清宣统朝外交史料》卷10，第42—44页。
④ 《锡督来京之从缓》，《大公报》1909年12月1日，"要闻"；《枢府电阻锡督来京》，《大公报》1909年10月13日，"北京"；《锡督预备晋京之故》，《大公报》1909年11月18日，"东三省"；《锡督晋京之从缓》，《盛京时报》宣统元年十月二十五日，"东三省新闻·奉天"。此事经《大公报》及《盛京时报》接连报道，此后，当时京师纷传锡良潜行来京。这反映出锡良确有意入京表达其主张。
⑤ 《颜道世清来电》（宣统元年十月十九日），中国社会科学院近代史所藏《锡良任东三省总督时京师来电》，档号为甲374—45。
⑥ 《颜道自京来电》（宣统元年十月廿日），《锡良任东三省总督时京师来电》，档号为甲374—45。
⑦ 《复颜道电》（宣统元年十月廿日），《锡良任东三省总督时京师来电》，档号为甲374—45。

亦参与此次劝说活动，这显然是在锡良指示下进行的。熊希龄对锡良向美借款修筑锦瑷铁路赞誉有加，"顷闻锦齐铁路定借美款一事，大快人心。自中日条约以来，举国均无生气，非得此破釜沉舟之策，不足以救亡图存"。[1] 与此同时，锡良亦向在清政府内颇有影响的直隶总督端方请求帮助。他向端方表示，"东事危迫，祸发无时。弟上月订借美款，议修由锦州至瑷铁路，盖为目前计，非借各国牵制之力不足以救急救亡。至今部中尚未议复，鄙意此事不背协约，为我自有主权，万不宜商诸日人。否则直接横生，必败吾事。尚祈我公从旁相助，如有所闻并祈察示。"[2]

当时度支部正积极推行清理财政的政策，有意收回地方的财政权力[3]，并非常反对地方政府通过借外债以兴利。度支部尚书载泽更是明确反对借用外债筑路。[4] 载沣也透过军机大臣传谕邮传部及各省督抚，"嗣后凡关于筑路事宜，不得再行借贷外款，致使利权尽失，债累日重"。[5] 对此，熊希龄、颜世清等人向清中央表示，"东省借款事与张文襄之借款不同。彼在兴利，此在救亡，海内士夫共表同情"。在锡良等人的积极游说下，清中央亦对锡良的借款兴路的真实意图有了更深的了解，并"深佩"锡良的"苦衷筹划"。[6] 虽然如此，度支部尚书载泽仍坚持锡良等要东三省自借自还，"此路须由东省担任筹还，不致累部"。[7] 这实际是给东三省制造难题。

为了进一步说服清政府，锡良接连上了《筹借外款遵照部议妥筹办法折》和《密陈借款修筑锦瑷铁路片》两份奏折，再次向清政府指出其借债筑路目的所在，谓："夫筑路之举，他省志在兴利，固当谋出万

①　熊希龄：《为借美款抵制日人进策见致锡良函》，周秋光编《熊希龄集》（上册），湖南出版社 1996 年版，第 387 页。
②　《致端午帅电》（宣统元年九月廿二日），《锡良任东三省总督时京师来电》，档号为甲374—45。
③　《注重清理财政》，《大公报》1909 年 7 月 22 日，"北京"。
④　《泽贝子对于路债之伟议》，《大公报》1909 年 9 月 13 日，"要闻"。
⑤　《谕止借款筑路》，《大公报》1909 年 10 月 31 日，"要闻"。
⑥　《熊监理官颜道自京来电》（宣统元年十月廿七日），《锡良任东三省总督时京师来电》，档号为甲 374—45。
⑦　《为锦齐路事致盛京督抚宪电》（1909 年 12 月 20 日），周秋光编《熊希龄全集》（第1 册），第 596 页。

全。东省则所争者，只在早筑一日，轨躅交通，国防巩固，所以收目前有形之利者尚微，而收此后无形之利者甚巨。"[1] 并明确指出其借用美英势力与日、俄势力相抗衡，借以保全东三省主权的目的。他再次强调其提议兴筑锦瑷铁路之目的，"在我之主脑实在救亡，非仅兴利已也"。[2] 因此，他希望清廷能继续保持该合同，至于有侵权部分，或可由清中央与之直接交涉，或仍由东三省自行接洽，要求清廷能"迅速定断"。[3]

同时，锡良紧急派遣与载泽颇有关系的熊希龄和金还入都，告载泽以救亡之策。并且他又派人告诉司戴德，中国政府恐美国不肯助力之意。[4] 因此，美方为了配合东三省官员的行动，适时地提出了满洲铁路中立的计划。1909 年 12 月 18 日，美国提出了旨在实现东北铁路国际化的"诺克斯计划"，[5] 锦瑷铁路成为该方案的一部分。清政府在内外两个方面的压力下，不得不重新考虑锦瑷铁路问题。[6] 1910 年 1 月 12 日，外务部在致邮传部和度支部函中承认东三省筑路不同于内地，"东省则重在利用各国之势力，互相牵制，以期保我主权"。"此事果底于成，不特中国行政权不致再有障碍，且各国利益既平，则日俄固无从争雄，英美亦不致垄断。"提出只要能将草合同中有损利权之处作些改动，"似不能不准其续与定议"。同时对所谓"联美"之策也予以承认，"果如美政府所云，得此凭藉，可以仗义执言，益资我助，于大局裨益实非浅鲜"。[7] 至此，经过东北地方官员的努力，清政府为救东北危亡承认了借债救国的可能性。这对于晚清中外关系有着极大的影响。

---

① 锡良：《筹借外债遵照部议妥筹办法折》，《锡良遗稿·奏稿》，第 1007 页。

② 《密陈借款修筑锦瑷铁路片》，《锡良遗稿·奏稿》，第 1008—1009 页。

③ 锡良：《筹借外债遵照部议妥筹办法折》，《锡良遗稿·奏稿》，第 1007 页。

④ 《郑孝胥日记》（第 3 册），宣统元年十二月十九日，第 1226 页。

⑤ 关于诺克斯东三省铁路中立计划，可参见吴心伯《金元外交与列强在中国》，第 47—63 页；宓汝成：《帝国主义与中国铁路》，第 159—161 页；中国社会科学院近代史研究所编：《沙俄侵华史》（第 4 卷下），人民出版社 1990 年版，第 598—608 页。

⑥ 参见吴心伯《金元外交与列强在中国》，第 47 页。

⑦ 《外部致度邮两部美外部谓保全中国东省铁路主权须先赎回锦瑷路希详复函》，《清宣统朝外交史料》卷 12，第 19—21 页。

三　以联英美为核心的借款交涉及其失败

此时，锦瑷铁路计划，因"事机不密"①，已为日俄所探知。于是，日、俄两国不断地向清廷施加压力。最初，日方以该路关系其利益甚大，要求清政府无论作何决定，均须经其核准方可推行，否则"两国邦交之险，实在令人难以预算"。② 其语气中带有强烈的威胁。此后，日方的立场有所改变，转而支持锦瑷铁路计划，但要求能参与锦瑷铁路的建筑及借贷等活动，甚至要求锦瑷铁路能修建站点与南满铁路相连接。③ 可知，日方希望能通过参与锦瑷铁路计划将其势力向东三省进一步渗透。当然，日方态度的变化也有因安奉铁路交涉造成的中国民间抗争而有意缓和矛盾之因素。俄国人最初的反应也与日方相似，以此事关系重要，要求清政府先与俄国商议，不得率先将此问题订定，"否则于两国交谊，恐有窒碍"。④ 未久，俄方正式向清政府表示，该路对于俄国边防及商务各利权，大有窒碍，要求清政府罢议。俄方则向清政府提议建设其渴望已久的张恰铁路。⑤ 可见，日、俄双方均有意化被动为主动，获取最大利益。

与此同时，锡良的锦瑷铁路计划也遭到了不少东三省士绅和社会舆论的反对。⑥ 只是奉天士绅的不理解，让锡良颇为伤怀。拥有丰富地方经验的锡良对于士绅在地方社会的作用有着清晰的认识。他在议复樊增祥被参案件中就曾指出，樊增祥在办理铁路过程中未派士绅参与陕甘铁路，是其重大失误。⑦ 此前，锡良在四川、云南等地均与士绅有着良好的合作，如此，方才在铁路修筑、筹款方面取得了巨大的成功。此时，东三省的士绅却反对锦瑷铁路计划，谓徒引外人操戈入室。而锡良则言

---

① 赵尔巽等纂：《清史稿》卷 449，第 12533 页。

② 《六记锦瑷铁路问题》，日使致外部照会，《东方杂志》第 7 年第 8 期，"记载第三·中国时事汇录"，第 208 页。

③ 同上书，第 208—209 页。

④ 《六记锦瑷铁路问题》，俄使照会外部总理庆王文、俄使致梁尚书函，《东方杂志》第 7 年第 8 期，"记载第三·中国时事汇录"，第 209 页。

⑤ 《六记锦瑷铁路问题》，俄使外交部节略，《东方杂志》第 7 年第 8 期，"记载第三·中国时事汇录"，第 210 页。

⑥ 关于社会舆论的研究，可以参见马陵合《清末民初铁路外债观研究》一文。

⑦ 锡良：《查复革司樊增祥被参各节折》，《锡良遗稿：奏稿》，第 673 页。

东三省非开放不可，"如东人不愿，可使京官劾我"。① 可见其态度之强硬。在锡良看来，"我辈作事但求有利于国，无害于民，身外浮名，本非所惜"。② 尽管如此，锡良在这一时期却频频地表现出要开缺离任的意愿。有报道称锡良在其家信中提及"东省时局日迫，异常棘手，决定于年内乞骸骨归里"之句。③ 此外，锡良不止一次地向其友人表达过要求乞休之意。他在致河南南阳总镇郭殿邦说："弟东来承乏，竭蹶万分，自顾菲材不能胜任，久暂恐难预卜，惟在官一日尽一日心，他非所计，当望箴言时惠，无任祷仰。"④ 他也向清廷表示了要开缺的意愿，清中央以锡良到任后所办各事颇符民望且一时无人接替为由，不准其请求。⑤ 此后，他又向友人表示："弟承乏东来瞬将周岁，外交内政竭蹶万分，求退未能，益深履霓涉冰之惧。"⑥ 为何会出现这种情况呢？对此，据时人的分析："锡督满腔忠愤，孤掌难鸣。上遇此麻木不仁之政府，下临此萎靡不振之军民，虽劳心瘁虑，恐于事无补，且立功则难，获罪则易。"⑦ 从上可知，锡良迫于借款、棘手的交涉和民众的不理解等因素而有了开缺离职的意愿。

恰在这时，郑孝胥在得知东三省官民隔阂的情况后表示愿意作为东三省人民的总代表，调和锡良与士绅之间的矛盾。⑧ 此后，锡良在东三省代表的力荐下联合奉抚程德全致函郑孝胥，请其前往东三省担任铁路督办。⑨ 显

① 《郑孝胥日记》（第3册），宣统元年十一月廿二日，第1220—1221页。
② 《复滇藩沈》（宣统元年十月廿一日），《锡良任东三省总督时信函》，档号为甲374—75。
③ 《锡督有乞休意》，《大公报》1909年12月4日，"要闻"。
④ 《复河南南阳总镇郭殿邦》（宣统元年腊月廿七日），《锡良任东三省总督时信函》，档号为甲374—75。
⑤ 《锡清帅开缺问题》，《大公报》1909年11月21日，"要闻"。
⑥ 《复四川机器局兼造币蜀厂总办补用道柴作舟》（宣统二年正二月间），《锡良任东三省总督时信函》，档号为甲374—75。
⑦ 盐城赵锡琛：《代东督锡清帅写辞职之苦心》，《大公报》1911年5月14日，"来稿"。
⑧ 《郑孝胥日记》（第3册），宣统元年十一月廿三日，第1221页。
⑨ 郑孝胥曾向丰田国会代表永珍言："锡帅注开放，是也；然必官对于民先行开放，使三省人民皆能起作主人，而能［后］可言对外开放耳。锡帅尝托人邀我，如东三省人民愿以我为总代表，实行开放之策，则吾当借箸一筹。公等可先布告奉天谘议局，再告吉、黑二省，联合为一，然后请锡帅延我往议可矣。"［《郑孝胥日记》（第3册），宣统元年十一月廿三日，第1221页］可知郑孝胥亦赞成锡良之计划，并愿成为锡良与东三省官绅的调和者，以推行锦瑷铁路计划。此后，锡良、程德全托隐退在上海的岑春煊代为延聘郑孝胥赴东三省。（《郑孝胥日记》第3册，宣统元年十二月初四日，第1223页。）

然，锡良亦有意争取和赢得东三省士绅的支持。原本郑孝胥决定拟于
1910 年 2 月赴东三省，但在锡良催促之下，改在 1 月底到奉。① 可见，
锡良急切盼望能化解官绅矛盾，减少锦瑷铁路计划推行的阻力。郑孝胥
到奉天后即与奉天咨议局议长吴景廉等人接触，指出"三省事急如弈棋
之杀角，非由救亡政策、救亡手段不足自存，绝非拘常袭故者所能保
守"。② 经过锡良和郑孝胥的努力，东三省士绅也接受了锦瑷铁路计
划。对郑孝胥的工作，锡良颇为满意。他曾对人言："郑苏戡在此，
奉天有如火如荼之象。"③ 于是，锦瑷铁路计划再次提上了日程。

　　然而，由于日俄的强烈反应和社会舆论的压力，清廷则有了退缩之
象。据日本的情报显示，清廷内部一些重要人物对锦瑷铁路完全丧失了
信心。如载涛曾向伊集院表示：此次事件无异使满洲变成第二个巴尔干
半岛，对中国毫无益处。④ 肃亲王善耆也向川岛浪速表示："此事并未
经政府认真讨论"，且除了二三人外，"清廷内部均不赞同此事"，并请
日本方面"毋需介意"。⑤ 因此，外务部明确告知锡良，若不能消除日
俄的抵制，"恐将来美为保护商人利益出而争执，则我更面面失据，无
从应付"。⑥ 由此，外务部已然放弃了锦瑷铁路计划，外界普遍的观点
是"华人仅有之希望，惟赖他国出而援助"。⑦

　　此后，英国方面却开始退缩了。英国驻华公使告诉清政府，"锦瑷
铁路与日俄有关系，宜先商定"。⑧ 英国由于与日、俄均有同盟之关系，
显然，并不愿意在此问题上与日俄产生裂痕。同时，英国政府认为，宝
林公司在此次合同中仅获得余利的百分之十，且按照合同仅为中方"所

----

　　① 《郑孝胥日记》（第 3 册），宣统元年十二月初七日、宣统元年十二月十四日、宣统元
年十二月廿八日、廿九日，第 1225—1228 页。
　　② 《郑孝胥日记》（第 3 册），宣统二年正月初十日，第 1233 页。
　　③ 《郑孝胥日记》（第 3 册），宣统二年十月初四日，第 1287 页。
　　④ 《伊集院驻清公使致小村外务大臣电》，吉林社会科学院《满铁史资料》（第 2 卷）路
权篇，第一分册，中华书局 1979 年版，第 178 页。
　　⑤ 同上书，第 183—184 页。
　　⑥ 《外部复锡良等锦瑷路事关系重大希饬司缓议电》，《清宣统朝外交史料》卷 13，第 35
页。
　　⑦ 《续记锦爱铁路问题》，《东方杂志》第 7 年第 3 期，"记载第三·中国时事汇录"，第
50 页。
　　⑧ 《郑孝胥日记》（第 3 册），宣统二年正月初二日，第 1229 页。

用之人"，并未获得铁路铺设权。因此英方认为其取得的利益较少，更无必要与日俄发生冲突。所以，宝林公司在英国政府的指导下提出了缩短锦瑷铁路长度、仅修锦州至洮南一段铁路的方案，以避开与俄国的直接冲突。①

面对风云突变的外交局势，锡良及东三省官员不免有所担心。他们向美国驻奉天领事询问如何日俄阻挠之策，美领事称"美国虽军备未完，彼必不敢轻肆"。并以朝鲜不受美国扶持，"以有今日"，"望中国勿为第二朝鲜"。② 其言外之意，美国仍坚决支持锦瑷铁路计划的实施。这给锡良莫大的鼓舞。因此，当司戴德发出就锦瑷铁路条约在天津进行密议的提议时，锡良一面令郑孝胥、邓邦述等人与其展开接触，一面向清廷报告郑孝胥等人即将赴天津商议合同的消息，并请示机宜。③ 外务部则认为，"锦瑷铁路事，日俄两国来照，要求甚多，其余各国意见尚未得实，合同应从缓议。"④

当然，锡良对于日俄也有所顾忌。他有"若与英美订立合同，又不能行"的担忧，询问郑孝胥，曰："如日、俄阻挠，英、美责言，处于两难，奈何？"郑以锡良系奉旨与议详细合同，应无所顾虑，并言锡良之责任在"今宜先收英美之心"，至于"列国争论，外部当之，非吾责也"。⑤ 所以，当外务部发来从缓之电时，郑孝胥建议锡良以"已约司戴德，不及改期"为由回复外部。锡良接受了郑的建议，但要求郑赴津后，"但与司戴德细谈办法，不必具稿"。⑥ 锡良亦将此意电达清廷表示，郑孝胥等人赴津询明合同内容，"非蒙大部核示，断不能擅行订定"。⑦ 3 月 13 日，锡良亲自赴车站为郑孝胥等人送行。

然而，外务部并不认同锡良等人的做法，认为日俄已揭破锦瑷铁路

---

① 《五记锦瑷铁路问题》，《东方杂志》第 7 年第 7 期，"记载第三·中国时事汇录"，第 185—186 页。

② 《郑孝胥日记》（第 3 册），宣统二年正月十一日，第 1234 页。

③ 《东三省总督锡良致邮传部外务部农工商部电》，《清宣统朝中日交涉史料》，第 237 页。

④ 《发东三省总督锡良等电》，《清宣统朝中日交涉史料》，第 238 页。

⑤ 《郑孝胥日记》（第 3 册），宣统二年二月朔，第 1243 页。

⑥ 《郑孝胥日记》（第 3 册），宣统二年二月初二日，第 1243 页。

⑦ 《东三省总督锡良等致外务部电》，《清宣统朝中日交涉史料》，第 238 页。

国防上抵制之意，反对的态度甚为坚决，"断难容我空言辩驳，即有肯转圜，亦断难恃有他国扶助，即可操切从事"，并称"若不待商妥，遽派员与司戴德接议详细合同，恐将来美为保护商人利益出而争执，则我更面面失据，无从应付"，因此，要求锡良饬令郑孝胥等人暂缓与司戴德商议。① 对此，锡良辩称，此次郑孝胥等人赴津"重在践约，不在开议"，与其缓议要求相符。同时，他也指出，日俄的反对锦瑷铁路乃意料之中的事，因为该路是中国"受两强夹挤，气息欲绝，寻一线出路，稍可图存，梗其咽喉耳"，"倘若使其如愿，大局何堪设想"。② 可见，锡良仍坚持让郑孝胥等人如期与司戴德商议，以便早日成议。外务部亦看出了锡良的不妥协，于是用正式公文向美国驻华公使作了缓议锦瑷铁路合同的声明。

为了消释日俄对锦瑷铁路的猜忌，锡良电饬郑孝胥等人"速定完全合同，于中国主权、利权毫无损失"，并坚持"美虽贷款，惟恃门户开放、发达满洲工商事业主义"，"速行宣布，方不蹈空言辩驳"。他认为，锦瑷铁路已成骑虎之势，"仅退让亦难了事"，饬令与郑孝胥同行的邓邦述赴外务部活动，说明利害关系。③ 于是，邓邦述入京展开了活动，郑孝胥亦致信给外务部右丞高而谦，托言于那桐。

这一时期，锡良亦承受着巨大的压力，以致某些参与锦瑷铁路谈判的官员不愿将实情告诉他。金还就曾对郑孝胥言，邓邦先至外务部商议路事，"万一不谐，且未可尽言于奉天督抚，恐其一蹶不振也"。④ 这或许是后来未能及时了解美国等国家态度转变的重要原因。

入都的邓邦先虽在外务部取得了高而谦、曹汝霖等人的支持，但那桐、梁敦彦等人仍主缓议，这使这次谈判颇费周折。而司戴德对清政府方面迟迟不肯结束谈判，缔结正式合同，非常不满。于是，他决定以最后通牒的方式向清政府施压，宣称，无论合同签订与否，他都要在 4 月 28 日离京赴俄。如果中方在他离开之前满足其要求，他将以中国的名

---

① 《发东三省总督锡良等电》，《清宣统朝中日交涉史料》，第 238—239 页。
② 《东三省总督锡良等致外务部电》，《清宣统朝中日交涉史料》，第 238—239 页。
③ 《郑孝胥日记》（第 3 册），宣统二年二月初六日，第 1244 页。
④ 《郑孝胥日记》（第 3 册），宣统二年二月十一日，第 1245 页。

义同俄国交涉，否则他就回纽约。① 显然，司戴德抓住了锡良方面试图通过借款修路的名义利用美国来牵制日俄的政治目的。在此情形下，锡良与郑孝胥并不甘于就此放弃。经过商议，他们决定与司戴德以私议的形式先将锦瑷铁路合同条款加以确立。②

当时讨论的是借款利息和包工价格这些带有技术性的问题。4 月 26日，司戴德从北京到天津，取走双方基本达成一致的借款合同和包工合同。这次合同与草合同的区别是担保更加严格，不仅将铁路并一切产业或附属之物作为头次抵押，而且还用东三省税收进项作保：一、盐课二百万两；二、旧盐斤加价一百万两；三、新盐斤加价一百万两。其他内容包括，美国提供不超过 4000 万美元的贷款，贷款分二次发行，每次2000 万，借款期限 30 年，年息 5%。美国财团经中国同意，可以吸收其他外国财团参加，但份额不得超过贷款总额的 40%。③ 但包工定价事未能谈妥，勘矿和葫芦岛开港事也未达成最后协议。司戴德对此不满，来信称若这些问题不能解决，"则借款合同仍须退回"。④ 此后郑孝胥与外方代表金聂尔、巴格士迅速确定了包工合同，5 月 4 日将合同稿用快车送至北京司戴德处。⑤ 但清政府迫于俄国的压力始终不愿在合同上签字。

为了突破日俄的限制，锡良在其幕友及同僚的建议下拟转而联合德、奥之款项纳入锦瑷铁路借款。该建议认为，如果能纳入德奥两国款项，则能起到"合美、德、奥以抗俄、法、英，中日各树一帜"，"大局尚有可为"的作用。对此，锡良以为"甚为有见"，请郑孝胥将此议转达司戴德，由美国方面出面联络抵制之法。⑥ 但是，司戴德赴欧洲与各方洽商后未能取得任何成果，美国国务院因得不到英国的支持而决意放弃锦瑷铁路计划。⑦

锡良尚未知晓美国政府态度的转变，仍在努力实施锦瑷铁路计划。

---

① 吴心伯：《金元外交与列强在中国》，第 70 页。
② 《郑孝胥日记》（第 3 册），宣统二年二月十七日，第 1246 页。
③ 王芸五：《六十年来中国与日本》第 5 卷，第 277—288 页。
④ 《郑孝胥日记》第 3 册，第 1252 页。
⑤ 同上书，第 1254 页。
⑥ 《郑孝胥日记》（第 3 册），宣统二年三月初八日，第 1250 页。
⑦ 吴心伯：《金元外交与列强在中国》，第 73 页。

当其听闻日俄订立密约的消息时，锡良即致电军机处、外务部称，日俄联合，"益将协而谋我"，日则吞并朝鲜，俄则进规蒙古，并有永占东清铁路、不得赎回之说，这使锡良颇为焦急，担心"此后对我手段无非强横无理"。① 因此，他请清中央迅速核复拟定的锦瑷铁路详细合同，一俟接到司戴德确信后，即可迅速定约。② 在锡良一再催促下，外务部回电答复，称：该合同"斟酌损益，深协机宜，尽虑周详，至为钦佩"，但仍强调同意的前提是必须得到日俄的首肯，"此事前因日俄从中干预，自须侯商酌妥协，方可定议，如该两国能无异言，即可由尊处酌核办理"。③ 实际上，这无疑又给锡良添加难题，颇有否定锦瑷铁路计划之意。

　　然而，锡良并未被困难吓倒，在与郑孝胥商议后，即向清廷提出在日俄新协定未发表以前将锦瑷、张恰二路同时并举，并以迅雷不及掩耳之势提前定议，以便主动掌握主权。④ 清政府却迟迟未予回应。未久，即有传闻日俄双方订立密约，"日俄于满洲各伸权力，两不相下"。⑤ 锡良阅读了日俄新协议后震惊于"大局岌岌可危"，因此，在锦瑷铁路问题上，锡良也转变了其观点，希望清廷能让东三省先修锦洮一段铁路，借以避免与俄国相争议。⑥ 此后，锡良又利用进京的机会，向清中央各要员再次阐发了锦瑷铁路计划。锡良是于 1910 年 8 月 27 日下午到北京的，关于其在京的活动，郑孝胥作了颇为详细的记载，谓：

　　　　（宣统二年）七月廿四日……余谓救亡之策在锦瑷造路，请速
　　　奏。清帅使作函告外务部，云：一面请旨签字，一面请外部照会俄
　　　使。夜，秉三又来，言借款事。

　　① 《东三省总督锡良致军机处外务部电》，《清宣统朝中日交涉史料》，第 290 页。
　　② 《东三省总督锡良致军机处度支部外务部邮传部电》，《清宣统朝中日交涉史料》，第 290—291 页。
　　③ 《郑孝胥日记》（第 3 册），宣统二年五月廿四日，第 1263 页。
　　④ 《东三省总督锡良致军机处请代奏电》，《清宣统朝中日交涉史料》，第 293 页。
　　⑤ 《郑孝胥日记》（第 3 册），宣统二年正月初七日，第 1232 页。
　　⑥ 《东三省总督锡良奏东省大局益危密陈管见折》，《清宣统朝中日交涉史料》，第 315、317 页。

　　七月廿五日，拟奏呈锦瑷借款包工合同底稿，又附片密陈一件。午后，清帅来请，有李季高在座，谈久之乃去……金仍珠来。清帅愤愤言："奔走一日，三访那桐，再访泽公，皆不遇。"

　　（七月）廿六日，熊秉三、高子益、金仍珠皆来。清帅言，徐菊人谓"锦瑷铁路乃中国领土，不应仰承俄人之意旨"。顷之又言，那中堂言"必不可奏"。余曰："此事经各部议奏累次，经营年余，今置不奏，则他事皆不必办矣。"清帅不得已，乃言："可以良马二匹为馈，事或可成。"余谓："宜托陆润生谋之，以必成为期。"

　　（七月）廿七日……冯仲贤言，今日政务处会议，颇失败。

　　（七月）廿八日，清帅来谈会议情形，庆、那皆甚着急，若甚畏东三省之奏请签押者。泽公于盐务、银行则欲以熊秉三为盐运使，于统一纸币则言不必办公文，可暂由东三省自办。庆邸言，郑某尝办铁路，银行非其所长。那谓锡曰："郑，谋士。子得之，甚有力。"清帅使电止二马勿来。……是日，法兰芝、梅纳根等来见清帅，美参赞亦来催入奏，清帅告以外部阻挠之状。

　　（七月）三十日，清帅来谈。仍珠、秉三来。冯仲贤示奏稿，请以荫昌为东三省总督。①

　　从上文可知，锡良自入都以来即积极地发动载泽、那桐、庆亲王奕劻等清廷的权贵，试图影响他们的决策，甚至不惜用买马等方式贿赂权贵，以求达成其借款筑路的目的。从其活动的结果来看，那桐、载泽等人对于锡良的态度颇为冷淡，并不愿意与其多接触。事实上，载泽对于锦瑷铁路计划并不赞成。载泽仍坚持不可，屡次密议，均极反对，并谓将来无论何路借款，该部决不担负责任，试以现在部库亏短已极，断难再认外债。② 而那桐亦言"必不可奏"，对锦瑷铁路计划提出了反对意见。可知，锡良的行动最终失败了，因此，他有意让荫昌来接替其职务。在无法开缺的情况下，锡良有意长期滞留于北京，以便迫使清廷满

---

　　① 《郑孝胥日记》（第 3 册），第 1272—1274 页。
　　② 《泽公不赞成借款筑路事》，《大公报》1910 年 9 月 29 日，"要闻"。

足其要求。值得注意的是，8月28日，日本已知会清政府，表示日韩合邦[1]，这显然刺激了锡良的神经。清廷派出了毓朗、载涛等人从中予以调解。对于借款一事，载涛向载泽表示，东三省现处景象迥非他省可比，今部中既不能协助，复禁借外债，是甘心置三省于局外，要求载泽允许锡良借款。载泽"始允酌量招募"。而军机大臣徐世昌、毓朗亦当面向锡良表示，东省事苟利国家，朝廷决不为遥制。[2] 奕劻等人亦奏请允许锡良筹借外债银二千万两的款额，获得清廷的批准。[3] 锡良见要求已遂，方才于9月12日出京回奉。在这一过程中，锡良也联合了同在北京的湖广总督瑞澂提出了新的全国借债筑路计划，并将此计划通致各省督抚、将军、都统，显然，他有意在全国制造出借债筑路的讨论热潮，以便向清廷施压。只是，各督抚的讨论反对其计划，转而提出联合奏请设立阁会的问题。

回到奉天的锡良，再次向清廷提议加借外债，以便兴修锦瑷铁路。他说：

> 窃谓东三省大局危迫，自应大举以图速效。然其提纲挈领之要务则在于锦瑷铁路一事，诚使铁路即行开办则精神振作，血脉贯通，一切移民开垦，均可应弦赴节，事半功倍，应办之事，千头万绪。原奏所称此次借债二千万两为数太少，无济于事，诚为灼知局中甘苦之论，若使锦瑷铁路未能即定，则勉强兴办靡费更多，日复一日，事事皆落后着。臣当察度情形，于万不可缓者，随时奏明办理，只求款能应手，则进步必速，诚能由部预筹巨额存储银行，专为东三省指拨之用，尤为深幸此加借外债经营移民开垦之利在速行者也。[4]

但奕劻等人则认为锦瑷铁路未能成议，兴办东三省移民、开垦诸务

① "中央研究院"近代史研究所编：《清季中日韩关系史料》（第十卷），第7109页。
② 《再述东督晋京之结果》，《盛京时报》宣统二年八月十七日，"东三省新闻·奉天"。
③ 《外务部总理大臣奕劻奏奏议复锡良密陈东省大局折》，《清宣统朝中日交涉史料》，第330—331页。
④ 《东三省总督锡良奏密陈东省筹办情形折》，《清宣统朝中日交涉史料》，第350页。

亦无须铁路，因此，反对锡良的加借外债的要求。① 至此，锡良的锦瑷铁路计划事实上已走入死胡同。

锦瑷铁路最终落空，这自然与清廷的软弱无能有着莫大的关系。关于这一点，以往的研究多已指出。当然，客观地说，锦瑷铁路计划的失败，也有其客观的因素。锡良提出锦瑷铁路的一个基本前提是"日俄南北势力之平均，或因此稍有顾忌"。② 可知他认为，日俄在东三省的势力是相互牵制的，并未有相互联合之势。这就忽视了国际政治中国家利益至上的原则，所以当日俄为了共同的利益，放下了恩怨，签订新的协约，共同抵制锦瑷铁路计划后，锡良的锦瑷铁路计划就不得不搁浅。可知，锡良的锦瑷铁路计划存有理想化的设计，为其失败埋下了伏笔。

本章小结

锡良最注重铁路修筑。在他看来，"铁路所至之地，即势力所及之地"。因此，他坚持自主修造铁路，这成为其修筑铁路的基本原则。在四川时，他克服了来自外国列强与鄂省官员的刁难与阻力，并且创造性地运用了随粮征租的方式来筹措铁路款项，为之后铁路建设提供了保障。在云南时，锡良颇为积极地推动滇蜀铁路公司自办和筹划赎回滇越铁路，但是限于当地财政状况不佳及清中央政府的置若罔闻，使得该计划成效不大，终致搁浅。

在东三省时，锡良鉴于日俄势力威胁甚重，放弃了长期坚持的铁路自办原则，改而借债修筑锦瑷铁路的计划，试图引入英美势力，以抵制日俄，从而保存东三省主权。为此，锡良竟在未与英美铁路谈判代表商谈妥定的情况下即致电清中央，表示协议已然签署。这一方面反映了锡良挽救东三省危局的迫切心理，但在另一方面也反映出锡良并不信任清中央，表现了地方督抚与清中央的疏离感。事实上，锡良的担心并不是没有道理。此后，清中央在日俄的压力下一再阻挠锡良与英美代表达成

---

① 《外务部总理大臣奕劻等奏会同议复锡良密陈东三省分别筹办情形折》，《清宣统朝中日交涉史料》，第362页。

② 锡良：《联合中外商人组织公司开办奉天海龙府属香炉盌金矿折》，《锡良遗稿：奏稿》，第1084页。

最终协议。虽然锡良对于该计划做了诸多工作，清中央仍不松口。随后，美方放弃了该计划，这使锡良的锦瑷铁路计划最终流产。这一结果使锡良对清中央的恶感又添一层。他曾对其政治顾问郑孝胥"谈政府反复之状"，这显然使其意识到旧有的政治体制难以承担起中央与地方有效沟通的重担，因此，他也能接受通过新的政治治理形式来挽救清王朝危机的思想。锡良在清末积极筹备立宪事项和推动督抚速立阁会的请愿，或许就不乏此一因素。

　　总的说来，锡良在各地财政捉襟见肘和列强步步进逼的情况下能如此积极地筹办铁路维护利权，其毅力与精神实属难能可贵。他办理铁路的目的也有由保护利权转向了利用铁路来维护国家主权的变化，这自然与当时清王朝统治危机日渐深化有着密切的关系。当然，这一转变也使其造路方式由自办转向借债造路，以便利用其他势力，以制衡日俄，从而挽救危亡。但其美好的愿望，却因其过于理想化而难以实现，反而在一定程度上加剧了清王朝的统治危机。由于埋葬清王朝的导火索正是由借债造路引发的，而锡良的锦瑷铁路计划对清政府的政策产生了推波助澜的作用。但清政府在清末制定借债造路政策意在重建中央集权制度，收缩督抚的权力。因此，锡良的借债造路政策与清中央的借款造路政策有着本质的不同。尽管如此，我们虽能理解锡良放弃其铁路自办原则，走上借款造路的苦衷，但不可否定的是其借债造路的计划显然在某种程度上助长了清末中央的借债计划，这无疑是锡良始料未及的。

第三章

教育改革与新式教育的推行

对于新式教育，锡良有着自己的一套理解方式。以往的研究对锡良的教育活动有所涉及，或就一省而言，未作整体研究；或是事实的罗列，未能深入研究，并在内容方面亦有不全面的地方。[①] 本章拟在阐述锡良教育实践的基础上，深入挖掘锡良实践及其背后的思想基础，更加全面地阐述锡良的教育理念。

第一节 建立学堂教育体系

锡良正式创办学堂教育，还是在新政时期。庚子之后，清政府已感受到时艰日亟，兴办新政改革已成为迫不得已的选择。当然，"新政"的创办需要新式人才，这就需要新的教育方式。对此，锡良也颇有同感。他说，"现今之急务，多夙昔之未闻"[②]，"今者门户洞开，非通知时务，才可应变者，不足以任国事而济艰难"[③]。可见，锡良认为只有新式的时务人才方能适应新的形势，而旧的教育制度显然不能培养出新时期需要的人才，因此有意采用新的办学模式。此后，锡良就在各地有意识地推行新的教育改革。

---

① 席萍安：《锡良与20世纪初年的四川"新政"及民族资本主义的发展》，《文史杂志》2001年第6期；李绍先、陈渝：《锡良与近代四川教育》，《文史杂志》2004年第3期；高洁：《清末"新政"时期锡良的教育改革思想与实践研究》，硕士学位论文，河北大学，2010年。
② 锡良：《调补河南巡抚谢恩折》，《锡良遗稿：奏稿》，第175页。
③ 锡良：《遵旨保荐人才备应特科折》，《锡良遗稿：奏稿》，第264页。

一 创办河南大学堂

在新政初期，锡良办理学堂教育还是颇为审慎。在清廷发布各省将书院改为学堂的谕旨和山东巡抚袁世凯创设山东学堂及试办章程的基础上，他才有意在河南省城设立大学堂。① 然而，他在河南推行新式改革仍遇到了极大的阻力。

原来，"豫省地处中州，士风素朴，非通商各省习见洋务者可比"。② 这从当时的书籍即可看出。当时河南书坊中时务之书并不多，可见当地"风气尚未大开"。③ 所以，当开设大学堂的消息传开后，"一时无知之徒，指为洋教，遂散布浮言，谓此堂开时，必将各家塾义塾之幼童概行收去，一时各处学塾为之星散"，同时，面临失业的书院诸生也"竞赴首县阗禀情由，首县乃出示弹压，人情汹汹，数日方定"。④ 这无疑束缚了锡良的手脚。但他显然认为创办学堂是新政重要的内容之一，因此，仍执意于设立该学堂。

为了减少阻力，锡良表示，"中西兼学，事属创举"，"循序利导，乃足扩多士之见闻，渐开风气"。⑤ 因此，他聘请了"学术湛深、素孚众望"的孙葆田担任该学堂的总教习，又将清中央颁布的学堂章程中的西学教习暂缓聘用西人，"但以华人之通西学者为之，免至士心或生疑阻"。⑥ 此外，锡良还派布政使延祉、候补道胡翔林充学堂总办。同时，他还对学堂的教学内容进行了严格的限定，"其教法恪遵谕旨，以四书五经纲常大义为主，以历代史鉴及中外政治、艺学为辅，务使心术端正，文行交修，痛除空疏浮薄之习"。⑦ 可知他希望从人事任用和教学内容上破除社会舆论对西式教育的恐惧，降低河南士绅的抵触情绪。至于书院的解散问题，他以"省中旧有书院数处，地基过狭隘，难于改设"为由，择定开封游击衙署改为学堂，又以书院中肄业诸生"多恃

---

① 锡良：《设立大学堂折》，《锡良遗稿·奏稿》，第 176 页。
② 《设立大学堂折》，《锡良遗稿·奏稿》，第 177 页。
③ 《北闱纪事》，《大公报》1902 年 8 月 29 日，"外省新闻·河南"。
④ 《纪大学堂》，《大公报》1902 年 6 月 26 日，"时事·河南"。
⑤ 锡良：《延孙葆田充大学堂总教习片》，《锡良遗稿·奏稿》，第 205 页。
⑥ 《设立大学堂折》，《锡良遗稿·奏稿》，第 176、177 页。
⑦ 同上书，第 177 页。

区区膏火，以为治生向学，以为治生向学之地"，"各仍其旧，以恤寒儒"。这显然是针对有失业之忧的诸生所做的规定，以安其心。

在他的努力下，河南大学堂方才得以较为顺利地成立。该学堂计划招生二百名，内附客籍五分之一，聘总教习一人，中西教习十二人。1902 年 6 月 28 日，在改建工程还未竣工时，该学堂便开始招考①，6 月 1 日正式开学。然而，从创办效果来看，该学堂并不理想。当时开设的课程共有三门，即中文、算学和西文。全为间日授课，中文在上午，授四小时；算学在下午，授四小时；西文则全天，授八小时。西文又分授算学、地理、历史等课程。同时，学堂并不放暑假。时间安排如此之紧，课程安排如此之多，学生大都感到吃力，年龄大的便渐渐退了学。

而偏向西式教育的社会舆论对大学堂的教学内容也多有微词。原来，大学堂总教习孙葆田颇为保守，"痛斥西学，日以孝经及小学集注数十部分给学生，令其诵读"。② 舆论认为，这令学生将"有用之精神尽用于玩训索诂之中，足见其泥古迂阔，不谙新学"。③ 因此，社会舆论不时地挑剔孙葆田等人，如孙葆田不允学生回家过节，学生抬出孝经来反驳，孙知自相矛盾，遂允之。④ 又如，孙葆田等人在未能答出问题时就以"只可意会，不可言传"答之，以致"至今诸生传为笑柄"。⑤ 有社会舆论更指河南大学堂的创办是因各省均已遵照设立学堂的情况下河南地方政府"不得不勉强塞责，以应朝旨"之所为。⑥ 可知，这一社会舆论不满的背后是因当时河南大学堂仍过于偏向旧式教育，未能真正实行改革所致。两年后，遵照清政府颁布的《奏定学堂章程》之命，河南大学堂方才改为河南省立高等学堂。⑦ 而锡良似乎也认识到西式教育的重要，曾有意派员赴日本学习⑧，或许鉴于河南"风气未开"的氛

① 《纪大学堂》，《大公报》1902 年 7 月 17 日，"时事·河南"。
② 《教习迂腐》，《大公报》1902 年 9 月 19 日，"时事·河南"。
③ 《河南大学堂办理不善议》，《大公报》1902 年 8 月 11 日，"论说"。
④ 《以矛攻盾》，《大公报》1902 年 9 月 20 日，"外省新闻·河南"。
⑤ 《纪省学堂》，《大公报》1902 年 8 月 29 日，"外省新闻·河南"。
⑥ 《河南大学堂办理不善议》，《大公报》1902 年 8 月 11 日，"论说"。
⑦ 张瑛：《锡良与河南大学堂》，《中州今古》1984 年第 4 期，第 12—13 页。
⑧ 《游学中辍》，《大公报》1902 年 11 月 1 日，"中外新闻·河南"。

围，最终放弃了这一计划。

其后，在热河，他将原有的八旗义学扩充为八旗蒙学堂，兼收承德本郡童蒙，"以广教育而培人才"。① 此外，他还广设中小学堂及蒙养学堂。此时，由于科举制度仍在实行之中，因此，锡良也把举子作为其培养人才的一部分。他说："欲开民智，以培养士气为先。"为此，他向清政府建议增加热河地区的科举名额。②

可知，这一时期，锡良所办教育仅限于按照新式学堂来兴办教育，而其教育的主旨仍仅限于普及，并未有太多新的教育类型引入。

二 改革四川教育体系

如果说，在河南、热河创办新式教育，锡良还只是涉猎，仍有诸多限制，那么到了四川，则可以说较为全面地实践了其教育改革的构想。造成这一转变的重要原因是清政府正式推出了全国性的教育改革计划。1903 年，张百熙、张之洞、荣庆等人拟定的《奏定学堂章程》经清廷以法令的形式向全国公布、实施，即"癸卯学制"，是清末新式教育体制的主要依据。1905 年，清政府下诏废止科举，于是，清末的教育制度发生了重大的变化。所以，原本就有意于新式教育的锡良势必要以此为依据在任职地方推行。当然，锡良能否认真推行也与其对教育的认识有着莫大的关系。锡良认为"自强之本，教育为先。东西各国，每以学校之兴衰，定国势之强弱。故兴学敷教，实为现今迫要之图"。③ 认识到"兴学育才，为现今急务"的锡良对于教育的推行固然有着急切的心情。对于这一时期锡良在四川的教育活动已有一些研究，但多未能全面考察，故此处将进一步予以阐发。

（一）改革教育体制

1. 注重教育行政

早在 1902 年，岑春煊就已设立负责全省学务的学务处，这是四川最早推行新式教育的机构。最初学务处机构简单，人数少，权力不大，

---

① 《整顿驻防八旗义学并请拨围地百顷作为经费片》，《锡良遗稿：奏稿》，第 309 页。
② 锡良：《热河州县加广学额折》，《锡良遗稿：奏稿》，第 317 页。
③ 锡良：《筹办滇省学务大概情形折》，《锡良遗稿：奏稿》，第 724 页。

而且是非正式的行政机构。此时，"兴学要政，热心提倡者固不乏人，而顽固官绅尚复疑沮"①，因此，"学堂办成绝少"②。锡良督川后，为了强化学务，改学务处督办为总理，以提升学务处的权力和地位，使之成为全省推行新式教育的行政中心。对此，他也颇为注重学务处督办提调人员的选择，"必以学务处得人而后有所责成"。③ 为此，他委任了具有留学日本为背景颇谙新式学堂管理且办学颇有成绩的方旭和胡峻为提调，规划川省的教育改革。

针对所属地方"学生年齿不均，教员程度不一"的情况，锡良又设立了调查所，随时调查各属学生及教员的情况，以及各地办学情形。④ 他还设立了学务研究所，"博采公议，使之转相激发"，以改变"彼此隔阂，自为风气"的状况。

为了推进新式教育的发展，他还对办学不力的官员进行了参劾。如有知县黄羡钧，到任近一年，于地方高等、初等学堂及师范传习所，"一校未设，屡奉文檄，亦置不复"。又如有剑州知州茹汉章"于学务毫无整理，只以向有之义塾十余处改名塞责"，等等。对这些官吏，锡良坚决进行了参劾。同时，他还获得对借口地方偏瘠、延不办学以及办理不协、久无端绪等类官员的考核惩办之权。⑤ 而对热心教育和积极捐款兴学的官员和士绅，则通过举荐和请奖等形式予以褒奖。如他为捐款创办四川高县高等小学堂及初级小学堂经费的王正纲等人向清廷请求给以实官的奖赏。⑥ 这使其进一步掌握了四川教育的用人行政，有利于其推动新式教育的发展。

与此同时，他还注意四川地处边陲、道路艰险、彼此隔阂、风气不开的社会状况，为了川省风气，开通明智，于1904年5月中旬创办了《四川官报》。除登载谕旨、奏折外，还选登省内外新闻，以及有关学术、商务、工艺、农业等论说，"每月三本，分发各州县，散给四邻绅

① 锡良：《奏陈学务情形并推广办法折》，《锡良遗稿：奏稿》，第521页。
② 锡良：《办理川省学务大概情形片》，《锡良遗稿：奏稿》，第371页。
③ 《办理川省学务大概情形折》，《锡良遗稿：奏稿》，第371页。
④ 锡良：《奏陈学务情形并推广办法折》，《锡良遗稿：奏稿》，第521页。
⑤ 锡良：《考查川省办学守令分别优劣择尤举劾以示劝惩折》，《锡良遗稿：奏稿》，第530页。
⑥ 锡良：《高县绅士王正纲等请奖给实官折》，《锡良遗稿：奏稿》，第450页。

民购阅，使民间于朝廷政治、中外情形，了然心目"。《四川官报》的发行，颇受欢迎，"绅民皆以为便近，虽边远州县亦多踊跃争购，每月销报一万余本"，川省"风气渐觉开通"。① 此后，锡良又饬令属员按照《四川官报》的宗旨和体例创办了《成都日报》。1905 年 4 月间，锡良又饬令属员创办《四川学报》，刊登与学务有关之惩劝与指示办法、各项章程与本省各学堂教科讲录以及译编、论说等件，"取其宗旨端正与本省风尚多有密切之关系，庶使因势利导"，以为"敬教劝学"。② 《四川学报》发行后，也受到各界的欢迎，发行量达四五千份，于推行新政、普及教育不无补助。

2. 培养和延聘师资

对于师资，锡良非常重视，这从其一再强调师范教育的作用就可见一斑。1903 年 11 月，他就向清廷表示，"师范不造，中小学终无以教习"。③ 光绪三十年（1904）三月间，他再次强调说："教育人才，首在造成师范，而师范之业，非实力肄习，奥窍无由明，程度不能合。"④ 到了 1905 年 12 月初，锡良对师范作用的认识有所深化，认为"教育为陶铸国民之基，师范又扩张教育之本"。⑤ 到了奉天时期，他更直称"师范者，教育之母也"⑥。可知其对师范教育之重视。

在四川时，"现筹兴办学堂，微特教习难得其人，即管理亦罕知其法，一切教育规则，深恐名是实非"⑦。锡良认为日本对于师范之学"至为考究，其宏文学院且为我国学子特开一班，取材既专，则收效自捷"⑧。于是，他通饬各属，集资选士，选派了 160 余人赴日本就师范速成学习，以便培养符合新式学堂教育的师资力量。此后，为了创办各类实业学堂，锡良又陆续派遣了学生赴日本、欧美等国学习专门

---

① 锡良：《开办四川官报情形折》，《锡良遗稿：奏稿》，第 443—444 页。

② 锡良：《创办四川学报片》，《锡良遗稿：奏稿》，第 529 页。

③ 锡良：《办理川省学务大概情形片》，《锡良遗稿：奏稿》，第 371 页。

④ 锡良：《派周凤翔监督学生赴日学习师范速成科片》，《锡良遗稿：奏稿》，第 399 页。

⑤ 锡良：《奏陈学务情形并推广办法折》，《锡良遗稿：奏稿》，第 521 页。

⑥ 《督抚宪于师范学堂选科毕业式词训》，《盛京时报》宣统二年三月十三日，"东三省新闻·奉天"。

⑦ 《派周凤翔监督学生赴日学习师范速成科片》，《锡良遗稿：奏稿》，第 399 页。

⑧ 锡良：《奏陈学务情形并推广办法折》，《锡良遗稿：奏稿》，第 521 页。

之学。

　　但是，这些留学人员需要数年的时间方能培养成才，归国任教。为了解决各学校需师孔亟的状况，锡良采取了多种措施。他先是在省城高等学堂附设师范馆①，于 1904 年 2 月开办，招收速成师范学生。② 此后，他又于 1905 年 5 月饬令学务处在成都设立能容纳学生 500 人的四川通省师范学堂，招收初级、优级两类师范。与此同时，他又饬令各属设立师范传习所，按照学部新章，每所额定 150 人，僻苦地方准予酌量从减，一律以 10 个月为限。③ 由于各地情况不一，锡良亦准许各地采取"展期增额，更定课程"的方式培养师资，以俾敷各校之分派。④

　　除了培养师资外，锡良也注意延揽留学人员或延聘西方人士直接参与教学。如他因川省缺乏行军之医生，创办了军医学堂，延聘法国医士罗尚德充当该堂的教习。⑤ 在办理英法文法官学堂时，锡良也延聘曾出洋留学历练之员来川担任英法文教习。⑥ 在设立四川通省师范学堂时，锡良就电知赴日本留学监督周凤翔聘定日本教员二人来川教学⑦，等等。据不完全统计，四川在兴学热潮中先后聘用洋教习 80 余人，尤以锡良督川时期为多。⑧ 这说明锡良非常注重新式教师的引入，在某种程度上反映了他认同新式教育即是学习西方教育的观念。

　　经过锡良如此认真的筹办，四川新学师资数量在全国名列前茅。以实业学堂为例，据宣统元年（1909）各省专门实业学堂留学生出身教员统计，四川专门学堂留学出身教员有 49 人，实业学堂留学出身教员 17 人，其数量远远高于其他省份。⑨ 由此亦在一定程度上反映出其对师

---

　　① 　锡良：《办理川省学务大概情形片》，《锡良遗稿：奏稿》，第 371 页。

　　② 　锡良：《省城高等学堂现办情形片》，《锡良遗稿：奏稿》，第 528 页。

　　③ 　锡良：《改设通省师范学堂片》，《锡良遗稿：奏稿》，第 524 页。

　　④ 　《奏陈学务情形并推广办法折》，《锡良遗稿：奏稿》，第 521 页。

　　⑤ 　锡良：《川省设立军医学堂片》，《锡良遗稿：奏稿》，第 400 页。

　　⑥ 　锡良：《设立英法文官学堂片》，《锡良遗稿：奏稿》，第 444 页。

　　⑦ 　锡良：《改设通省师范学堂片》，《锡良遗稿：奏稿》，第 524 页。

　　⑧ 　《四川学报》1905 年第 12 册，"公牍"。

　　⑨ 　鑫圭、童富勇、张守智：《中国近代教育史资料汇编：实业教育、师范教育》，上海教育出版社 1994 年版，第 65 页。

资队伍建设的重视。

3. 推行新教育体系

在改革了教育行政和解决了师资的基础上，锡良即"督饬各属，使之兴学育人，具有次第"。本着"育才以兴学为本，兴学以启蒙为先"的理念①，锡良首先设立蒙学，以"筹学费、择校址、选学董、查学令"为急务，"限以（光绪）三十年为一律开学之期"，此后又据奏定新章，改蒙学为初等、高等两小学。"官办中学及高等小学，模范所系，并令照章兴设"。在其督促下，截至光绪三十一年（1905）9 月，川省除了设立高等学堂外，"各厅府州县中，计成都府师范、泸州川南师范各一堂，师范传习所一百一十堂，中学八堂，高等小学一百五十二堂，初等小学四千零一十七堂，两等小学三十八堂，半日学堂三十堂"，"其办而未成，成而未据禀报者，不在此数"。经锡良"殚精竭虑"的督促，川省的教育体系"略具规模"。②

此后，四川教育进入了新的阶段。这时科举制度也废止，因此，锡良对这一新式教育体系进行了修补。如虑及各地蒙小学堂的设立，师范人才的匮乏，锡良饬令府、直隶州厅各设初等师范一区。因科举既停，年龄尚少的贡、廪、增、附生亟须入中学堂学习，锡良饬令各属推行中学堂。同时，某些年长任事的教师，或未知教育学，或通洋文而不精国学，为了使这些人能接受教育，他于 1906 年 5 月在四川贡院内附设补习学堂，吸纳这些人员入堂学习。③ 此外，鉴于来川的外省官商子弟人数众多，"非专设一堂，不足以宏造就"，锡良又饬令属员比照高等学堂中学堂的标准于 1905 年 9 月创办了客籍公立学堂。④

在锡良的倡导和督饬下，川省各属办学之风蓬勃兴起，"到了光绪末年，已有四千二百余所"。⑤ 已有的研究均对锡良在四川时期的教育

①　锡良：《整顿驻防八旗义学并请拨围地百顷作为经费片》，《锡良遗稿·奏稿》，第 309 页。

②　锡良：《考查办学守令分别优劣择尤举劾以示劝惩折》，《锡良遗稿·奏稿》，第 530 页。

③　锡良：《附设补习学堂》，《锡良遗稿·奏稿》，第 565 页。

④　锡良：《创设客籍公立学堂片》，《锡良遗稿·奏稿》，第 525 页。

⑤　杜春和：《锡良》，清史编委会编《清代人物传稿》（下篇·第七卷），第 150 页。

改革给予了肯定,认为锡良的改革给四川社会带来了深远的影响。①

三　调整和深化云南、奉天教育

经过多年的发展,各地新式教育大体上建立,但仍存在着诸多问题。各省学务"或敷衍,或揞克,或有名无实,或似是而非"②。锡良对于这一情况有着切身的体会,云贵总督任上即看到云南教育之毫无进步。1907 年 4 月,锡良奉调云贵总督,到达云南后,发现云南学务之有名无实,颇为忧虑。曰:

> 至若学务,僻远如滇,非学何以开民智?贫瘠如滇,非学何以植民业、厚民生?乃省城官立者,如高等学堂、小学堂以及实业学堂等,盖已十数,名目不为不备;而一经考察,教科固未完全,阶级尤多紊躐,定章且未符合,成效于何取资?至省外各属,则或茫无建置,或空标名称,求其因陋就简,粗具形式者,且所罕睹。即各城乡应设初等小学堂,亦多未切实举办。此固迫于经费之艰难,抑亦囿于官绅之固陋。而学绅攻讦之风,学生嚣凌之习,则视腹地各省殆有过之。循是以往,学界从何发达,人材从何造就?矧农工商各实业,又复毫无进步。际此优生劣败之世,而反乎生众食寡之经,恐即不遇灾荒,生计亦将日蹙,此尤奴才所为隐忧切念者也。③

可知,云南教育虽有各类新式学堂的名目,但并未有新式教育之实在内容,存在着"教科未完备"、"阶级多紊躐"的状况,相当多的区域存在着"或茫无建置"、"或空标名目"的状况,而"粗具形式者,且所罕睹",这反映出云南的教育改革并未取得多少实质性的成效。但"学绅攻讦之风,学生嚣凌之习,则视腹地各省殆有过之",锡良认为,"循是以往,学界从何发达,人材从何造就",表现出深切的忧虑。

---

① 参见李绍先、陈渝《锡良与近代四川教育》,《文史杂志》2004 年第 3 期;何一民《锡良与晚清四川近代化》,《四川师范大学学报》(社会科学版)1993 年第 3 期。

② 锡良:《时局危急密陈管见折》,《锡良遗稿:奏稿》,第 1126 页。

③ 锡良:《沥陈滇省困难亟宜通筹补救折》,《锡良遗稿:奏稿》,第 678 页。

对此，他在到任后即着手对云南教育进行改革。在他的主持下，提学使叶尔恺革退了十余名参与停课滋事的学生。此后，又派人至各属调查学务，作为其采取进一步措施的依据。与此同时，锡良又对教育机构进行了增设，在昆明地区，设立了学务公所和教育官练习所，并刊发教育官报，而对昆明以外的区域，锡良饬令各属设立劝学所，并酌派省视学，前往视察。此外，他还饬令刊发简明办法、详细规则及各种表册，力图统一全省学务。

经锡良的督饬，叶尔恺对云南各学堂按照其程度进行了整顿。他将省城高等学堂改为两级师范学堂、省城官立师范传习所改为两级师范学堂附属中学堂、省城各小学堂改为附属小学堂，这些都在学制上进行了降格处理。与此同时，他还借着这次整顿，利用裁撤某些完全不合规制的学堂的场地，重新设立了其他类型的新式教育，其中有艺徒学堂、中等农业学堂、女学教育、地方师范教育等项。① 经过半年的努力，云南的学务也逐渐名实相符。

此后，锡良调任东三省总督。在他到任之初，奉省的教育，"多规模以备，程度尚优"，但锡良亦发现奉省教育存在着"趋重高等专门，未为教育普及之计画"，以及师资缺乏、乡镇未能遍设小学等问题。为了改变这种状况，锡良饬令各州县因地制宜，多设两等小学，参用单级多级教学法。同时，饬令各地广设半日学堂、简易识字学堂暨短期补习学堂，以造就贫民子弟。他希望通过这些学堂的设立，使"地方多一读书识字之人，即多一明理之人"，以奠定自强之基。② 为了树立标杆、模范的作用，锡良率先在奉天省城创设官立简易识字总塾一所，官立第一简易识字学塾、私立简易识字学塾各一所，并通饬各小学堂均附设简易识字夜班。而在省外各属，他饬令各属设立简易识字私塾，可通过各种方式加以创办，采取或专设、或附设、或数处、或数十处不等联合创办，等等。③ 其目的显然是尽可能地设立简易识字私塾。到了 1911 年，奉天全省设立了 260 处，学生达 8785 人。但

① 锡良：《筹办滇省学务大概情形折》，《锡良遗稿：奏稿》，第 724—728 页。
② 锡良：《考察东省情形整顿内政折》，《锡良遗稿：奏稿》，第 927 页。
③ 锡良：《筹备宪政第二年第二届成绩并下届筹备情形折》，《锡良遗稿：奏稿》，第 1116 页。

锡良认为，这与奉天人口相比，受教育的人仍然过少，因此，他期望能继续扩大该项教育，普及乡村各处，以使乡民知识日进，从而减少新政之障碍。①

　　颇值得一提的是，锡良的教育体系中还涵盖了女学。清末女子留学日本始于 1899 年，到 1902 年女留学生有十余名，1903 年后，留日女学生逐渐增多。清政府此时不得不面对现实，在 1905 年将女子教育列入学部，并开始派官费女留学生。在全国女子留学大趋势的影响下，锡良也开始派遣女子留学日本，但人数颇少，仅在 1906 年官派了一名学生前赴日本进入编织科的学习。② 待到云南时，锡良提倡女子教育。他认为，"女学为家庭教育始基，亟宜设立"。鉴于云南此前并无此项教育，他设立了女子师范学堂，"先设预备科，并附设两等小学堂，以资实地练习"。③ 到了奉天，锡良见当地虽有设立女学，但仅限于省城，规模过于狭隘。1910 年 11 月，他饬令提学司对奉天原设之女学进行整顿，并加以扩充。④ 至于省外地方，锡良饬令各属均于其所在城市设立女子师范学堂或女子模范学堂一处，规定所属乡镇按照自治区域一律筹设女子小学，"务于宣统三年视男学有二十分之一"。⑤ 从中可知，虽然从时间和创办数量上可以看出他对女学的支持力度并不大，但锡良能将女学纳入其教育制度的实践，仍具有进步的意义。

　　由上可知，锡良颇为认真地建立清末地方教育体系，尤其是在河南、四川时其教育体系的建立多具有开创性的作用。同时由于其认真举办，锡良对有名无实的云南教育体系进行了整顿，以使其更符合现实。而在东三省，他则看到了当地教育的某些不足，并加以改善。总之，正是由于锡良认真地筹备这些地区的新式教育，这些地区的教育制度逐渐有了近代化的色彩，因此，也为清末社会培养了一大批新式的人才。

---

① 锡良：《恭报筹办宪政第三年成绩》，《锡良遗稿·奏稿》，第 1280 页。
② 岳程楠：《留日学生与清末四川教育近代化》，《日本问题研究》2009 年第 4 期。
③ 锡良：《筹办滇省学务大概情形折》，《锡良遗稿·奏稿》，第 726 页。
④ 《督宪注重女学》，《盛京时报》宣统二年十月十五日，"东三省新闻"。
⑤ 《通饬各属兴办女学》，《盛京时报》宣统二年十月十八日，"东三省新闻"。

第二节　重视实业教育

教育对锡良而言并不仅仅具有培养新式智识人才的功能，更是"新政之权舆"，即培养新式专门人才的重要手段。当然，教育还是锡良解决各类社会问题的重要手段。

一　专门人才的培养

清末，由于新政繁兴，急需大量新式人才，为此，锡良除了延聘留学背景的人士或洋人外，也采取了各种举措来培养新式人才。

在办理川汉铁路时，锡良为了能自主修路，选派了 13 名学生远赴以矿学闻名于世的比利时学习路矿。[①] 为了扩展四川的机械制造厂，锡良选派了 20 名学生、工匠等人前赴欧美考察机器制造，并饬令他们"入厂肄习"，学习机器制造，以便回川后互相传授。[②] 锡良之所以做出这一举动，其灵感或许来源于俄国彼得大帝等人。他曾在宣统年间批判亲贵出洋时说："夫师人之长，以益吾短，巨不甚善"，"然必如俄之大彼得，德之俾士麦，身入工厂，甘执兵役，学有所得，归未国用"，"岂数日之勾留，随意所游览，遂得其要领耶？"[③] 可知，他颇为注重学有所成、学有所用。为了激励留学生能"尽心研究深造，有得而归"，锡良希望能对回国人员进行考察，优异者给予褒奖。[④] 此后，为了兴办工商实业学堂，锡良又从省城高等学堂及成都师范学堂、华阳小学堂中选拔 21 名学生派赴日本学习农业、工业、商业等知识。[⑤]

为了减少中外隔阂，培养交涉人才，锡良于 1904 年 3 月间设立了川省英法文官学堂，培养英、法语言文字人才。[⑥]

---

① 锡良：《请奖派赴比美各员生先行奏明立案片》，《锡良遗稿：奏稿》，第 402—403 页。

② 锡良：《派员出洋购机造械拓充川厂折》，《锡良遗稿：奏稿》，第 388 页。

③ 锡良：《时局危急密陈管见折》，《锡良遗稿：奏稿》，第 1126—1127 页。

④ 锡良：《请奖派赴比美各员生先行奏明立案片》，《锡良遗稿：奏稿》，第 402—403 页。

⑤ 锡良：《拟设农工商实业学堂先行选派学生出洋片》，《锡良遗稿：奏稿》，第 525—526 页。

⑥ 锡良：《设立英法文官学堂片》，《锡良遗稿：奏稿》，第 444 页。

在四川，鉴于"农艺为民生所系，工商尤富强之基"，锡良有意推进农业和工商业。但他认为，若要发展"非从教肆入手，则讲求总属凭虚"，"非先洞悉源流，即办学亦虞隔膜"。为此，他派胡峻出国，博考东西洋各项实业学务情形及其学堂办法，庶几参镜多资，图功较易。①

办理警察时，锡良以"警务极精博，倘不由学堂入手，茫昧从事，窃恐成效莫睹，流弊转滋"，因此，他专门设立了警察学堂。在四川，他延聘留学日本警察毕业学生充当教习，于警察局内添设堂舍，招收文通体健康之员弁80名入堂肆业。在云南，他于1909年1月调得力之警员至滇开办了警士学堂，培养警兵。到了光绪三十四年（1908）四月，他又将警士学堂改设为高等巡警学堂，并设立了教练所，以培养警官。②

由于审判厅"首重登记"，锡良设立登记讲习所一处，延揽日本法政大学毕业生刘蕃等人充任。③

更有甚者，锡良为应对边疆危机还设立专门学堂。以西藏为例，"历任台藏文武员弁，所用通事，明于事理者绝少，或则传达舛错致误事机，甚且有意倒颠，藉端播弄"，如此，"番情每致不洽，鼻窦防不胜防"。为了减少误解，加强与边疆少数民族的交流，锡良设立了藏文学堂。在东三省总督任时，锡良见俄国人日渐侵入蒙古区域，但蒙民"愚闇"，认为"非濬其智识无以救亡图存"。因此，他督率蒙务局筹办要政，"汲汲以振兴学校，开启蒙民为首务"，为此，他令蒙古族旗人荣德以满、蒙、汉文翻译学部教科书，发放给蒙边各学，使蒙民"由浅入深，知患至之无日，不学之可忧"，从而"相与奋发争存，民智日开，边圉自固"。此外，为了测量边界，绘制舆图，锡良在云南时设立了滇省测绘学堂，招收学生专门肆习④，等等。

总之，随着各类新政的办理，锡良需不断地按照所需设立相应的学堂或讲习所等来满足这类需求。然而，锡良这一教育亦存在着诸多问题。由上可知，锡良对于此类教育多出自社会需求，并未有规划性、前

---

① 锡良：《派胡峻赴日美考察学务片》，《锡良遗稿·奏稿》，第509页。
② 锡良：《滇省改设巡警学堂暨教练所折》，《锡良遗稿·奏稿》，第861页。
③ 锡良：《筹设登记讲习所需用经费请立案折》，《锡良遗稿·奏稿》，第1114页
④ 锡良：《滇省测绘学堂照章变通办理折》，《锡良遗稿·奏稿》，第831页。

瞻性。虽然这样会更具有针对性，但这也使其所办教育难以成系统。且这些教育的成效多为几年后方能显现，而清末地方督抚的调动颇为频繁，各个督抚的主政思路又有不同，这显然会使某些专门学堂教育有难以为继的现象。

二　注重兵学

义和团运动和八国联军入侵后，清政府面临着更为严重的统治危机。为了维持其统治地位，清政府推出了新政，而在新政中，编练新军成为重要的内容。相应地，兵学教育也成为重要的事项。

经历过庚子年保卫山西经历的锡良对此显然会有更深切的感受，因此他在创办新式教育时非常注重兵学。当然，他之所以注重兵学还有现实的考量。新政时期先后在热河、四川、云南、东三省等地任职。当时，热河正遭遇俄人侵略外蒙古的危机，四川则因英国人入侵西藏而使西南大局有失去藩篱之忧，云南也由于英法两国试图侵略西南而危机四伏，东三省更因日、俄势力渗透而有危亡之相。如此严峻的边疆形势，使锡良意识到军事之重要。所以，他在编练新军的同时也格外注重兵学教育。

他认为兴办兵学乃"切图自强之方"。在他看来，中国并非无久练之师、新利之器，然则甲午中日战争之后，中国军队多"临敌辄复溃败"，实由于中国之兵"大抵视练习若应官事，睹遣撤为故常"，"一旦驱之赴战，又安有人人致命"，因此，他认为应该使民皆知学，"故兵不胜用，其赴敌常急公而知耻"。同时，他也认识到战术日新。所以，他提出"练兵之道，固必基于兵学"，"诚能广设武备学堂，并择其高材，多派游学各国。而复励廉耻以示戎行，重武事以风天下，经营既久，自统将以至厮卒，无不出于学校，自王公以至农竖，无不以兵事为荣，夫而后确收练兵之实效"。[①] 为此，锡良继任川督后，委派沈秉堃、陈宦等人担任原有的武备学堂总办，并委派由日本士官学校回川的胡景伊、张毅等人当监学兼任军事学教习，将日籍教习辞退。此后，他还派遣了两批学生前赴日本士官学校学习，1905 年第一批送走的有刘存厚

---

① 锡良：《遵旨密陈管见折》，《锡良遗稿：奏稿》，第 431—432 页。

等六人，此后第二批又送走文祺、曾承业等人。① 这反映出他非常注重兵学的自主性和实效性，希图通过留学等方式来获得外国先进的军事知识和技术。但是，这一学堂应清廷的规划于 1906 年改设为陆军中学堂。② 此外，锡良于 1905 年春创设了四川官弁学堂，招收实任守备、千总、把总及世袭（有军功的后代）等官员，授以普通科学（数理化语文修身、史地等）、军事科学等科目，学成后，分发在新军中充任下级军官。③

此后，锡良更是一度将军事教育引入普通学校，试图挽救清政府统治的危机。他在东三省总督任内目睹日、俄两国势力的扩张，东三省时局日益危急，特别是在日本吞并韩国之后，这一状况愈发严峻。因此，日受刺激的他提出在奉省中学以上学校提倡尚武之风，将各学校体操课改为学习兵学战术课，再加兵式教练枪剑术，并拟令学生实习打靶。④ 他令学生学习兵学战术课等举措，说明其有意将拥有知识的学生直接转化为具有粗略军事知识的军事人员的目的，显示其重视兵学的特质。这一动作的背后是锡良欲以全民皆兵的态势应对东三省危机的逻辑。

新式的军事教育显然使清末官兵的素质有所提高，有益于中国军队的近代化。锡良原本寄希望于培养这些新式军人以维护清王朝的统治，但是，在清末革命中这些军人因其知识的增长反而不愿对清王朝效忠。⑤ 如锡良在云南时曾重新规划云南讲武堂，试图培养新式军人。但此举却引入了具有留学日本经历的李根源等人以士官的身份进入讲武堂，这些人在此后的辛亥革命中发挥着重大的作用。可知，新军教育未能减少清廷的统治危机，反而有使其统治矛盾进一步扩大之相。

---

① 张仲雷：《清末民初四川的军事学堂及川军派系》，中国人民政治协商会议全国委员会文史资料研究委员会编《辛亥革命回忆录》（第 3 集），文史资料出版社 1981 年版，第 347 页。
② 锡良：《武备学堂改陆军小学堂片》，《锡良遗稿·奏稿》，第 581 页。
③ 张仲雷：《清末民初四川的军事学堂及川军派系》，《辛亥革命回忆录》（第 3 集），文史资料出版社 1981 年版，第 351 页。
④ 锡良：《奉省中学以上各校改练打靶体操折》，《锡良遗稿·奏稿》，第 1260—1261 页。
⑤ 云南档案馆：《清末民初的云南社会》，云南人民出版社 2005 年版，第 81—82 页。

三　注重留学教育

清末新政伊始，由于需要推行新式的学堂教育和其他各类专门学堂，急需大量的新式人才，因此，清政府对于留学采取了公费派遣、奖励功名等举措予以提倡①，以图鼓励和引导士绅参与留学教育。对此，锡良也颇为赞同，在这一方面亦做了不少的努力。

当时，锡良在创办各类新式学堂时就遇到了教师缺乏的瓶颈。而锡良又颇重视教育的实际效果，为此，他在培养专门人才和师范教育中采用的人员多为留学生，这些人员或为锡良延揽聘请，或为其派遣出洋归来的人员。可知，锡良对于留学之重视。其实，锡良在河南巡抚任内确实有意于选派留学生出国。在其档案中，锡良存有 1901 年韩国钧编定的《中国历届游学生表》一书②。虽不知锡良在什么样的机缘下拿到该书，但可以肯定的是锡良已注意到留学人才的重要性，以致能长期留存此书。而在河南巡抚任内，锡良也有意"遣员游学东洋"③，只因河南"风气未开"，未能成行。此后，清政府推行了教育体制的改革，对留学教育采取了鼓励的态度，因此，到了四川总督任后，锡良也非常积极地推行留学教育。在其任内，四川的留学教育有了长足的发展。1903 年，锡良到任后，川省的留学生由旧时的数名，陡然增至三百人之多④，增加了十数倍，最多时达到二三千人，而这在向来以闭塞落后著称的四川是极为罕见的。⑤ 据时人调查，四川曾一度成为中国留学界输出留学生最多的省份⑥，可见其进步之速。这可以反映出锡良对留学的提倡和支持。

但是，此时四川的留学教育仍停留在求量不求精、求速不求深的阶段。对于留学生出身的贫贱富贵、学历的新旧深浅均不问，尽量以多为贵。这也是此时四川留学教育之所以发展如此迅猛的重要原因。当时，

---

①　王奇生：《中国留学生的历史轨迹，1827—1949》，湖北教育出版社 1992 年版，第 136—140 页。

②　中国社会科学院近代史研究所藏：《锡良任湖南布政使及山西河南巡抚时文件》，档号为甲 374—194。

③　《游学中辍》，《大公报》1902 年 11 月 8 日，"中外新闻·河南"。

④　《各省游学汇志·四川》，《东方杂志》第 1 年第 7 期，教育，第 174 页。

⑤　李喜所：《近代中国的留学生》，人民出版社 1987 年版，第 149—154 页。

⑥　《留学界多蜀人》，《大公报》1905 年 8 月 11 日，"要闻"。

经锡良派遣赴美留学的学生中，竟有目不识丁者，经调查发现，这一学生乃四川机器局工匠。显然，不识字的学员赴美学习，"不但造就甚难，亦且大辱国体"，幸而此事为当时的湖北巡抚端方所发现，该员方才被截留。① 这一事件无疑说明了四川留学教育存在着良莠不齐的状况，另一方面也反映出锡良急切发展留学教育的心理。此外，多数川籍留学生在出国之前不懂留学国语言，出国后只能入外国中小学学习，这一问题在留学日本上更为突出和明显，因为绝大多数川籍留学生在日本留学。可知，四川留学教育存在着诸多的问题。但是，这并不是川省一省的问题，事实上是清政府留学所存在的基本问题。为此，清廷还专门发布谕旨，要求各地对赴日学生限定资格，即以通习语言、能直接听讲、普通学完备者为及格，其未合格者，应先在本国学堂补习。对此，锡良颇为支持。他率先在川省旧有的贡院率先设立游学预备学堂，以便容纳川省众多学子的留学需求。② 在这一学堂中，锡良采取了对学员资格进行限定，"有未合格者"，应先在该学堂中补习，"否则概不咨送"。这是各省最早创办的此类学堂，为此，学部还将其存案，试图以此为范本，令各省加以仿办。③

总之，这一时期，锡良颇为积极地推进川省留学教育。而锡良的努力亦没有白费，据相关研究表明，这些留学生在回到四川后极大地推动了四川教育的发展和社会近代化进程。④

当然，锡良也并非毫无保留地支持留学教育。事实上，他对留学生参与"反清"的革命等行为有所防范，试图对留学生的思想进行钳制。如在派遣学生留学日本学习师范时，锡良认为"人数至一百有奇，若非派员监督，随时束其身心，以示宗旨，则气质不齐，或虑误涉奇异之趋，染成嚣张之习"。于是派遣了操履端纯且考察过日本的周凤翔担任监督，随同前往日本。⑤ 可知，他也意识到留学生在国外易于感染嚣张

① 《四川派赴美国游学学生》，《东方杂志》第 1 年第 4 期，"时评"，第 12 页。
② 锡良：《拟改贡院作游学预备学堂折》，《锡良遗稿：奏稿》，第 562 页。
③ 《川督奏设豫备学堂》，《大公报》1906 年 4 月 27 日，"要闻"。
④ 参见岳程楠《留日学生与清末四川教育近代化》，《日本问题研究》2009 年第 4 期。
⑤ 锡良：《派周凤翔监督学生赴日本学习师范速成科片》，《锡良遗稿：奏稿》，第 399—400 页。

习气，甚至有反对清政府统治的倾向，故有是举。然而，从后来的事态发展看来，严厉的官制，表面上使川籍学子的反清活动暂时平静，但实际上反而刺激了这些学生的革命意识，很多学生更是积极地参与了反对清政府革命活动中。[①] 从另一侧面来看，他的这一举措显然并不成功。

四　实业教育

锡良对实业教育也颇为注重，这不仅体现在其注重相关的实业学堂的设立，也表现在其试图利用实业来教育、培养贫苦民众养成自立的举措上。

为了发展川省农业，锡良在省城宾川局内设立了农政学堂。他认为，"川省山河阻深，民勤土沃，只因乡氓墨守旧法，物理未明，绝少进步"，"自非亟兴教育，无由开民智而拓利源"。在农政学堂中，先就各属高等小学堂内挑取合格生入堂肄业，定额四十名，学科分预科本科，"俟普通农学讲习后，即授以蚕学新法，先得实验于固有丝业，以次渐及于农田、树艺、畜牧诸科"。[②]

在云南，锡良在整顿当地教育的过程中，设立了艺徒学堂五所，"区为金工、木工纸工、织工缝工等科，每所各收贫民子弟二班，共五十人，半日在讲堂习普通学，半日在场习粗浅工艺，并附设实业补习普通学堂五所，招曾营实业者入堂补习，无论年齿长幼，一体收纳"。[③]在奉天，锡良设立奉天八旗工艺厂和奉天八旗女工传习所，附设讲堂，教授普通学和编物、栽绒、缝纫等技艺，作为筹措八旗生计之法。[④]

此外，锡良也利用创办实业的方式对贫民等下层群体进行教化。在四川时，他就设立了习艺所和乞丐工厂。四川人口众多，民生困难，沦为乞丐的人数亦颇为众多。锡良意识到"游民实盗贼之源，罪人非教育不化"，为此，他饬令成都府文焕等人在成都青龙街地方购地，建筑能

---

① 参见王奇生《中国留学生的历史轨迹，1827—1949》，湖北教育出版社 1992 年版，第142—143 页。
② 锡良：《四川设立农政学堂折》，《锡良遗稿：奏稿》，第 602—603 页；《四川》，《东方杂志》第 3 年第 13 期，"教育·各省教育汇志"，第 410 页。
③ 锡良：《筹办滇省学务大概情形折》，《锡良遗稿：奏稿》，第 726 页。
④ 锡良：《创设八旗女工传习所请立案片》，《锡良遗稿：奏稿》，第 1045 页。

容纳六百人的川省习艺所，分别为内厂和外厂：内厂收罪犯，外厂招收游民。以为教化罪犯和游民，使其养成自立。由于川省乞丐至多，"省城每际冬令，裂肤露体者十百载途，号呼哀怜者充衢盈耳"，若不设法收养，"弱者必死于沟壑，黠者必迫为盗徒"，对此，锡良颇为疚心，于1906年7月底饬令警察局总办周善培设立乞丐工厂，"取以工代赈之意，将乞丐收入该厂"。对于这些乞丐，周善培等人又按年龄分别采取了不同的方式进行教养。在乞丐工厂中，年轻质敏者学粗浅手工，年壮质拙者服官私劳役，服务三个月后，发给工资，作为其小贸资本，以使其不致再为流落。年幼乞丐则设立幼孩教工厂，八岁以下不能做工者，教以初等小学之学，八岁以上能做工者，则教以容易自存之技术，待至十四岁，这部分乞丐已能生存即令其出厂自立。对于年老者，则设立老弱废疾院。此外，在锡良的直接操作下，四川当局还设立苦力病院，专门收养因劳作损伤致病的人员。为了使这些工厂能长期存在，锡良又饬令各衙门和撙节经费作为专款生息，以为经久之计。在锡良的努力和主持下，这些工厂及病院于1906年8月次第举办，此后，"举向来街面不忍见闻之状，一律净绝，耳目气象为之一肃"。对此，锡良希望能借省城的开办，再饬令各州县依次创办。虽然这些工厂、病院，有稳定社会为维护稳定、收养流民的因素，但是，在其中，锡良试图通过工厂来教育和培养流民自食其力的目的仍是其中最主要的部分。虽然锡良也称其举办该项"大旨则以抚养民生、靖绝乱源为归"，但其"欲救民之死亡"、"教民之各能自食其力"之心[1]，仍是值得赞赏和学习的。

　　总的说来，锡良兴办的实业教育颇有针对性，在一定程度上推动了新式教育和工商业的发展，亦推动了新政的进一步深化，但是因其缺乏系统的规划性，使其教育举措颇为涣散，难以形成系统性的教育效果。

第三节　对中国传统文化的关怀

　　从锡良的教育改革实践来看，锡良对新式学堂教育有着浓厚的兴趣，扮演了改革者的角色。但是，这只是锡良教育思想的一个方面。另

---

①　锡良：《奏开办习艺所及各项工厂情形折》，《锡良遗稿：奏稿》，第645—646页。

一方面，锡良在积极推行改革新式教育时，仍对中国传统文化的前途与命运表示深切的关怀。

早在戊戌变法时期，锡良就参与新式教育的改革。时任冀宁道的他参与了晋阳书院改制的活动。他参与起草晋阳书院改制的文告中就表达了其深切关注传统文化的倾向，文曰：

> 窃维朝廷崇向实学，屏除浮华，将各书院一律改为学堂，规模宏开，教法务臻美备。考校核实，学术不致分歧。以院长董其成，兼课中西之学，俾诸生精其业，卒成干济之才。又复牖之以经史以正其趋，晓之以忠义，以作其气，庶几体用兼备，群材奋兴矣。伏念国家设学培才，讲求经济，士子所瞻仰，为趋向者树厥风声，首在省会，次及郡学，故转移风气必自省城始，特晋省文人士子，向在书院肄业者，专攻时艺试帖，学习经史及杂学者甚少，遑论西学。自令德堂改章，令诸生兼习算学，实开风气之先。①

这份文告明确地表示要培养"中西之学"的实学人才，虽然尚未明确要有中体西用的教育观，但其内核显然并未脱离张之洞《劝学篇》所提出的思想理念。而在戊戌时期，锡良对张之洞的《劝学篇》颇为推崇，认为，"其书内篇九，以正人心，外篇十以开风气，与时务诸报专意变洋忘本迥别"，"议论正大，足以正人心息邪说"。此后，锡良又在两日之内即将《劝学篇》刊发到山西各地。② 这其中有多少是锡良与山西当局为应对戊戌变法推行该改革的成分，我们不得而知。但可以肯定的是，锡良的教育思想难以忘情于传统文化。这一点，可以从他向学堂学生讲授"劝学本志"的言论体现。其言曰：

> 各执一经，各治一史，不相凌夺，专精致事也。月有课，日有程，毋得或作或辍，不懈之志也。今与诸生约，官师月课四期，文

---

① 《锡良存有关山西学务文件》，中国社会科学院近代史所藏：《锡良任湖南布政使及山西河南巡抚时文件》，档号为甲374—194。

② 《晋垣随笔》，光绪二十四年六月十四日、十五日、十六日，《锡良手稿》，档号为甲374—196。

课一日纳卷，古课二日纳卷，月凡六日，余日读书心有所得，区为
三义而札记之约，内编群经训故至同异，学部微言之得失入焉。曰
外篇国朝掌故、历代典章、舆地之沿革、算术之精奥入焉。曰杂
编，文章之体制、艺术之源流、民生物理之蓄变皆入焉。月终都为
一册之官师得以校其浅深，稽其勤惰而进退之。呜乎！道不远人，
理不外事，反求克己蕲至于实用，此鄙人与诸生劝学之本志也。①

从文中可知，锡良所主张学习的内容主要为经史，有群经训诂、国
朝掌故、历代典章、舆地、算术、文章体制等，均为中国旧日就有之科
目，其教育理念仍未脱离于经济致用，即所谓"实用"之道。显见，
锡良仍坚守着中国传统的文化本体，也注重于教育的实用之道。

废除科举后，各类新式学堂的设立，新式教育迅猛发展，对传统文
化产生了严重的挑战。锡良"接见各处学员，皆云算学、理化等科，可
延致东、西人士，惟经史、国文今多未敢遽任，若不及时预备，中师必
有缺乏之虞"。据四川学政郑沅观察，长期以"文学"著称的四川，虽
"潜心经史者实不乏人"，然"风尚既殊，似有渐就颓废之象"。于是，
锡良"以广儒效而预师资"联合郑沅在 1906 年 4 月间向清廷上奏，
"拟于省会添设致用学堂，选录各属之举、贡、生员，入堂肄业"。课
程包括群经、历史。"至西人艺术，日新未已，亦资研习，以取彼长，
庶中西并举，本末完备。"然而，这份奏折同时指出，趋新之"风会所
趋，少年学子，本原未裕，竞思捷获，掇拾一二外国名词，自命新学，
蔑视经史；而有识之徒，或发愤为保存国粹之说；昔也汉、宋，今也
新、旧，叠成聚讼"。故该学堂首重读经。"至于政治，莫详历史。今
必沿用古时成法，其为阻碍，岂可胜言。惟各省之风气与人民性质，皆
由数千年之事实法戒、先哲言论所陶冶而成，故虽采用东西，亦不能不
就历史为参考之具。"因此，"非抉择政教之大者深研而实究之，不足
以重国本而杜流弊"。② 可知，锡良虽从培养师资人才出发，但其立论

---

① 中国社会科学院近代史所藏：《锡良任湖南布政使及山西河南巡抚时文件》，档号为甲
374—194。

② 锡良：《添设致用学堂折》，《锡良遗稿：奏稿》，第 563—564 页。

却在于保存传统文化。

颇值得注意的是，锡良还非常注重满蒙文字的保护，为此，专门设立学堂。尽管这一重视背后有其为加强与满蒙少数民族交流，巩固边防的因素，但也可说明锡良非常在意满蒙文化。他明确指出，满蒙文字为八旗官学所习，"迩以学者日少，渐至失传"，"每遇派办蒙旗事务，时叹乏才"，锡良认为"非特设专科研求有素，不足以保国粹而裨时政"。于是，他在奉天省城设立了八旗满蒙文中学堂，使八旗教育逐渐振兴，满蒙人才足备时用。①

本章小结

锡良对教育非常重视，视其为自强之要图。在所办的教育中，锡良依据清政府的政策和各地不同情形逐步地推进当地教育制度的变革。同时，按照其所需人才，锡良也创办了不少专门性的学堂来培养。如他创办川汉铁路急需新式教育人才，因此，派人赴比利时等国学习轨政；因边疆危机，锡良设立藏文学堂和满蒙文学堂来培养语言人才，加强与边疆少数民族的沟通与交流，等等。到了后期，锡良所办教育就有了明显的调整和深化的趋向。如对云南有名无实的教育，锡良饬令提学使叶尔恺予以整顿。与此同时，他的教育已然涉及八旗、女学和普通大众的简易识字等方面。当然，他也对中国传统文化颇为关注，这其中也包含了满蒙文化。总的来说，通过锡良的教育实践折射出一个鲜明的特征就是注重实用。这一方面反映其所办教育具有了强烈的针对性，成效较快；另一方面他也不免有"头痛医头，脚痛医脚"之嫌，诚如费行简所言"无条理"，②显然难以达到治本的功用。当然，这与锡良处于一个时势艰危的时代有着莫大的关系。他在与奉天的青年学生交流时曾言：

---

① 锡良：《创设八旗满蒙文中学堂请立案折》，《锡良遗稿：奏稿》，第1044—1045页。
② 沃丘仲子（即费行简）：《近代名人小传》，"官僚·锡良"条，中国书店1988年版，第55页。

鄙人早登仕版，学术就荒，兼以在东二年，簿书鞅掌，丛脞时虞，心力有限，势不能专注于学务，此则私衷所引以为憾者。……抑鄙人对于大小学生尚有由衷之言，愿为临行之告。国家者乃社会之所积而成，必有完美之社会，乃有强盛之国家。诸生青年求学既为社会之表率，即系国家之兴旺，刚毅之气不可无，而虚骄之气不可有，进取之心不可无而怯求之心不可有，卧薪尝胆之志不可无而轻举妄动之事不可有。世变亟矣，今日菁莪棫朴之士皆他年心腹干城之选。白山黑水间，他时倘有瑰奇之杰出而扶危定倾，以转移此世运乎？①

可知，在世变日亟的时代，他设想培育出"杰出而扶危定倾世"的新式人才，转移世运，挽救清王朝的危亡。然而，他又未能全身心地投入教育，故其所推行的教育举措取得了较大的成效，亦存在着诸多的不足。

当然，他所办的新式教育确实为各地培养了不少人才，但是并未朝着其预想的维护清王朝统治的方向发展。较多新式知识分子因接触了新式的观念而对清政府的腐朽有了进一步的认识，从而走向立宪与革命，最终成为推翻清政府的重要力量，这或许是锡良始料未及的事。

---

① 《奉省学界对于锡督之去思》，《大公报》1911 年 5 月 26 日，"东三省"。

第四章

官制改革与宪政大讨论（上）

官制改革是清末新政中极为重要的方面。大体上，官制改革分为两个阶段：机构改革和预备立宪。前一时期可视为清政府试图将新政改革限制在传统体制范围之内，力图以微调来拯救其统治危机；而后一阶段则是清政府无法通过这些改革达到挽救危亡的目的，不得不考虑进行体制本身的改革。可知，官制改革的两个阶段有承继的关系。以往学术界颇为关注于清末宪政改革的研究，对立宪派的立宪运动有颇多研究，成果丰富[1]，而对清政府的宪政改革的研究则略显薄弱[2]。锡良在清末亦做了不少官制改革的实事，特别是其在清末督抚立宪中的领衔作用给世人留下深刻的印象，但从目前的研究看来，这一方面的研究并不多，或者舛误颇多，或者虽有提及，却未对其背后的原因有所涉及，故本章拟对此一类问题展开一番考察。

第一节　裁撤河东河道总督

义和团运动和八国联军侵华后，严峻的政治形势使清廷意识到非改

---

[1]　具有代表性的著作有：张朋园：《立宪派与辛亥革命》，台北："中央研究院"近代史研究所专刊（24），1969 年；张玉法：《清季的立宪团体》，台北："中央研究院"近代史研究所专刊（28），1971 年；侯宜杰：《二十世纪初中国政治改革风潮——清末立宪运动史》，人民出版社 1993 年版。

[2]　较为重要的著作有：Norbert Meienberger, *The Emergence of Constitutional Government in China*（*1905—1908*）：*The Concept Sanctioned* , Empress Dowager Tz'u-his. Bern, Peter Lang, 1980. 韦庆远、高放、刘文源：《清末宪政史》，中国人民大学出版社 1993 年版；迟云飞：《清末预备立宪研究》，博士学位论文，中国人民大学，1999 年。

革不足以挽救危亡，因此，1900 年末，尚在西安的慈禧以光绪皇帝的名义发布了"预约变法"的上谕，承认了在"万古不易之常经"之外，没有"一成不变之治法"，要求各大员对清政府各项制度提出改革的意见。此后，清政府又设立督办政务处，行政制度改革的帷幕就此拉开了。

官制改革表面上只是一些政治机构的重新调整，实际上是涉及各种政治势力切身利益的一次政治权力的再分配。因此，在整个官制改革的过程中，各种矛盾斗争错综复杂，这直接制约了改革的进程和影响到改革的结果。所以，在新政之初，各督抚鲜少回应，多处观望。恰在此时，处于河东河道总督任上的锡良却率先提出了裁撤河东河道总督的提议。作为主持此事的锡良又有怎样的考量呢？

一 考察河道总督

由于其在山西防御八国联军西侵，锡良的仕途一度因英法抗议而出现挫折，此后，清廷调其出任河东河道总督一职。之所以让其出任该职务，或许是基于他此前已有督办河工的经历。他还因在兖沂曹济道任上"以督办河工出力"，受到清政府优叙。[①] 到任之初，他认识到"惟河流迁徙靡定，贵防患于几先；弊窦积久易生，必廓除于务尽。欲期工归实济，款不虚糜，端在力戒因循，破除情面"。为此，他抱定了要"矢勤矢慎，实力实心"的态度，"于一切防汛事宜，督率道厅各员，认真经理"[②]，并表示要扫除积弊[③]。在实际工作中，锡良亦坚持了这一原则。

在到任后第八天，锡良就带折印信起程，周历黄河两岸，详细查勘了各个地段的防汛形势、防汛准备、工程质量等情况，这使其掌握了黄河防汛的第一手资料，以及今后如何更好地督办河工事务。

经过实地考察后，他已了解到石坝比柴扫更能抵御汛期的冲击，特别是黄河防汛仅凭单堤以为保障的情况下，认为更应切实讲求石坝。因

---

① 《清实录》（第 57 册）卷 411，第 363 上页，光绪二十三年十月癸亥。
② 锡良：《奏报到任日期折》，《锡良遗稿：奏稿》，第 119 页。
③ 锡良：《奏调山西河东监掣同知赵尔丰片》，《锡良遗稿：奏稿》，第 120 页。

此，他就决定以后分年多筑石坝，在他看来，"盖扫以护堤，得用在于一时，坝可挑溜，功效期诸永久"。为此，他札饬石方局委员放手购石，源源采运，以为堤工之用。然而，黄河溜猛船稀，石方周转颇为不易，运到的量也较少。因此，他转而采用前河臣栗毓美的抛砖包石之法，大量制造砖块，以补石方不足，这样可收速效。但为了防止出现盗卖砖块的弊端，他又下令制造专用于河工而不便民用的异常砖式。①

当然，他也观察到现有黄河防汛工程的不足：越是临近黄河的地段，堤坝修筑得颇为高厚，而其他远离黄河的地方大多残缺卑薄。这就没有考虑到黄河河道变迁靡定，容易造成溃堤危险，因此，他认为不能因与黄河尚有距离，"遂置缓图"，但鉴于清政府财政的窘困，主张应该逐年从额拨项下，撙节可省之款，择要修补，"以期办一段即得一段之益"。针对河工积习"大率安于因循，专事酬应"的特点，他"严饬各员振刷精神，力除习染，尽心职守"，若有玩泄公事者，必立予参处。② 而锡良本人也颇为勤勉，每至汛期，都亲自沿堤查勘，即便出现了险工，他仍驻工堤坝之上，督率两岸道厅营汛，审工储料，实力防范，并不时巡查堤工，做到有备无患。③ 不但如此，他还能在紧张的防汛过程中，"于慎重修守之中，仍力求撙节，不任稍涉虚糜"④。

正是有了锡良的认真办理和用款核实，不仅使光绪二十七年（1901）河南黄河两岸的工程一律厢修稳固，"普庆安澜"⑤，而且节省了八万九千两的岁修工款。可见，诚如他所言"事在可省，固不敢稍有虚糜；工所必需，亦不敢意存吝惜"，真正达到了"痛裁浮费，稳固全工"的目标。⑥

至于锡良为何能坚持这一原则，除了自身的素养之外，这一时期，锡良受到过多压抑也是一个重要原因。据传，锡良重新获得任用时，曾

---

① 锡良：《办理河工情形片》，《锡良遗稿：奏稿》，第 236 页。
② 锡良：《查勘两岸八厅河势工程大概情形折》，《锡良遗稿：奏稿》，第 120—121 页。
③ 锡良：《节交庚伏两岸工程平稳并赴工督防起程日期折》（光绪二十七年六月初四日）、《黄河伏汛安澜折》（光绪二十七年七月初一日）、《白露安澜折》（光绪二十七年七月二十九日），《锡良遗稿：奏稿》，分别为第 122、122—123、124—125 页。
④ 锡良：《黄河伏汛安澜折》，《锡良遗稿：奏稿》，第 123 页。
⑤ 锡良《霜清安澜折》，《锡良遗稿：奏稿》，第 134 页。
⑥ 锡良：《光绪二十七年岁款节省银两截数片》，《锡良遗稿：奏稿》，第 136 页。

遭到李莲英的索贿要求。锡良"力却之",因而久未得缺。后来,经鹿传霖鼎力荐举,他才得以出任该职。① 而在锡良向慈禧等人请训赴任时,慈禧等人"训勉周至",并赏给食物八色、银一千两。锡良大受感动,称"督抚而得赏银,异数也,自顾何人,宜如何感激图报,谨记以励"。② 所以,锡良急于证明自己对于清廷新政策的支持,因此表现得颇为勤勉。

当然,经过如此深入的实地考察,锡良对东河河道总督机构存在的利弊得失有了清晰的认识,为其此后提出河道总督改革打下了基础。

二　变革河工事务的提出

在经过一番实地考察和熟悉河道总督职务后,锡良于 1901 年 10 月 10 日向清廷奏请裁革河东河道总督。事实上,锡良并非第一提出要改革河道总督之人。

河道总督一缺,为清沿明制,于 1644 年设立,时有增改,至咸丰以后仅剩东河河道总督一缺。此后,地方巡抚多次提议裁革河东河道总督一缺,到了戊戌变法时期,光绪曾下旨裁去河东河道总督。变法失败后,河东河道总督一缺照旧设立。③ 这时,锡良为何又重新提出此议呢?

早在考察了河东河道总督后,锡良已然感到河工事务颇少,所谓"事简"④,于是,有了改革河东河道总督之意。但考虑到裁撤该缺的影响,锡良颇为踌躇,其间曾与亲友论证过这一改革的可行性。在 1901 年 7 月间,锡良向其兄继良表述了这一想法后,8 月 2 日,继良致电锡良:"缺不可裁,招忌。"⑤ 这使锡良颇为纠结,迟迟下不了决心,到了 8 月 10 日方才复电其兄"略言河工大概"。⑥ 此后,锡良未能有所行动。

1901 年 8 月 15 日,清廷下诏漕粮改征折色。漕粮改折意味着漕运

---

① 沃丘仲子:《近代名人小传》"官僚·锡良"条,中国书店 1988 年版,第 53—54 页。
② 《湘水双鱼》,光绪二十七年四月十二日,《锡良手稿》,档号为甲 374—96。
③ 参见刘子扬编著《清代地方官制考》,紫禁城出版社 1988 年版,第 403—404 页。
④ 赵尔巽等纂:《清史稿》卷 449,第 12532 页。
⑤ 《湘水双鱼》,光绪二十七年六月十八日,《锡良手稿》,档号为甲 374—96。
⑥ 《湘水双鱼》,光绪二十七年六月廿六日,《锡良手稿》,档号为甲 374—96。

的停止，这样长期与漕运相关联的运河行政体系也失去了这一部分功能①，如此，河东河道总督的职责更为轻简。9月12日，清廷再次下诏："各省制兵防勇积弊甚深，著各省将军、督抚将原有各营，严行裁汰，悉心核议，奏明办理。"连续读到"重申诫谕"的懿旨，锡良已然确信清廷推行改革"志在必行"，这无疑刺激了再次推进改革的决心。但是，锡良仍未立刻入奏，而是迟至10月10日奏请变通河工事宜。②为何锡良选择此时入奏？

当然，锡良选择此时上奏，有其多方面的考虑。考之当时的政局，9月间慈禧等人已决意要回京。清政府在回京前一直在宣扬改革，希望以新的面貌展现在世人的面前。若此时上奏，一则，他可以此向慈禧等人表明其对于新政的支持，为慈禧等人的回京带来新政的新气象，这无疑会赢得慈禧等人信任。一则借着慈禧等人到河南的机会，压制住反对改革的声音，以推行其改革。这一时期，锡良已得到了慈禧等人即将由陕入河南的消息，所以，在其拜折后数日，即开始启程，"赴河工巡视"。③据王文韶的记载，锡良是专程从开封至河南府来"迎銮"的。④

果然，慈禧等人对锡良的举动大为赞赏。这从这一时期锡良的折件均被清廷允准即可见一斑。对此，锡良在其日记中均有记载：

（八月）廿九日……遵旨请变通河工事宜请裁河督等缺折，附片保赵送引，龚传奖。

（九月）初七日……奉到朱批：变通河工事宜，著政务处会同吏兵两部妥议具奏。赵尔丰俟服阙送部引见，龚秉彝传旨嘉奖等因。钦此。

（九月）廿日具奏安澜折，延加头品顶戴，冯光勋二品衔，张

---

① 参见倪玉平《清代漕粮海运与社会变迁》，上海书店出版社 2005 年版，第 381—382 页。

② 锡良：《遵旨胪陈河工应行变通事宜折》，《锡良遗稿：奏稿》，第 131—133 页。

③ 《湘水双鱼》，光绪二十七年九月初三日，《锡良手稿》，档号为甲 374—96。

④ 袁英光、胡逢祥整理：《王文韶日记》（下册），光绪二十七年九月十六日，中华书局 1989 年版，第 1043 页。

楷在任以道用，奉旨俞允。①

锡良将此内容记入其日记，颇有深意，表明他非常在意清廷的反应。此后，慈禧还不断地召见锡良。②待到慈禧等人离开后，清廷又令锡良兼署河南巡抚之职。当时河东河道总督乃道员即可升任之缺③，锡良此时兼署巡抚，由此可知，锡良的举动已获"圣心"。

以往的研究多将关注的焦点放在裁撤河东河道总督一缺上，对此次改革的其他方面并未涉及。实际上，锡良的改革方案涉及整个河南及运河的河工行政体系的一个变革。

在改革方案中，他从职能的角度将河工划分为宜裁、宜酌裁、宜分限陆续裁汰、应否裁留、宜仍旧等五个方面。

（1）宜裁者，为其本任河东河道总督一职。他认为：

> 今既漕米改折，运河从此无事。河臣所司仅止豫省两岸堤工，事甚简易，虽有桃、伏、秋、凌四汛，惟伏秋两汛为重，余皆次之，如能料石筹集有素，自可有备无虞，故奴才到任以来，专以购备石方为急。然此区区之擘画，俾之抚臣足可兼顾。拟请将河东总督一缺，即予裁撤，仿照山东成案，改归河南巡抚兼办。抚臣本有兼理河道之责，无可诿卸；且事权归一，办理尤觉裕如，非仅节省廉俸起见也。

可见，锡良裁革河东河道总督是在考虑多重因素的情况下提出的：该缺职守因漕米改折而事益简，同时抚臣本身即有管理河道的职责，如此一改，反而使事体归一，更利于河南境内河工的管理，且有山东巡抚

---

① 《湘水双鱼》，光绪二十七年八月廿九日，九月初七、廿日，《锡良手稿》，档号为甲374—96。

② "九月十六日圣驾临洛，蒙召见面。""十月初二日申刻圣驾临幸汴梁……二三四五连日召见。""十月初九日蒙召见。"（见《湘水双鱼》，《锡良手稿》，档号为甲374—96。）

③ 参见黄濬《花随人圣庵摭忆》下册，"吴愙斋尊崇醇王之奏与军机处伪作之折"条，中华书局2007年版，第876页。

兼管河道事务的先例。① 因此，他认为河东河道总督应该予以裁撤。

（2）宜酌裁者，为运河官员夫役。虽然河运将停，这些人看似几同虚设，应予裁撤，但是，运河沿岸闸坝颇多，这些人还掌管着蓄洩以通商运而卫民田，可见尚有职守。因此，他提出请将兖沂曹济道移驻济宁兼办运河事务。至于岁修河工，他主张改归地方州县会办，同时由山东抚臣专派委员经理，以免岁修经费成为州县官的私囊，致使运河日久淤塞。这其中既有职守调整问题，也有人员简化的问题，所以，他主张酌裁。

（3）宜分限陆续裁汰者，为河标中、左、右三营。这些人因运河既停，也就没有职守了，因此需要裁汰。但这涉及近千人的改革，骤将摈弃，未免可悯，因此，他主张官弁兵丁分限五年，陆续裁汰，至于官弁则归入山东抚标，遇缺当差。

（4）应否裁留者，为河标中城守营和运河道属运河营。前者专管捕盗、弹压地方，人数约有 403 名；后者专管修防，人数约有 395 名。该二营尚属有用之员，因而，锡良提议请山东抚臣斟酌其地方情形，再决定裁留。

（5）宜仍旧者，为河南黄河文武员弁兵丁。河南河工设有南北两道八厅，人数约有 2001 名，专管修工防汛事宜，关系至为重要，因此他决定这部分人不做任何变更，全数保留。

由上可知，锡良的改革方案中将失去其职能的官缺进行裁汰，其中改革力度最大的是与漕运相关联的运河行政，应是基于清廷已明确有停止漕运之议，显然，锡良试图为其改革减少阻力。正是基于此，锡良对河道总督所管理的运河事务则持保留态度。他认为，"运河为南北关键，漕运虽停，河道仍不可废，必须逐岁认真挑修，务使河水宽深，堤堰巩固，方能商贾获流通之益，农田无漫溢之虞"，仍请清廷饬令山东抚臣，严行责成该管地方官照常修浚，"不得以无关运道，遂作缓图"。当然，其中也不乏运河确与商业和农田颇有关系之故，因此，从设官分职的角度，锡良亦当予以保留。同时，为了减少改革的阻力，锡良还提出要裁

---

① 如此看来，《清史稿》提出锡良改革河东总督"以事简，奏请裁归巡抚兼理"的说法，失之于简略。（参见赵尔巽纂修《清史稿》卷 449，中华书局 1977 年版，第 12532 页。）

缺的文武各员纳入到"裁缺即用"班内,照例序补,若运河道属简放之缺则请旨简放。

锡良的这一改革方案得到了清政府的迅速回应。在奏折递上之后,政务处会同吏部、兵部对锡良的奏折进行了审议。1902年2月24日,清廷即发布上谕:

> 政务处会同吏部兵部奏遵议河东河道总督锡良胪陈河东交通事宜一摺。黄河改道以来,直隶山东两省修守工程,久归督抚管理,锡良原奏所称,漕米改折,运河无事,河臣仅司堤岸,抚臣足可兼顾等语。该河督身亲目击,自属确实可凭。所有河东河道总督一缺,着即裁撤,一切事宜,改归河南巡抚兼办,其酌拟宜裁宜留,及分别缓急各节,均着照所请行,仍责成锡良,将裁并各事宜,一手经理。俟诸事办有头绪,再行奏明请旨。其裁汰各员弁及应裁兵丁,着吏兵二部随时查核办理。至运河道现即裁撤,该河督请将兖沂曹济道移驻济宁兼办河运事务,并河标城守营运河道属运河营两营弁兵应否裁留,及此后运河修事宜,着山东巡抚酌度地方情形,详议具奏。①

可知,清廷对锡良所提出河东河道总督的改革方案颇为满意。为了使改革得以顺利实施,清廷又调锡良为河南巡抚,裁撤河东河道总督成为锡良任内的重要任务。② 对于清政府的这一举措,社会舆论给予了热烈关注,不仅第一时间报道了河道总督改革的消息③,且将锡良改革的方案及议覆奏折刊登于报刊④,显示出对清政府的改革充满了期待。《申报》甚至希望其他冗闲官员当以锡良为榜样,自请裁汰。⑤ 当然,改革方案的实施比提议更具价值。不久,锡良即实施了其改革方案。

---

① 朱寿朋编:《光绪朝东华录》"戊寅"条,中华书局1984年版,总第4828—4829页。
② 锡良:《调补河南巡抚谢恩折》,《锡良遗稿·奏稿》,第174页。
③ 《本馆接奉电音》,《申报》1902年2月27日第一版。
④ 《政务处会议裁撤河督事宜奏稿》、《河督变通河工应行事宜折》、《续录奏变通河工应行事宜折》,《申报》光绪二十八年正月三十日,二月初六日、初七日。
⑤ 《书上谕裁撤河东河道总督后》,《申报》1902年3月5日。

三 变通河工方案的实施

尽管已有较为详细的方案，锡良为了使该方案更具可操作性，开始沿着前面的思路继续进行细化。具体而言，他对划分改革后的河工权限与用人体制等进行了调整。就权责方面，按照锡良的方案，原有界跨河南、山东的河工事务分省归地方州县管理后，他所负责河南河工应归开归、河北二道认真督防。如此一来，该二道的职责势必加重，这就需要调整该二道的候补标准：遇有出缺，由抚臣专选熟谙河务人员，酌量或升或补，抑或开单请旨简放，由部酌核，以重河防。具体负责河务防守的八厅修守则仍照定章办理，不用进行改革。而运河沿岸闸官则归山东巡抚管理。鉴于运河为南北气脉所关，且具有宣泄洪汛、通行商旅、保卫民田等功效，锡良在与时任山东巡抚张人骏讨论之后，对运河沿岸的闸官进行了裁留、归并，通计裁去三十二缺，留并二十六缺。① 而河南省每年河工岁修经费，应由河南巡抚按照定章核定，再开单上报奏销。

至于人事制度的调整，就比较棘手，因为它涉及诸多方面的利益。为了妥善处理这一问题，锡良奏请对河工人事制度进行适当调整。具体而言，对于河工候补人员，他认为，除例应回避本籍者，山东人专归河南，河南人专归山东外，其他省籍的人员可以任其专指两省之一省，专补河工之缺。但因这一部分人员颇多，河南、山东两省显然难以完全吸纳，因此，他向清廷建议允许这些人改缺其他省份。若河工出缺，仍应令河工人员出补该缺，但应改由巡抚奏请。至于闸官人员，他认为这是专门性官吏，各地并无此缺，应准许其对品改为典史等项，按原班归地方补用。而以前每届大挑之年，有分发东河知县二十至二十六名不等的惯例，应请免再分发。② 此外，对于裁汰的河标三营，锡良主张应逐年分季裁汰，被裁者每名各发饷一年，为此他制订了五年裁汰人数计划。③ 从中可知，锡良意图通过尽力安置被裁官吏，以便减少其改革

---

① 锡良：《运河同通汛闸各缺分别裁留归并折》，《锡良遗稿：奏稿》，第 184—188 页。

② 锡良：《筹议河工一切事宜折》，《锡良遗稿：奏稿》，第 180—183 页。

③ 锡良：《遵议裁汰河标三营分年办理情形折》，《锡良遗稿：奏稿》，第 188—190 页。

阻力。

对于锡良的这一细化，清政府亦表赞成，但这还并不能表示改革已经完成。为了确保裁撤河道总督计划的顺利实施，锡良又委任"办事亲能"的赵尔丰总办河工事宜，因为此时他已是河南巡抚，地方事务颇为繁重，难以全力专注于河工事务。[①]

只是每临汛期或河防出险时，锡良仍会驻留在黄河大堤上，巡视大堤情况。当黄河防汛出现紧张时，锡良则向清廷表明不顾个人安危，前往该地督工防汛。正是在他的认真督饬下，该年黄河防汛得以平稳渡过。[②] 这无疑显示锡良的改革方案是具有实际可操作性的，已为其实践所证明。

尽管锡良对河道总督改革做了如此周密而细致的工作，但其改革实践仍使其付出了沉重的政治代价，深为河南官场所不容。在到任之初，锡良就因其严厉督工而得罪了同僚。原来，锡良在到任后将可裁之费尽行剔除，督办河工两年，节省经费达十九万两。这势必得罪原有的利益团体，官场谣传他"竭众力以攘廉名，惜小费而轻大事"，苛刻河工人员。[③] 待其实行改革后，更多的既得势力集团对其工作采取了阻拦和诽谤。当其调用官员署理开封时，竟遭藩司延祉用"官场大众必皆引退"的要挟。[④] 有舆论也指出，1902 年河南省境内沁河发生漫溢事件，是由于锡良督办河工各事过于刻俭，导致属吏不满所致。[⑤] 对此，锡良似亦能明了其情。在改革河东河道总督方案出台后，他即向清廷请求另谏贤能调补河南巡抚。[⑥] 虽然清廷对此有所犹豫，但在锡良的坚持下，终于同意将其调离。

或许鉴于此一原因，此后锡良在机构改革的问题上更为谨慎。当其在四川总督任，清廷向各督抚发布了裁并冗闲差缺时，锡良则仅将无关地方紧要的粮盐道与夫佐杂官和早已成具文的地方教职裁撤，同时把事

---

① 锡良：《委赵尔丰总办河工事宜片》，《锡良遗稿·奏稿》，第 184 页。
② 锡良：《驰驿奏报霜清安澜折》，《锡良遗稿·奏稿》，第 269 页。
③ 锡良：《节省河工经费备拨赔款折》，《锡良遗稿·奏稿》，第 209 页。
④ 《谋调首府》，《大公报》1902 年 9 月 23 日，"外省新闻·河南"。
⑤ 《时事要闻》，《大公报》1902 年 9 月 26 日。
⑥ 锡良：《请拣贤能抚豫片》，《锡良遗稿·奏稿》，第 201 页。

务较简的采访忠节局和团保总局裁并入其他政府机构。① 这反映出河道总督改革使锡良进一步认识到改革之艰难，加之清末官场的腐败，如果没有彻底的改革，枝节起不了作用且给自己找麻烦。当然，除此之外，锡良也曾在川边官制、云南东三省边疆巩固方面，或增加官缺，或调整行政区划，以加强对边境的管理。

第二节　盐政集权与分权之争

随着教育、经济等各项改革的进行，政治体制的改革也在清末逐渐提上了议事日程。清廷在内外的压力下，于 1907 年 8 月 21 日宣布了要实行预备立宪，并拟从官制改革入手。随后，锡良即被派为讨论官制的六督抚之一。此后，锡良派遣了四川候补道徐樾前往北京参议官制。② 由于缺乏相关材料，目前尚未明了锡良在北京官制讨论中有哪些观点，扮演了什么样的角色，但是可以肯定的是，锡良在随后的外官制讨论中对清中央的要求进行了否定。

1907 年 10 月 25 日，厘定官制大臣电致各督抚发布了清中央对外官制的设想。其对各省官制提出了两种方法：第一种办法为同署办公，重新设立官制，以便"行政、司法各有专职，文牍简一，机关灵通，与立宪官制最为相近"；第二种办法则以现行官制量为变通，重新划清各官之间的职权。③

虽然在该电中提出了两种外官制办法，实际上清廷有意通过裁改地方行政制度，"裁抑督抚权限"，以巩固君上大权。④ 对此，锡良颇为反对，认为第一种办法最为简易灵通，唯以川省政治之繁，"必先将旧日各署局档案从头清理，乃能裁旧谋新，重立规制，有非旦夕所能举办者"，第二种办法"自较易行，但范围太广"，"似应仍留各局所，以

　　① 锡良：《遵旨酌裁川省各差缺折》，《锡良遗稿：奏稿》，第 432—434 页。
　　② 锡良：《派徐樾赴京随同参议官制片》，《锡良遗稿：奏稿》，第 598—599 页。
　　③ 《厘定官制大臣致各省督抚通电》，侯宜杰《清末督抚答复厘定地方官制电稿》，《近代史资料》（总第 76 号），中国社会科学出版社 1989 年版，第 52—53 页。
　　④ 陈旭麓：《近代中国社会的新陈代谢》，上海人民出版社 1992 年版，第 240 页。

司道依衔切领，而督抚总其成，似觉有条不紊"。① 颇值得注意的是，当时对于该官制持反对意见的督抚是占多数的②，因此该官制的收效甚微。

然而，光绪帝和慈禧太后去世后，清廷更为有力地推行中央集权的政策，有意收回地方权力，这使地方督抚与清中央的矛盾冲突日渐加剧。其中 1910 年间爆发的地方督抚与度支部争夺盐务的权力之争表现得较为明显。

一 收回盐权的提出

在清末新政推行的过程中，地方督抚通过练兵、筹饷等活动进一步扩大了军权和财权。这时，清廷迫切希望能够加强中央集权，削弱地方督抚的权力，而地方督抚则试图维持和扩大其权力，这使清末的中央与地方的关系日趋紧张。这种紧张在清末的盐政改革中表现得尤为明显。

盐税是中国历代统治者的重要财政来源。到了清末，由于地方督抚势力的膨胀，这一税收的大部分收入已然为地方督抚所掌控。当时，地方督抚所办"新政举行，罔不取诸盐利"③。也正如此，当时面临严重财政困难的清中央有意收回这一利权。当时，各地盐务管理颇为紊乱，矛盾百出，这就给了清中央介入地方盐政的机会。因此，时任度支部尚书载泽即以盐政要政立待整顿，非切实筹划不足以除弊，因此与清廷商议设立盐政处，专司筹办一切盐务事宜。④ 由于这一盐政改革会损害地方督抚的利益，因此清廷并不愿冒然作出决定。此后，载泽委派晏安澜⑤等人对各地盐政进行考察。晏安澜等人大约自 1909 年 7 月至 12 月间，历时半年，对江苏、浙江、河南、安徽、江西、湖南、湖北等七省

① 《四川总督来电》，侯宜杰《清末督抚答复厘定地方官制电稿》，第 64 页。

② 《立宪纪闻·编改外省官制办法及各疆臣之意见》，《东方杂志》（临时增刊）第三年第十三期，第 9—10 页。

③ 赵尔巽等纂：《清史稿》卷 123，食货四·盐法，中华书局 1977 年版，第 3637 页。

④ 《度支部请设盐政处》，《大公报》1909 年 3 月 23 日，"要闻"。

⑤ 晏安澜系江浙人士，1909 年 3 月充宪政编查馆参议官，不久署右参议，官四品。他曾上书载泽，建议盐法改良，对食盐官卖、就场征税以及官运商销等方法进行分析，指陈利弊。他强调："以上三法关系重大，其中有无窒碍，亦非切实调查不可。"（金兆丰：《镇安晏海澄（安澜）先生年谱》，沈云龙主编《近代中国史料丛刊》正编，第 491 号，第 173—180 页。）其建议为载泽所采纳。

份进行了调查。此后，晏氏回到北京，将其调查结果向度支部报告。在他的报告中，晏氏指出主张盐务整顿不应"规目前之小效"，而应"务根本之远图"，将用人和行政事权控制在中央手中。其言曰：

> 今为整顿盐务计，而徒于淮浙一隅画地为理财，尔疆我界，仍有灌注之虞，此盈彼亏，公家又乏酌剂之术，政令既涉分歧，办法亦多牵掣，自非总持全局、统一事权不足以素醾纲而齐权政。应请将各省盐务用人、行政宜厚集中央，以资整饬。①

载泽将这一意见向清廷奏明，于是有了督办盐政处之设。1909 年 12 月 31 日，度支部再次向清廷奏陈"各省盐务纠辖纷纭，疲敝日甚，非统一事权、修明法令无以提挈大纲，维持全局"，建议设立督办盐政大臣，"凡盐务一切事宜，统归该督办大臣管理"。② 此时，清廷显然以为掌握了各省盐政积弊，即可对各省盐政进行整顿，因此，任命度支部尚书载泽为督办盐政大臣，产盐省份各督抚则为会办盐政大臣。随即，载泽致电各督抚要求整顿盐政积弊。③ 此后，为了约束和纠正各地盐政的混乱，督办盐政处即开始着手起草和制定整顿盐政办事的章程。待到 1910 年 2 月 28 日，载泽率先将督办盐政章程的主要内容电达各省督抚，即"巧"电，曰：

> 各省制台抚台鉴。洪。本月十六日，本处合奏督办盐政章程，奉旨：依议。钦此。自应以奉旨之日为施行之期。查章程内开及：收发、征存、动拨款项、核覆、奏销、考成、交代等事，均由部办理；一切增革损益事宜，由督办主持，合部办理；用人行政，一切均由督办主持；其向由督抚具奏之件，即由督办主稿，会同督抚办理；遇有重要事件，得由督办单衔具奏，凡与地方关系事件，由督办会商督抚办理；紧急不及会商者，即由督抚办理，仍电咨督办查

---

① 金兆丰：《镇安晏海澄（安澜）先生年谱》，第 197—199 页。

② 中国第一历史档案馆藏：《督办盐政大臣载泽奏为拟请裁撤督办盐务大臣将盐务归并度支部直接管理事》（宣统三年五月十三日），录副奏折，档号为 03—7510—027。

③ 《关于整顿盐务之要电》，《大公报》1910 年 1 月 21 日，"要闻"。

核；各省督抚于该省盐政改良方法，得随时咨商督办核办；缉私各营，统归督抚管辖，仍由督办节制；各省盐务新旧正襟一切款项，应由运司及各总局详请督办报部候拨，外省不得挪动；其各省动支款项，先经奏咨核准者，得详请督办核明，照旧接收；向系捐助地方义举等款，应报明督办查核；各衙盐务规费，由运司盐道各总局详明督办酌量办理，运司盐道各总局遇有要事，应报督办得迳行详禀，应行报部事件，由督办转咨等语。兹举大要，先行电闻，余俟咨达，并希转饬运司盐道等一体遵照。督办盐政处。巧。①

从该电内容上看，该章程明显地将各督抚动用盐款、用人行政、奏事等权限剥夺，如按照该章程进行，盐政一切事宜均须经过督办之手，各督抚在其中虽亦有建言盐政改良方法、管辖缉私各营等职责，但不再有太多权力，亦不再能自行支配盐款。事实上，各督抚会从一个主管盐政的领导者，变成盐政处的附属者。这对颇为依赖盐政的各省督抚而言，无疑是巨大的灾难，亦是难以甘心拱手让权，因此，在得到该电之后，各督抚间即纷电交驰，一致表示要联合反对此政策。

二　中央与地方之博弈

（一）第一次盐政电争

当时出产和销售盐的省份和地区，主要是两淮、长芦、闽浙、山东、广东、云南、四川、奉天等。从目前的研究和资料看来，最先表示要向盐政处发难的是直隶总督陈夔龙。他认为盐政处设立以来，"对于整顿盐务各事既无一定办法，专为中央集权计，置会办大臣于不问"②。因此，他颇为不满，于3月28日通电各督抚，请各督抚讨论盐政处章程，以便联合反对。此时距盐政处所发"巧电"的时间已有一个月。督抚的联合似乎显得略为缓慢。一种可能的解释是，经过一段时间后，各有盐省份的督抚方才拿到盐政处章程，如此，他们才能有所针对，对

---

① 《度支部来电》（宣统二年正月十九），中国社会科学院近代史所藏《锡良任东三省总督时京师来电》，档号为甲374—45。

② 《直隶反对盐政处之政见》，《申报》1910年4月6日，"紧要新闻一"。

盐政处的纲目提出不同的意见。而此时陈夔龙能拿出联衔电奏的初稿，亦表明各督抚此前已通过电商具有了初步联奏的意向。

在该初稿中，陈夔龙对盐政处奏定章程第十八条、第二十一条、第二十四条、第二十八条等进行了批驳。他亦围绕着盐款、用人行政、奏事权限等问题一一指出盐政处之非，谓：

> 查运司盐道既有事，故需员署理，势必不容迟缓，如由督办盐政大臣核明派署，邻近各省已难朝发夕至，其在边远省分，履任必需时，窃恐旷日持久，贻误滋多。盐属各员，向系按班序补，最为公允。今以预保之员，酌量补用，其未经列保者，终身无补署之望，未免向隅。各省司道府等官，年终密考，系由督抚亲草缮呈，何等慎重。若专将运司盐道咨由督办盐政大臣核定会奏，既不足以昭画一，且所谓密考折，专备恭呈御览，如彼此事先商酌，再行核定，尚复何密之有？运司盐道大计及盐务大臣大计甄别，亦与年终密考情事相类，似应仍由督抚一并就近考察举劾，较为核实。至盐务新旧正襍款项，当此清理财政之时，外省自不得挖动，然遇有紧急之需，亦不得不先行酌拨，俾免贻误，惟须分别奏请，以备查核。①

尽管该稿中有"但期盐纲有盈，决不稍参私意于其间"之语，陈夔龙仍明显地表达了对盐政处剥夺督抚动用盐款、用人行政及奏事权限的不满，反对盐政中央集权。他认为，"督抚虽有会办之名，仅负缉私之责，而于用人行政各端，悉难过问"，"揆之政体，似有未宜"。可见其责问之意仍很浓重。幸此稿乃初稿，陈夔龙亦在文末言明"尊处如以为然，即请电复，以便会列台衔电奏"，"原稿如须增改之处，亦祈详示遵办"。②

关于这次督抚商议的资料，笔者目前未能查找到完整的记录。但可

---

① 《陈筱帅来电》（二月十八日），《锡良任东三省总督时外省来电》，档号为甲 374—17；《督抚反对盐政》，《盛京时报》宣统二年三月十四日，"中外要闻"。

② 同上。

以肯定的是，经过往复电商后，督抚联衔电奏的定稿最终成型，于
1910年4月3日由陈夔龙处向军机处电请代奏。① 相较于陈夔龙的初
稿，这一次电稿批驳的主旨并未发生多大变化，只是添入了盐政章程第
十条作为批驳对象。在该稿中，其最大的变化当为文中的措辞更为委
婉。如谈及督办盐政处难以通过预保盐官，文中提及"至如云南提举一
官，向由知县通判升补，寻常委署尤不拘盐职，经由司道就通省各员反
复精选，尚难称职，兹仅责盐道就到省盐职加考补用，更难收因地择人
之效"；又如谈及若督抚无法动用盐款，文中提出"其在受协省分，接
济未到，往往挪东补西，边饷要需，无论何款先行凑拨，止能于年终奏
销划清。若非特别动支，亦难随时咨报"等语。而在指出盐政处所定章
程存有诸多弊端后，锡良等人并不似初稿那样带有直接责问的语
气，谓：

> 良等……详查情形，于用人行政诸端，不无窒碍难行之处。督
> 办大臣公忠体国，中外交推，当议章之时，固期认真整顿，兴利除
> 弊。第于各省情形或未深悉，良等忝膺疆寄，既有见及此，若竟缄
> 默不言，转恐将来弗利推行，诸多贻误，未免失内外相维之意。兹
> 经往返电商，意见相同。所有督办盐政大臣原奏章程，宜如何酌量
> 变通以资遵守之处，应请旨敕下会议政务处详察，核议施行。再盐
> 务纠纷，各省情形不一，兹仅略举大纲，其余详情应由各省随时分
> 晰具奏，合并察明。谨请代奏。②

总的来看，锡良等人试图以载泽等人缺乏地方经历，难以了解地方
政府运作的复杂性，无法及时、快速地调整盐务人员等因素，说明盐政
处章程之不合理性，并以内外相维之意，希望清廷能维持现状，即依旧
由督抚掌管盐政事务。值得注意的是，这次原本由陈夔龙组织发起并由
其实际主稿的电奏，未知何故，最后变成了由锡良领衔，直督陈夔龙、

---

① 《陈筱帅来电》（二月廿四日），中国社会科学院近代史所藏《锡良任东三省总督时外
省来电》，档号为甲374—17。

② 同上。

粤督袁树勋、滇督李经羲、江督张人骏、川督赵尔巽、东抚孙宝琦、晋抚丁宝铨、奉抚程德全、浙抚增韫等九员参与的电奏。这是督抚们第一次联合反对盐政处所定章程。

对于此次联奏，锡良的态度亦颇为积极。除了领衔外，锡良在接到陈夔龙的初稿后，于当日即予以回复。他立即表示，陈夔龙所拟奏稿"语语破的"，"请即挈衔会奏"。当然，他亦就东三省情形请陈夔龙添入符合其利益的语言。如锡良以东三省系设立盐局派委总办，拟请大稿增入第十八条后，拟添入"第十条，各关栈局所总办，由督办盐政大臣遴选京外合格人员，分别奏咨派充"等语；又"遵查运司盐道"句下，拟请增入"暨盐局总办"五字，如"由督办盐政大臣奏明派署"句拟请改为"如由督办盐政大臣奏署委派以并政处一并核议施行"等句。这些建议部分在定稿中有所体现。但总体上，锡良在此次电奏中仍属于参与者的身份。

清廷在得到督抚的电奏后，于次日即发来谕旨"各省情形不同，随时与督办大臣商酌办理可也"①。此后，清廷又发布谕旨"盐政关系重要，必须内外相维，著督办盐政大臣会商各该督抚详议具奏"。而载泽似乎对此亦有心理准备。

事实上，载泽在制定盐政章程的过程中就曾与各省督抚往返电商，已得知"综观各督抚言外之意，掣肘之虑，居其十八"②。因此，尽管遭到各省督抚的反对，盐政处仍主张推行盐政的中央集权，因为该处普遍的观点是"各省盐务散涣，非此不足以提纲挈领，剔清积弊"③。到了4月13日督办盐政处复电各督抚，对各督抚的奏陈逐一进行拒驳。对于委署，盐政处认为，"运司盐道偶有事故，应行派署，该省自有预保之员，即预保无任，亦可由督抚临时遴员电商，经本大臣核定，一面电派赴任，一面会衔具奏"，"此项派署人员，既不须由京赴省，何致贻误日期"，至于各局总办，"如因前办之员期满，派员接充，即非刻不容缓之事，其遇有事故，急须派员接充者，亦可照派署运司盐道办法

① 《陈筱帅来电》（二月廿五日），中国社会科学院近代史所藏《锡良任东三省总督时外省来电》，档号为甲374—17。
② 《盐政处大开会议之先声》，《申报》1909年1月29日，"紧要新闻一"。
③ 《盐政处改章之近闻》，《大公报》1910年4月22日，"北京"。

办理"。他以浙省温处盐局总办，由浙抚电保三员，经盐政处核定，并未出现贻误情况为例，以证明其能迅速及时地作出反应。因此，他认为，这一方面应毋庸过虑。对于督抚提出的拨款问题，他认为，其所谓拨款问题乃指未经度支部会咨核准之款，"盐务系奉旨归本大臣管理，未经核准拨用，外省自未便挪动，将来如果有紧急之需，必须动用盐务款项，飞电相商，自可酌量拨给"，若挪用盐款而不先行咨报，则与定章不符，碍难通融办理。对于盐员委署差委，载泽则表示愿意稍予变通。至于年终大计密考，载泽认为，其负责督办盐政，自有考核盐官之责，"惟运司盐道年终密考，既未便事先商酌，即应由督会办大臣各抒所见，分别填注，自行陈奏，无庸会奏"，其他则仍应照章办理。最后，载泽表示"以上各节均经详细声明，其稍有窒碍者，亦经酌量变通"，"惟盐务关系重要，章程一日不定，即办事无所遵循，诚恐往复互商，徒稽时日，拟即由本大臣专摺具奏，候旨定夺"。① 随即，载泽将此意上达清廷，请得谕旨。4 月 13 日，内阁即发布了上谕：

> 督办盐政大臣载泽奏遵旨详议一折，各督抚电奏盐政章程不无窒碍各节，既据该大臣详细声明，酌量变通，应如所奏办理。各省盐务纠葛纷纭，非统一事权，不足以资整顿。各该督抚等务当谨遵上年十一月十九日谕旨，与该大臣和衷共济，妥协办理，以副朝廷整饬盐纲之至意。②

从锡良所存档案来看，这一谕旨率先由督办盐政处于 4 月 14 日向各省督抚通报。③ 由上可知，督办盐政处显然希望用清中央的权威压制住督抚们的不满。对于盐政处的回复，各省督抚显然难以满意，于是再次电商应对之方。

---

① 《督办盐政处来电》（三月初四日），中国社会科学院近代史所藏《锡良任东三省总督时京师来电》，档号为甲 374—45。
② 中国第一历史档案馆编：《光绪宣统两朝上谕档》（36），广西师范大学出版社 1996 年版，第 57 页。
③ 《督办盐政处来电》（三月初五日），中国社会科学院近代史所藏《锡良任东三省总督时外省来电》，档号为甲 374—17。

（二）第二次盐政电争

在接到盐政处复电后，各督抚纷纷向锡良请教方法。如四川总督赵尔巽4月15日来电："督办盐政处来电，尊处如何办法，祈示。"① 云贵总督李经羲4月17日来电："盐政大臣啸电告，昨已电传谕旨，尊处如何办法，事关大局，敬祈教示。"② 于是锡良亦积极与各省督抚保持联络。他先是致电率先发起联衔的陈夔龙言："盐章未允变通，关系甚大，卓见如何，仍祈筹示。"③ 对此，陈夔龙虽表示督办"各省盐政竟不许督抚单衔具奏，窃恐无此体制"，但认为此时盐政处的奏咨尚未到达，应请各督抚在接到原奏后，"如有卓见待抒，似不妨各自陈述，大局亦未便一味依违"。④ 陈夔龙之所以做此回复，关键性的原因是担心再次联奏，会给清廷造成争夺权力的印象。这也是其他督抚所担心的一个因素。

但是，锡良似乎并没有太在意这一问题。在陈夔龙回复的当日，锡良即急切地向各省督抚表示"新定盐务章程窒碍甚多，关系甚大"，"鄙意似仍以联衔为妥"。为此，他还拟定了电奏初稿，发给各省督抚会商增改，表示"尊见如以为然，请即电复，以便会奏"。⑤ 此时，锡良已由反对盐政章程的参与者变为反对盐政章程的组织者。以往的研究认为，第二次领衔发起反对盐政处章程的人物是两江总督张人骏，⑥ 这显然并不确切。

陈夔龙在看过该稿之后，于4月21日电复锡良表示"大稿剀切详明，足补前奏所未及具见，苾筹周密，钦佩莫名"，"如各省意见多数

---

① 《成都赵次帅来电》（三月初六日），中国社会科学院近代史所藏《锡良任东三省总督时外省来电》，档号为甲374—17。

② 《李仲帅来电》（三月初八日），中国社会科学院近代史所藏《锡良任东三省总督时外省来电》，档号为甲374—17。

③ 《致陈筱帅电》（三月初八日），中国社会科学院近代史所藏《锡良任东三省总督时外省来电》，档号为甲374—17。

④ 《陈筱帅来电》（三月初十日），中国社会科学院近代史所藏《锡良任东三省总督时外省来电》，档号为甲374—17。

⑤ 《致各省督抚电》（三月十二日），中国社会科学院近代史所藏《锡良任东三省总督时外省来电》，档号为甲374—17。

⑥ 何亮：《清末盐政改革——以中央与各省关系为视角》，《华中师范大学研究生学报》2009年第4期。

相合即请挈衔电奏"。① 4 月 22 日，袁树勋电复称"盐政关系至重，自应据实上陈，以冀一当"，"来稿词意详尽，极佩！"，"乞即挈衔入奏"。同时，他还以所谓咸同之"中兴诸臣"为例，认为疆臣在内外臣工不负责任的情况下，当毅然任天下之重，并对中央集权进行了批驳，称"财政、军政两端尤惧惊集权之虚名而受实祸"。② 增韫亦于该日表示"承示各节，鄙意深以为然。完其事后，多所窒碍，弗若事前披沥直陈，愿列衔名"③。丁宝铨亦表示"承示会奏电文，筹虑周详，持论尤极警透，遵当随同列衔"④。赵尔巽也认为"卦稿周至，佩甚"，"如各省同情，即请挈衔会奏"。⑤ 4 月 23 日，张人骏复电称"卦电悉。具征语担斥两，裨益盐纲，实非浅鲜，敬请挈同敝衔会奏"⑥。李经羲亦表示"卦电读悉。奏稿指陈利弊，勿欺有犯，老成谋国，极佩公忠。督办前奏，独断独行，已失一'会'字主义，皆由不持大体，未谙外情，度不过二三好事组织其间，徒以中央集权为唯一目的，此稿层层说透，当能动听。鄙意极表同情，设再无效计，惟有我行我素，请即挈衔具奏，并宜从速决定，勿再增删"⑦。4 月 24 日，闽浙总督松寿表示"督办不候会商，遽行奏复，所议仍多窒碍，自是实情"，"惟疆臣一再联衔电驳，近于争权，且各省盐务情形不一，似不如单将利弊泣容陈奏，较为合宜"。⑧ 而山东巡抚孙宝琦则颇为圆滑狡诈。他虽表示"督办不候会

　　① 《陈筱帅来电》（三月十二日），中国社会科学院近代史所藏《锡良任东三省总督时外省来电》，档号为甲 374—17。

　　② 《袁海帅来电》（三月十三日），中国社会科学院近代史所藏《锡良任东三省总督时外省来电》，档号为甲 374—17。

　　③ 《增固帅来电》（三月十三日），中国社会科学院近代史所藏《锡良任东三省总督时外省来电》，档号为甲 374—17。

　　④ 《丁衡帅来电》（三月十三日），中国社会科学院近代史所藏《锡良任东三省总督时外省来电》，档号为甲 374—17。

　　⑤ 《赵次帅来电》（三月十三日），中国社会科学院近代史所藏《锡良任东三省总督时外省来电》，档号为甲 374—17。

　　⑥ 《张安帅来电》（三月十四日），中国社会科学院近代史所藏《锡良任东三省总督时外省来电》，档号为甲 374—17。

　　⑦ 《李仲帅来电》（三月十四日），中国社会科学院近代史所藏《锡良任东三省总督时外省来电》，档号为甲 374—17。

　　⑧ 《松鹤帅来电》（三月十五日），中国社会科学院近代史所藏《锡良任东三省总督时外省来电》，档号为甲 374—17。

商，遽行复奏，不顾各省之窒碍，令人难堪"，但是，"此事一再联衔电驳，近乎内外争权，政府难以转圜，不如单省从容各自陈奏，出以和平，亦必可变通"，"近来中央政令行不通者太多，疆吏掣肘不止，盐政似不值为此争气，尊见云何，倘各省均允列衔，琦亦不敢独异，仍祈示遵"。①　此外，陕甘总督长庚迟至 4 月 29 日方才回电，称"读卦电，佩甚！"此时他虽亦受孙宝琦之电的影响，请锡良"思其次之意"，但表示"此事所关甚巨，不知各省奉复尊处者云何。如以联衔为是，即请俯挈贱衔具奏，否，亦希裁夺"。②　只是，此时督抚联奏早已进行，故未列其衔。

　　总的看来，多数督抚均赞同锡良之主张，对其电稿亦甚为赞同。这并不表示，该稿完全由锡良组织。事实上，陈夔龙即在其议复之电中对具体文字进行了修正、增添，此后，还曾有意对文稿进行修正，只是电稿已发未能添叙。③　赵尔巽亦在其回电中就对盐政款项管理、挪借和用人行政之意进行了表述，请锡良采纳。李经羲亦请锡良曾以"来电间有讹字，译奏时望饬细加核对"。因此，该电稿亦是各督抚集体讨论之结果。

　　这一次电奏于三月十五日早晨发电的，仍以锡良为联衔，而参与者则有陈夔龙、张人骏、赵尔巽、袁树勋、李经羲、程德全、丁宝铨、增韫等人，共九人。相较第一次复电，人数略为减少，但若考虑到因回复过迟而未能参与的孙宝琦、长庚二人，则此次电奏实有扩大之趋势。

　　在这一约 1160 字的电奏中，锡良等人进一步阐发了第一次联奏的内容。与此前主要围绕着盐政章程，锡良等人进一步引申载泽等督办盐政处人员难以适时、准确地把握住复杂的地方政府运作。如该稿言及"盐务巨细事件至为纷繁，如修滩、筑坨、开井、增灶、建仓、添卡，以及盐引之借销、配运，暨井灶滩户之酌借成本诸事，不胜枚举"，

---

①　《孙慕帅来电》（三月十五日），中国社会科学院近代史所藏《锡良任东三省总督时外省来电》，档号为甲 374—17。

②　《长少帅来电》（三月廿日），中国社会科学院近代史所藏《锡良任东三省总督时外省来电》，档号为甲 374—17。

③　《复陈筱帅电》（三月十五日），中国社会科学院近代史所藏《锡良任东三省总督时外省来电》，档号为甲 374—17。

"若改由督办主持，边远省分文牍往返，经年累月始得奉批，万一贻误盐运，或致酿事端，谁执其咎"。并且随着督办盐政处剥夺各督抚的权力，地方督抚与督办盐政大臣之间的权力将会出现错综复杂的情况，这样反而会进一步削弱政府对盐政的控制力，"恐新章颁布后，督抚之命令既有所不行，督办之考察亦有所不及，机关窒滞，庶务因循，将成痿痹不仁，涣散无纪之盐政，理乱益棼，其贻患有不胜言者"。在该稿中，锡良等人亦指出载泽等人侵夺地方督抚权限，甚至违反清廷旨意的问题，"嗣准督办盐政大臣电告复奏大意，并称往复互商，徒稽时日"之语。①

因此，此稿使各督抚处于颇为有理、有利的地位。但是，第二次督抚电奏在实际上全盘否定了盐政处改革的合理性，无怪乎，最初孙宝琦等人有督抚争权之忧。当然，也有督抚对此不以为然。如李经羲认为"若虑生意见，意见早成矣"，然使"疆臣人人无权，督办亦无从措手"，因此主张再次向清政府表达反对之意。而在督抚第一次电奏之后，清廷内部也出现了反对盐政章程的声音。首先，御史胡思敬等人以盐政处所行整顿盐务章程，多欠完善，称此章程"揽权糜费"，"用人冒滥"，对其进行指摘。② 各军机大臣亦对督抚的电奏表示同情，并认为盐务非各项行政可比，万非中央集权所能收效，加以盐务处所筹订章程诸欠妥善，无怪各督抚不认同，因此，他们亦有拟即奏请盐政处另行改订之意。③ 对此，载沣阅奏后大为动容。④

未久，军机处向各督抚发来电旨："奉旨：锡良等电奏督办盐政大臣原奏章程用人行政诸多窒碍等语，著督办盐政大臣会商各该督抚，详议具奏。"⑤

----

① 《至军机处电》（宣统二年三月十五日），中国社会科学院近代史所藏《锡良任东三省总督时京师来电》，档号为甲374—45。

② 《泽尚书拟辞督办盐政》，《盛京时报》宣统二年三月初十日，"中外要闻"；《盐政处并入财政处之先声》，《盛京时报》宣统二月四月十三日，"中外要闻"；《盐政处章程被指摘》，《大公报》1910年2月7日，"要闻"。

③ 《枢臣对于盐务章程之抗议》，《大公报》1910年4月17日，"要闻"；《对于盐务处章程之抗议》，《盛京时报》宣统二年三月十一日，"中外要闻"。

④ 《各疆臣会奏盐务续闻》，《盛京时报》宣统二年四月初四日，"中外要闻"。

⑤ 《军机处来电》（三月十六日），《锡良任东三省总督时京师来电》，档号为甲374—45。

清廷的言语并未有太多的情感，一副公事公办之情。若对照前后两次督抚联合电奏，可以看出清廷的态度已有了较大的变化。第一次督抚电奏后，清廷将谕旨由盐政处派发给各督抚，颇有维护盐政处为中央机关，其潜在意思是各督抚在盐政问题上为盐政处附属。而在第二次督抚电奏后，清廷的谕旨则由军机处这一传统权力机关来传达，表明清廷已偏向中立，督抚与盐政处大臣有内外相维之意。这无疑表明督抚的抗争已取得了较大胜利。

（三）第三次盐政电争

4月29日，载泽以督办盐政处的名义通电各反对盐政之督抚，表示其毫无成见，请各督抚就"原章窒碍之处，究应如何变通，使督抚与督办各分权限"，但又坚持"盐政处仍不失为直接行政权限"，"此次会商未经定议以前，盐务一切事宜，仍暂照原章办理"。① 可知，载泽虽与各督抚协商，但仍旧希图维持其盐政中央集权的立场。

督抚再一次互相电商应对之策。这一次督抚们对于是否继续进行联奏亦出现了分歧，因为已有两次联衔电奏，中央与地方争权之迹已非常明显。因此，督抚对此亦有所忌惮。所以，当得到盐政处的电文后，张人骏即有意直接与盐政处会商。他通电各省督抚表示"盐务情形，各省不同，既准来电。骏拟就两淮应行变通事宜加以参酌，电请盐政处会奏"②。

而袁树勋则并不认同。他颇为赞同李经羲意见早成之说，谓：

> 中央集权之说，则仲帅来电所谓"督抚无权则中央亦无从措手"，一语破的。此次皓电，既筹及督抚与督办各分权限，而下文又云"盐政处仍不失为直接行政机关"，是权而仍无所谓限也。窃谓中央如头目，各省如手足，以头目为发纵指示，以手足为捍卫，正交资为用。若曰头目迳可以代手足之劳，而夺其捍卫之方法，犹日日责手足之运动，夫岂其然？故今日欲划分权限，无非复还其手

---

① 《督办盐政大臣来电》（三月二十日），中国社会科学院近代史所藏《锡良任东三省总督时京师来电》，档号为甲374—45。

② 《张制台来电》（三月廿一日），中国社会科学院近代史所藏《锡良任东三省总督时外省来电》，档号为甲374—17。

足捍卫之能，如云头目仍可直接，似根本上仍有错误。

因此，他提议"此次会议必应针对原定章程而附以各省之利害，似宜各抒己见，即日汇电清帅处，仍请清帅主稿转咨，庶为一线"①。此后，他又提议以针对原奏盐政章程中事关公共者，"则请清帅主稿、汇咨"，"事关一省利害有所变更者，则自应单衔奏咨"，"诸公意见相同，则应迳推清帅起草，各省各抒所见，即电清帅"。② 此电赢得了督抚们的支持。李经羲认为"海帅皓电，头目手足之喻，精卓极佩！马电谓'针对原奏章程事关公共者，请清帅主稿汇咨，事关一省利害有所变更者由各省单衔奏咨，所论至为扼要'"，"此次会议应仍请清帅主稿会衔电复"。③ 赵尔巽认为，"盐务两番会奏，全系谋国谋办事利便，督抚负责任而非争权，此意可表白于天下。仲帅后段尤高，可否添入，祈酌。海帅漾电极正大极透澈，可释中央之疑，鄙见以为将此意由公主稿另函达枢，用益更大，咨复内暂可不言。高明以为，然否？"④

4月30日，陈夔龙致电锡良"仍祈主稿，挈衔电复"，"两次电奏力争之件，请分别叙入"。⑤ 赵尔巽则致电锡良、陈夔龙表示："顷准督办电，请详细议办。查此事重在明定大纲，各省地位相同，似应仍应两公妥筹主稿。"⑥ 增韫则有意让锡良代表督抚与督办盐政大臣载泽接触，商定后督抚再行会奏。通电各督抚称："顷接督办盐政大臣皓电，令再详细会议，明定办法，从速电复等因。尊处谅已接阅，当查督办原奏章程窒【碍】之处，已详会商前奏。惟究应如何酌量变通，分定权限，

————————

　　① 《袁海帅来电》（三月廿一日），中国社会科学院近代史所藏《锡良任东三省总督时外省来电》，档号为甲374—17。

　　② 《袁海帅来电》（三月廿二日），中国社会科学院近代史所藏《锡良任东三省总督时外省来电》，档号为甲374—17。

　　③ 《李仲帅来电》（三月廿五日），中国社会科学院近代史所藏《锡良任东三省总督时外省来电》，档号为甲374—17。

　　④ 《赵尔巽来电》（三月廿五日），中国社会科学院近代史所藏《锡良任东三省总督时外省来电》，档号为甲374—17。

　　⑤ 《陈筱帅来电》（三月二十一日，廿三日补钞），中国社会科学院近代史所藏《锡良任东三省总督时外省来电》，档号为甲374—17。

　　⑥ 《赵次帅来电》（三月廿一日），中国社会科学院近代史所藏《锡良任东三省总督时外省来电》，档号为甲374—17。

似宜彼此互商电复，方免办理参差，请仍由清帅主稿与督办商定后再行会奏。"① 即便如此，张人骏的态度仅略有转变。他致电锡良等人表示"各帅电以各省盐务大纲相同，请由台端主稿会奏，骏亦表同情，俟即拟稿另电就商"。②

无论如何，主张联衔电奏的督抚仍占多数，因此，锡良又成为督抚联衔电奏的主稿者。由上亦可知，各督抚已然展开了联奏稿件内容的讨论。而从后来锡良组织的联奏初稿及定稿看来，很多言论均被锡良采纳，所以，此次联奏的初稿与定稿均可称为督抚群策群力之结果。

在得知多数督抚支持联奏后，锡良即于5月1日致电各督抚，明确表示要以力保督抚用人行政权限为其稿件的主要目标，谓：

> 鄙意此事最要主脑在明定用人行政。权限果应属，断难稍涉迁就，盐务若认督抚有用人行政之权，则原章触背各条自应删改，即各省窒碍情形，亦毋烦缕述，以后办事，内外不生意见，上下不至隔阂，实于盐务有裨。③

在此电中，锡良将用人权限和行政权限列为会商之对象。关于用人权限，锡良认为，派署运司盐道及派充盐局总办，由督抚预保或临时选员咨请督办大臣会奏派任，自可遵办。其余大小盐员，由于京外遥隔，督办大臣"未能周知"，一切补署调委，概由督抚主持并详报督办备案即可。此外，对于盐员的考察、举劾、大计、密考，督抚由于切近属员，故仍请由督抚奏参，督办仅负纠察之责，以示彰瘅。关于行政权限，锡良认为，督办大臣总理全国盐政，"但当规画大端"，"如有大兴革及特别重要暨关系数省或全局者，该管官得条具办法，分禀督办核

① 《增固帅来电》（三月廿一日），中国社会科学院近代史所藏《锡良任东三省总督时外省来电》，档号为甲374—17。
② 《张安帅来电》（三月廿四日），中国社会科学院近代史所藏《锡良任东三省总督时外省来电》，档号为甲374—17。
③ 《致各督抚电》（三月廿二日），中国社会科学院近代史所藏《锡良任东三省总督时外省来电》，档号为甲374—17。

示，督办亦得随时直接查询、会商督抚办理。其余之件，仍照前由督抚主持。既免彼准此驳之嫌，而公事亦无停滞耽延之弊"。遇有重要事件，督抚亦应有专折奏事之权，即便为会奏之件，"未公定稿，经督抚确知为窒碍难行者，亦应陈述所见，上达宸聪，方不失内外相维之意"。在锡良看来，"盐政坏乱至此，不先筹所以改善之法，而先削督抚用人行政之权，可谓无治人无治法"。① 可知，锡良对于督办盐政处的做法非常不满。

5月2日，锡良又向各督抚发布了其对联奏草案增补的内容。这一次，他增加了督抚掌管盐款的问题，谓：

> 养电计达。原稿"用人权限"一条内，拟改为"除盐官补缺应仍按班次外，一切委署委差自由概由督抚主持"；又"奏事"一条，拟添入一曰"奏事权限"一句，以清眉目；而另添"拨款权限"一条，文曰："盐务正襟各款照章固不得挪动，然遇有紧要急需，亦实难过于拘泥，应请准由督抚奏明指拨，分咨查核；又度支部前经奏明外销款项，果系实在应用，即予划留；现在外销均经报部，一省之大，巨细用款几于无日不有，若概须咨准始得动用，必致诸事束手，以后凡实在应用之款，应请准在报部外销盐款内随时支用，列册汇咨查核，如督办拨用各省盐款，亦知照各省备案"等语。祈裁酌。良。漾。②

细绎前后两电，锡良意在从盐政处手中夺回用人、行政、奏事和盐款调用等方面的权限，这无疑会使督抚的权力在此次盐政改革中毫无损伤，如此则督办盐政处的权力亦将会完全被架空。若再读前两次督抚联衔电奏之内容，我们会发现，锡良此电的内容只是将前两次督抚的要求集中在一起，因此可以说，锡良的要求代表了各督抚共同的心声。所

---

① 《盛京来电》（三月二十二日），中国第一历史档案馆藏《赵尔巽档案》卷81，盐政处筹办会商盐政章程、开用关防、裁撤官运局、盐茶道改盐运使事与川督的来往文电，案卷号：425。

② 《致各督抚电》（三月廿三日），中国社会科学院近代史所藏《锡良任东三省总督时外省来电》，档号为甲374—17。

以，当阅读了锡良两电后，不少督抚随即予以回应。陈夔龙说："顷奉漾电，更为周密，即希叙入前稿。"[1] 增韫说："养漾两电敬悉。原文于用人行政奏事拨款权限诸大端，规划分明，斟酌尽善，深佩卓见，请赐列名会复。"[2] 丁宝铨称："养漾两电均悉。尊电谓用人行政须定权限果应属，断难稍涉迁就，自是不易之论"，"详绎来稿，所定用人办法及行政一应事宜"，"荩筹卓见，钦佩良深"，"至拨款一节……语尤透切，遵当随同列名会复"。[3] 即便此前对于是否联奏、态度颇为游移的张人骏在阅读此电稿后也有了重大的转变，表示"台端拟于原稿，添叙各语，益征周密，请即照办，大稿推阐备至，吾辈值此时势，只期于事理推行无阻，现准赵袁两帅漾电用意正复相同，恳即汇达盐政处，弟不另行复陈矣"。[4] 至此，此次由锡良等八人组成的督抚会奏已然形成。较之前次电奏，此次联奏缺少了程德全[5]，但联奏的督抚区域并未改变，影响亦未减弱。

当然，这一电稿仍有许多不足之处，各督抚也纷纷对该稿进行了修正。如赵尔巽指出："大稿于用人行政最为扼要，惟运司盐道派署及各局总办向来奏派者，自可咨商督办会奏派任。其不必奏派者，督抚可一面按格遴委，咨明督办。盐款通挪，似宜提及。凡奏咨有案协解各款，虽未指定盐款者及本省紧急需用，准督抚于盐款内先行凑拨，一面奏咨。至荀子曰一段后数语，似过重，或删或改，请妥酌定稿。"[6] 陈夔龙亦指出："大稿赅括精当，极佩，请即挈衔译发。惟应请将'督抚奏参以示彰瘅'句，拟易为'仅可随时考核，奏明办理'。又'毋庸分

---

① 《陈筱帅来电》（三月廿四日），中国社会科学院近代史所藏《锡良任东三省总督时外省来电》，档号为甲374—17。

② 《增固帅来电》（三月廿五日），中国社会科学院近代史所藏《锡良任东三省总督时外省来电》，档号为甲374—17。

③ 《丁衡帅来电》（三月廿五日），中国社会科学院近代史所藏《锡良任东三省总督时外省来电》，档号为甲374—17。

④ 《张安帅来电》（三月廿五日），中国社会科学院近代史所藏《锡良任东三省总督时外省来电》，档号为甲374—17。

⑤ 奉天巡抚程德全因权力多为总督锡良所掌握而请求裁去其缺，后调补江苏巡抚。第三次盐政讨论开始后，他仍未到新任，因此未能参与该事。

⑥ 《赵次帅来电》（三月廿四日），中国社会科学院近代史所藏《锡良任东三省总督时外省来电》，档号为甲374—17。

禀'句，拟删去，可否，仍祈裁酌。"① 袁树勋则对督抚之缉私、委署、奏参等管辖权限进行了阐述，指出："质言之则今日责任内未成立，而各省督抚尚能毅然自负责任，徒以事权尚属耳。并此去之，则各省乃无复负责任之人，而事不可闻矣！此言中央集权者所当深知，更非内外争权之比。我辈居今日，既恪遵谕旨，本于内外一致，则外省利害不能不尽情相告，毫无意见之存。如虑督抚权限其为私也，则督抚之去留，固在朝廷，谁能自专其为公也，则同为国家办事，何苦去其手足而自危头目乎，此语似宜道破，以释中央之疑，至于盐务根本上整理，尚非数言所能尽，似应由各省体察情形，分别奏咨，饬部详细考核，以期实行改良，鄙见如此，乞清帅采择，汇咨并赐示。"②等等。

总之，在各督抚的联合协作下，第三次督抚联衔电稿方才得以完成。此次电稿系致电督办盐政处，请其会商盐政章程，以便代奏。这一稿件于三月廿六日晚上由锡良发至该处的。③ 在该稿中，锡良等人再次从用人、行政、奏事及用款等四方面对盐政处章程进行了议复，其内容并未超出前两次电奏之范围。只是为了释清廷争权之疑，这次联奏增加了袁树勋的头目之喻，并且删去了对盐政处责问的重话。即便如此，这一稿件仍难脱其浓重争权之本质。但各督抚对此评价颇高。如张人骏说："大稿逐层阐发，裨补盐纲，实非浅鲜，弥深感佩，大局挽回在此一举，且看如何。"④ 李经羲亦认为："会复盐政处电，语语切直，偏劳苫画，感佩莫名。"⑤

载泽在接获该电后，一面将其呈递给载沣等人，一面已准备好辞呈，拟辞去盐政大臣之差。早在第一次督抚联衔电奏后，载泽就颇为抵

---

① 《陈筱帅来电》（三月廿四日），中国社会科学院近代史所藏《锡良任东三省总督时外省来电》，档号为甲374—17。

② 《袁海帅来电》（三月廿五日），中国社会科学院近代史所藏《锡良任东三省总督时外省来电》，档号为甲374—17。

③ 《致各省电》（三月廿七日），中国社会科学院近代史所藏《锡良任东三省总督时外省来电》，档号为甲374—17。

④ 《张安帅来电》（三月廿九日），中国社会科学院近代史所藏《锡良任东三省总督时外省来电》，档号为甲374—17。

⑤ 《李仲帅来电》（四月初二日），中国社会科学院近代史所藏《锡良任东三省总督时外省来电》，档号为甲374—17。

触，有意开去督办盐务大臣兼差，另简专员接替，以避嫌怨。① 待到第三次督抚联衔会商后，载泽见无法开去兼差，拟将盐政事务附入本部财政处办理，以裁撤盐政处。② 这显然不是清廷所愿看到的。

5 月 19 日，清廷发布上谕，对此次争权的地方督抚与督办盐政处均进行了申饬，谓：

> 督办盐政大臣载泽奏遵旨会商一折，朝廷慎重盐政，特派大臣督办，原令直接管理，以一事权而资整顿。惟因疏销、缉私关涉地方，故命各督抚会同办理。将据锡良等电奏，盐政章程，诸多窒碍，当经谕令该大臣会商各督抚详议具奏。兹据覆陈会商各节，朕详加披览，该督等拟将用人行政悉归会办之督抚，是与从前督抚兼管盐政无异，朝廷何贵有此特举耶？且于前两次谕旨，毫未仰体。至该督办大臣，受国重寄，应如何力任其难，认真筹办，乃此次仅据该督等覆电具奏，意存诿卸，殊负委任，均著传旨申饬。所有盐务用人行政一切事宜，仍著照奏定章程办理，将来如有应行变通之处，著该督办大臣随时体察情形，奏明请旨遵行。盐务关系重要，自此次严切申谕后，务各懔遵前两次谕旨，和衷共济，相与有成。若各怀挟成见，因循积习，断断权限，贻误要政，惟该大臣与各督抚等是问，恐不能当此重咎也。将此通谕知之。③

虽然督抚与督办盐政处同受到申饬，清廷亦鲜明地对督办盐政处的工作进行了支持，希望盐政改革能继续执行下去，但清廷并未能采取进一步的措施给予盐政处以帮助。对此，各督抚显然颇能了然。云南布政使沈秉堃在阅读了这一电旨之后，就曾向锡良表示："恭读十一日电旨，朝廷势处两难，只得以一并申饬了之。"④ 可知，清廷在面对督抚们一

---

① 《泽尚书拟辞督办盐政》，《大公报》1910 年 4 月 15 日，"要闻"；《泽尚书拟辞督办盐政》，《盛京时报》宣统二年三月初十日，"中外要闻"。

② 《盐政处并入财政处之先声》，《盛京时报》宣统二年四月十三日，"中外要闻"。

③ 中国第一历史档案馆编：《光绪宣统两朝上谕档》（第 36 册），广西师范大学出版社 1996 年版，第 99 页。

④ 《滇藩沈方伯来电》（四月十六日），中国社会科学院近代史所藏《锡良任东三省总督时外省来电》，档号为甲 374—17。

致要求的情况下不得不与各督抚妥协,督抚们在此次盐政的博弈中获得了暂时的成功,这也使各督抚们看到了其集体力量。督抚联合与中央对抗也成为清末政坛中较为常见的一种博弈形式。

此后,盐政处虽仍有整顿各省盐政之意,如盐政处曾向各省财政监理官查明各省盐务情形、设立盐务公所等①,但遭受的阻碍颇多。不得已,盐政处亦曾有再次通知各省会办大臣,嗣后各省盐务章程如有应行改订之处,务将各条详细籤注送由本督办大臣详加核覆议准后,方能照办,不得径行独断,致使将来无凭考核。②1911 年 6 月,当时有评论评说盐政处成立以来的情况,"督办盐政处自设置以来,迄今已历两载,而核其所办之事,除停选盐官而外,别无表见,但即此一事言之,亦全无所表见"。③ 为此,载泽在 1910 年 10 月间再次向清廷提出辞职之请④,只是未被清廷所采纳。到了 1911 年 6 月 9 日,载泽再次奏陈要将盐政归入度支部管理。其在折中谓:

> 计自开办至今,一年有余,当盐纲困敝之时,正新政繁兴之日,各省官绅或议筹款,或议变法,论说纷纭,盐务更不免大受影响。幸蒙圣明主持于上,臣得以粗举职事,尚无贻误。而任重才轻,时虞陨越。伏读钦定行政纲目,盐务职掌为直接官治,现在内阁成立,度支部已设国务大臣,盐务为财政之一端,自应隶于度支,拟请裁撤督办盐政大臣将盐务归并度支部直接管理,以清权限而专责成。⑤

该折隐隐地透露出载泽对盐政改革遭到各省官绅抵制,难以有作为的无奈心境。由此亦可见,各督抚抵制盐政改革之坚决。而清廷因盐务为国家税,关系甚重,令载泽照常督办,不准其裁撤督办盐政处之

---

① 《盐政处侦察各省盐政情形》,《盛京时报》宣统二年四月十七日,"中外要闻"。
② 《盐政处与督抚》,《大公报》1910 年 11 月 19 日,"北京"。
③ 《盐政处竟沦落至此》,《申报》1911 年 5 月 30 日,"紧要新闻一"。
④ 《泽公拟辞盐务大臣差》,《大公报》1910 年 10 月 15 日,"要闻"。
⑤ 中国第一历史档案馆藏:《督办盐政大臣载泽奏为拟请裁撤督办盐务大臣将盐务归并度支部直接管理事》,录副奏折,档号为 03—7510—027。

请。① 但清廷也清楚地看到督办盐政处已难完成改革盐政之重任。到了八月，内阁奏称："今日盐务难于整理者，其故有二，一在各省自为风气，不能祛官与商弊蠹；一由各省自保藩篱，不能谋国与民公益，是以销数则彼此悬殊，引地则动成争执。"根据这种状况，内阁提出改定盐政官制，设立专员，拟将督办盐政处改为盐政院，各行省分督抚裁去会办兼衔，惟盐务与地方关系事件，仍由各省督抚饬属办理，原设之各盐运使、盐法道，俱改为正监督或副监督，为盐务专官实缺。② 清廷亦认为，盐政"事体重大，头绪纷繁，非设立专官，无以收挈领提纲之效"，遂谕令照其所议办理。③ 这是一个比较彻底的将盐务管理集中于中央的改革方案，也是改变过去盐务管理机构长期处于附属地位，从而达到独立、自成体系的改革方案。④ 这项改革却未来得及实施，因为不久即爆发了武昌革命，最终，盐政集权亦成为清王朝的泡影。

由上可知，自盐政处设立以来，清中央一直把盐政集权列为重要政策，虽然其间遭到督抚的一再抵制，这一政策始终未有改变。然而从实际效果上看，这一政策没有达到预期的目的。以往有人将盐政中央集权之政策完全归罪于载泽，无疑是不合理的。⑤

从上文来看，盐政处的设立看似是为了解决盐政纷乱的问题，实质是清廷试图推行中央集权收回地方财政权力的活动，这自然引起了各省督抚的强烈反对。虽然如此，但清廷并不为所动，仍坚持要推行中央集权的政策，这无疑进一步加速了近代以来的中央与地方的离心力，成为清末政治纷乱的重要因素。

最后需要说明的是，锡良为何要三度领衔督抚联奏抵制盐政改

① 《光绪宣统两朝上谕档》（第37册），第126—127页。

② 《清实录》（第60册），第1083—1085页，庚戌；刘子扬编著：《清代地方官制考》，紫禁城出版社1988年版，第421页。

③ 《光绪宣统两朝上谕档》（第37册），第240页。

④ 丁长清、唐仁粤：《中国盐业史》（近代当代编），人民出版社1997年版，第27—28页。

⑤ 清亡后，胡思敬在谈及载泽掌管度支部事，云：载泽"设盐政处于京师，尽夺盐政盐运使之权，即所谓集权是也"。颇有责怪载泽之意。（参见胡思敬《国闻备乘》"琐记"条，中华书局2007年版，第151页）

革？笔者认为，当时围绕着盐政改革的争论与斗争，实质上体现了各督抚与中央的矛盾。由于盐政改革涉及用人行政等人事权力与盐款挪拨等财政权力，这些权力都涉及督抚及其所代表的官绅的利益。一旦实行中央集权，势必会损害他们的利益。对此，《盛京时报》就评论道：

> 夫昔日之食盐利者，而工于作弊者，官为首，而商次之。商有时且受挤于私，而官则无处不沾余润焉。下而州县，上而大吏，凡与盐为缘者，无不倍护。一旦改制，集权于中央，骤夺其应得之利，而归之国，则有意反对，而希冀此制之不成立也，殆居多数。就令规画井井，不授人以可乘之隙，亦别行设法，以摇撼之，而况所颁布之章程，果有未尽妥善者耶！台陈掎龁于前，而疆吏又合力而持其后，势非逼令主持是议者，不知难而退不止，是亦至可唏之事矣！①

可知，督抚之反对盐政中央集权有着自身利益的驱动。这也可以从这三次联衔电奏，参与联奏的督抚人数基本维持着颇为稳定的状态，可以说，存在着暂时的"督抚联盟"。因此，从督抚角度看，锡良显然反对这种集权的行为。更何况，锡良本身亦颇为反对中央集权。在锡良看来，中央集权之说乃"二三新进者流"，怂恿当局所为，其理论主要是"鉴于外人讥我二十二行省为二十二小邦之说，思欲整齐画一之"，意虽善，但"揆诸中国历史及地理上各种关系，断难尽适于用"，"若事事仰承部臣意旨，必至拘挛痿废，坐误事机"。因此，他颇为认同中央分寄权力于督抚之说，"朝廷分寄事权于督抚，犹督抚分寄事权于州县，无州县，虽有督抚不能治一省，无督抚，虽有部臣不能治一国，督抚无权是无督抚也"，若"属僚解体，设有缓急，中央既耳目不及，外省又呼应不灵，为祸实大"。② 他又以"发捻之役"和"拳匪之祸"为例，指出正是由于督抚主持其间，方不致危及社稷。基于以上认识，锡良对

---

① 《论盐政之前途》，《盛京时报》宣统二年三月十二日，"论说"。
② 锡良：《时局危急密陈管见折》，《锡良遗稿：奏稿》，第1127页。

于中央集权甚为反对。

此外，东三省糟糕的财政状况亦是锡良坚决反对此事的重要原因。锡良自到东以来不断地向其同僚及友人抱怨，东省财政之困难。1909年6月25日，锡良致韩国钧的信中抱怨财政困难，以致其筹议之新政各端难以实施。其言曰："何如受事以来，因念库款艰难，从前耗费颇巨，虑有不支，力从撙节入手，虽经清理裁汰，已不免怨谤纷滋。"① 而在致其重要幕友兼同僚陶葆廉的信中，锡良则称东省"财政困难已极，未免力不从心"。② 随着度支部监理财政举措的实施，锡良向内务总管奎俊大吐苦水，称度支部"几于无缝不入"，财政益加窘困。③ 就在盐政处推出盐政集权的章程前夕，锡良还向友人抱怨："弟忝膺边局，竭蹶万状，财政之穷已达极点。"④ 所以，盐政处提议盐政中央集权，这无疑会遭到锡良的强烈抵制。

当然，以上因素似乎均是各督抚所面临的共同问题。我们无法确知其中是否有因锡良为蒙古旗人等因素，但可以肯定的是锡良本人具有较高的政治理念与政治胆略，绝非一般平庸之辈，这也可以从锡良此后一再请求速立阁会的表现中得以反映。

第三节　厉行禁烟

以往学界对于禁烟运动多停留于鸦片战争时期，随着研究的深入，近年来学界对于清末禁烟活动的关注亦逐渐增多，其中刘增合的《鸦片税收与清末新政》颇具代表性。但对清末督抚人物的禁烟活动，现有的研究尚显薄弱。在清末禁烟运动中，颇多督抚积极参与了这一活动，而锡良无疑是其中最为积极的一员。

---

① 《复广东候补道韩国钧》，中国社会科学院近代史所藏《锡良任东三省总督时信函》，档号为甲374—75。

② 《复陆军部郎中陶葆廉》，中国社会科学院近代史所藏《锡良任东三省总督时信函》，档号为甲374—75。

③ 《复总管内务府大臣奎俊》（宣统元年八月廿六日），中国社会科学院近代史所藏《锡良任东三省总督时信函》，档号为甲374—75。

④ 《复总办河南营务处候补道马开玉》（宣统元年腊月廿二日），中国社会科学院近代史所藏《锡良任东三省总督时信函》，档号为甲374—75。

一　禁烟思想

在实行禁烟之前，在很长的时间内鸦片都是清政府财政税收的重要来源。新政时期，锡良亦将其视为增加税收的重要项目。在热河任职期间，锡良就曾以"罂粟一项，为郡属出产之大宗"，对热河鸦片收税过程中的弊端进行剔除，将其作为重要的财政来源。① 清末，鸦片税收已然构成了清末财政中的重要组成部分。督抚们在办理新政时亦常常借助此款，对锡良而言，亦是如此。如在筹集川汉铁路股款时，锡良就有通过增加征收鸦片落地厘来筹集铁路官款股本。② 他还将鸦片作为民众获取生计的重要方式，曾向清廷要求减少税厘，以便保住川农之大利源。③ 可知，鸦片税收在锡良的财政税收中占有重要的位置。然而，在清政府宣布禁烟之后，锡良转而雷厉风行地执行这一政策。《清史稿》亦称："滇多烟产，土税为收入大宗，锡良毅然奏请禁种，各省烟禁之严，惟滇为最。"④ 锡良一度将其视为"国家唯一之要政"⑤，但此后锡良却成了清末禁烟中最为积极的督抚之一。锡良为何有如此大的转变？

首先，国家政策的转变。清政府于 1906 年 9 月 20 日，发布上谕："自鸦片烟弛禁以来，流毒几遍中国，吸食之人废时失业，病身败家，数十年来日形贫弱，实由于此，言之可为痛恨，今朝廷锐意图强。"此后，会议政务处又发布了禁烟章程，总共有十条，即限种罂粟、分给牌照、勒限减瘾、禁止烟馆、清查烟店、官制方药、设禁烟会、责成地方官督率绅董、严禁官员吸食和商禁洋药。⑥ 这就使锡良认识到清政府将禁烟作为重要的新政内容，这使其有了禁烟活动的契机。

其次，对鸦片危害的理解。在他看来，鸦片的危害甚于洪水猛兽。他说：

---

① 中国社会科学院近代史研究所藏《锡良任热河都统时公牍》，档号为甲 374—107，第 15—18 页。

② 锡良：《加收一倍土厘》，《锡良遗稿：奏稿》，第 454 页。

③ 锡良：《川省土药难办官运及招集商股设立公司折》，《锡良遗稿：奏稿》，第 407 页。

④ 赵尔巽等纂：《清史稿》卷 449，第 12532—12533 页。

⑤ 锡良：《奉天改设禁烟公所折》，《锡良遗稿：奏稿》，第 966 页。

⑥ 《会议政务处大臣奏筹拟禁烟章程折》，《东方杂志》第 3 年丙午第 13 期，"内务"，第 286—292 页。

　　窃维患莫大于水火，而限于一隅；害莫戚于兵戎，而止于一地。乌头有毒，鸠羽贼生，然以其害有形，人皆望而自避。惟有鸦片，则毒之所流，遍于荒僻，伤之所中，遂以终身。虽其祸至于无可比伦，而其始皆视同甘乐。上自搢绅，下迄台隶，不惟束缚庸懦，亦且毁费贤豪。数十年以来，国势之所以日弱，外侮之所以日烈者，实由民气不张，民力不竞之故；民气、民力之所以颓坏若此者，则鸦片为之也。小民不去其毒，则农工商业何由而兴？官士不去其毒，则吏治军材学堂教育之绩何由而进？①

　　可知，锡良认识到鸦片不仅"束缚庸懦"，而且"毁废贤豪"，致使中国数十年来民气不张，国势日弱。不仅如此，鸦片还对农、工、商业及吏治造成了巨大的危害。对此，锡良虽痛心疾首，但碍于清廷未能表示禁烟，又"莫可如何"，"实有年所"。所以在清廷还未宣布禁烟之前，锡良一直视鸦片为征加税收的对象，以为寓禁于政。② 可见其对鸦片之痛恶。因此，当清廷颁布禁烟的诏令后，他即非常赞同，认为实行禁烟实为"中国求富求强之基"。③ 当然，他也虑及禁烟后财政为难之情形。在云贵总督任时，他曾言：

　　　　滇为贫瘠省分，常年所收土药税厘恒四五十万两，各用于焉取资，禁绝则款从何出？而民间亦素罕出产，恃烟为输入巨资，非亟为别开利源，无以抵补。④

　　显见，锡良亦认识到禁烟后对地方财政的伤害，但他认为若能实行禁烟，荡涤鸦片之沉疴，势必成为中国转弱为强之盛举。⑤ 也因此，他

----

① 锡良：《川省设立戒烟总局并拟办法折》，《锡良遗稿：奏稿》，第650页。
② 《为札饬事》，《锡良存川汉铁路奏咨录要》（第5本），档号为甲374—27。
③ 锡良：《川省设立戒烟总局并拟办法折》，《锡良遗稿：奏稿》，第651页。
④ 锡良：《速请一律改缩禁烟期限折》，《锡良遗稿：奏稿》，第814页。
⑤ 锡良：《速请一律改缩禁烟期限折》，《锡良遗稿：奏稿》，第814页；锡良：《为实行禁烟拟请改缩期限力图进步折》，《锡良遗稿：奏稿》，第770页。

向清廷表示，应急起直追，"禁烟之令不嫌其过严"。①

　　最后，现实需要。清末各地灾害频仍，政府穷于应付灾荒。鸦片就是造成这一结果的重要因素。早年，锡良在参与丁戊奇荒等荒旱的赈济中就已认识到鸦片的危害，② 因此，他非常赞成禁烟。他在张之洞担任山西巡抚时还因办理禁烟出力尤多受到张之洞赞许，向清廷请奖。③ 在四川时，锡良指出："川民户齿倍前，耕辟地穷，工商利夺，游闲充牣，农末困窘。况复侈费寖以成俗，虽服畴力穑者，米粟居一，财币居三。必得钱而后用饶，唯罂粟乃能获利，春畦菽麦，渐变烟苗，丰年之粒食犹昂，歉岁之阻饥立告。"④ 1907 年前后，云南灾荒严重，前督丁振铎就曾因灾荒向各省督抚发出救援的电报提及有地方"多以麦秼充饥，路有饿殍，卖儿鬻女，惨不忍闻"⑤ 的情形。但是，"山多田少"的滇省却为"产土之乡"，所在皆是，在水旱频仍的境遇下，米粮变得尤为匮乏。锡良到任之初，滇省"斗米之值，至十三金"。可见，鸦片对于地方社会经济造成了严重的危害，亦在某种程度上影响了清王朝的统治。

二　禁烟举措及其成效

　　长期身处地方的锡良显然更能直观地感受到鸦片对中国社会的影响。所以，早在 1904 年 5 月锡良就曾向清廷表示，鸦片为毒害生民之

---

　　① 锡良：《川省设立戒烟总局并拟办法折》，《锡良遗稿：奏稿》，第 651 页。
　　② 时任巡抚曾国荃在总结丁戊奇荒发生的原因中一再表示罂粟的栽种是粮食缺乏的重要因素。曾国荃在丁戊奇荒后曾言："晋省荒歉，虽曰天灾，实有人事。"［参见曾国荃《申明栽种罂粟旧禁疏》，梁小进整理《曾国荃全集》（第 1 册），第 282 页。］"自境内广种罂粟以来，民间蓄积渐耗，几无半岁之粮，猝遇凶荒，遂至无可措手。"［曾国荃：《办赈难拘定例请变通赈济疏》，梁小进《曾国荃全集》（第 1 册），第 269 页。］"晋省人稠地仄，本地产粮无几，二十年来种植罂粟，犹夺五谷之利，故小歉则谷价翔贵，大饥则颗粒如珠"，因此，曾国荃即提出要立即铲除此毒苗，"而嘉谷之应亟为种复"。［曾国荃：《致翁叔平》，梁小进整理《曾国荃全集》（第 4 册），第 26 页。］可知，在曾国荃的眼中，罂粟的种植严重危及了粮食的生产。而身临其境的锡良显然对此会有更多的切实体验。
　　③ 张之洞：《陈明禁种莺粟情形折光绪》，苑书义等编《张之洞全集》（第 1 册），第202—204 页。
　　④ 锡良：《覆奏陈钟信请整顿积谷折》，《锡良遗稿：奏稿》，第 427 页。
　　⑤ 《云南督抚丁来电》，中国社会科学院近代史所藏《锡良督川时与各处往来电稿·外省来往各电报》，档号为甲 374—124。

物，以征为禁，取多非虐。① 虽然痛心疾首，只是限于清廷的法令，锡良在很长时间内对鸦片莫可奈何。所以，1904 年 9 月间清廷颁布禁烟诏令之后，锡良迅速行动起来。在接到清廷发布诏令和政务处咨文后，他即其刊布各处，便民众均能知晓。② 而针对禁烟的法令，锡良亦制订了颇为详备的方案，予以实施。

（一）成立禁烟机构

对于禁烟机构，锡良非常重视，每至一地，或添设该项机构，或对原设之机构进行修补。在四川，锡良成立了禁烟总局，派署盐茶道沈秉堃、候补道林怡游、周善培等人出任总办，专任筹划戒烟、次第禁革医治之责。③ 在云南，锡良到任后即率司道于省城创设禁烟总局，并饬令各属联合绅商，设立分局，筹备方药，分班轮戒，制定规则，逐日检查。④ 在奉天，虽然禁烟已推行有年，但机构设置仍未合理，对于查禁民间吸烟的办法，各属不同，因此颇为混乱。因此，锡良到任后即饬令将奉省原设之官吏禁烟查验所改为禁烟公所，除仍兼办官吏查验事宜外，亦查验普通民众的禁烟。他亦令人在省城四关分别设立戒烟分所一处，"广给良药，劝禁兼施"，并饬令各属一律遵照省城办法办理。⑤ 他显然希望如此办理能收速成之效。

（二）宣传鸦片之危害

早在 1904 年，锡良就曾发布告示，向四川民众宣传吸食鸦片之害。⑥ 在清廷明确禁烟的情况下，锡良又将清廷的政策刊布各属，令民众周知。到云南后，针对鸦片种植造成米粮匮乏，锡良饬令各地方官传集村乡绅董，指陈利害，反复开导。⑦ 在奉天，锡良饬令属员办理禁烟时采取"劝禁兼施"的方法，可知锡良颇为注重宣传之作用，因此在

---

① 锡良：《川省土药难办官运及招集商股设立公司折》，《锡良遗稿·奏稿》，第 407 页。

② 锡良：《川省设立戒烟总局并拟办法折》，《锡良遗稿·奏稿》，第 650 页。

③ 锡良：《川省设立戒烟总局并拟办法折》，《锡良遗稿·奏稿》，第 650 页；《四川》，《东方杂志》第四年第二期，"各省内务汇志·四川"，内政，第 86 页。

④ 锡良：《为实行禁烟拟请改缩期限力图进步折》，《锡良遗稿·奏稿》，第 768 页。

⑤ 锡良：《奉天改设禁烟公所折》，《锡良遗稿·奏稿》，第 967 页。

⑥ 《督宪劝民勿吸烟缠足示》，《四川官报》（第七册）甲辰（1904 年）三月下旬，公牍，第 1—2 页。

⑦ 锡良：《为实行禁烟拟请改缩期限力图进步折》，《锡良遗稿·奏稿》，第 768 页。

其任职的各个时期均能坚持此一方法。

　　锡良的宣传亦取得了不错的成绩。在云南，据《字林西报》记载：民众在街头阅读政府发布的布告，多"点头称是"，并对布告所描述的吸食鸦片的后果，"露出了十分恐惧的表情"。① 在奉天，绅民则以更为直接地方式参与禁烟活动，拟于各属设立禁烟会②，显然，奉省绅民认同了锡良禁烟的行动，这其中无疑有政府宣传的因素。

　　（三）设立鸦片专卖场所

　　对于鸦片的贩卖，锡良的政策则存在着一些细微的不同。在四川，锡良拟令各地烟馆在 1907 年 2 月 13 日至 8 月 8 日之间一律关闭。考虑到戒除烟瘾之不易，锡良拟令有吸食牌照的烟民可到指定的店面购买鸦片，在省城设立官膏店，其他各州县则官许烟土店。在云南，锡良到任之初，即饬令各属封闭烟馆，禁止制造烟具。光绪三十四年（1908），他严令膏商、土栈亦须于该年年底一律革除，改营他业。对于云南境内的已报税之土药，锡良准许其于阳历 1909 年 4 月 20 日前装运出境。可知，云南仍存在着鸦片专卖场所，只是随着锡良严禁举措的推出，这些场所亦逐步列入了打击之列。在奉天，锡良曾有"本省各土店可以领护照自赴外埠购运烟土，但不准外客贩运烟土入境"的规定。③ 这说明奉省亦有经官方准许方能买卖的烟土店。由上可知，锡良所辖区域内的烟土店或为官方专卖，或经官方特许方能开卖，如此，则官方对烟土店面的数量与数额有了一定的控制。

　　（四）禁种、禁吸举措

　　最初，锡良对禁种颇为注重，认为"限种罂粟一条，尤为本中之本"。④ 因此，在四川，他就拟令全省各属分阶段实施禁种罂粟，按照每年减少五分之一的速度，争取五年内禁绝。在云南禁烟之时，他仍坚持这一方法，饬令属员饬查种烟地亩，并限年递减，改种其他粮食作

---

　　① 上海市禁毒工作领导小组办公室、上海市档案馆编：《清末民初的禁烟运动和万国禁烟会》，上海科学技术文献出版社 1996 年版，第 150 页。

　　② 《奉省禁烟拟照咨议局议案再行缩短折》，《锡良遗稿：奏稿》，第 1068 页。

　　③ 锡良：《奉天改设禁烟公所折》，《锡良遗稿：奏稿》，第 966—967 页。

　　④ 锡良：《川省设立戒烟总局并拟办法折》，《锡良遗稿：奏稿》，第 650—651 页。

物。① 待到其推出缩短禁烟期限后，锡良则一改逐步减种之计划，限定于规定时间内禁绝。在云南，他规定应于1908年底戒绝种烟，在奉天则于1909年下半年起全面禁绝。

这并不是说锡良不重视禁吸。在四川时，禁吸亦是禁烟的重要方面。他拟令文武官员据实举报吸烟之人，对吸烟之官员，限期断瘾，对吸烟之兵弁则一律革换；清查全省烟瘾人数，发给吸食牌，以为宽往防来之计，并派人到粤东购买戒烟药丸，设立戒烟病院，对瘾民进行戒烟。② 在实施过程中，锡良对于文武官员的禁烟甚为严厉，均勒令这些官员于六个月内戒断，逾期则对其进行严行参劾。对于吸烟的官吏，锡良采取了颇为严厉的措施。在云南，锡良对于逾期未戒断烟瘾的部分官吏，如参试用周德懋、云州吏目王德恩、试用知县李焕绂、试用盐大使卢廷襄、补用游击蔡凯臣、李文庚、尽先补用守备杨德清等官吏，进行了严行参革、永不叙用的处分。③ 在奉天，他先后对奉天府调查员候补知县张镇龄、采木公司委员四川补用知县范迪煌等，而对声称已戒烟，但实际上仍在吸烟之人，锡良亦毫不手软，分别对戒烟复吸之署岳熊正红旗骁骑校绍明、协领兴奎等人处以即行革职、永不叙用的处分。④ 而对普通民众，锡良则要求其于规定的时间内戒断。此后，无论是在云南还是奉天，锡良均照此办理。随着禁烟的深入开展，锡良将禁吸与禁种列为同等地位来看待。⑤

以上为锡良在禁烟过程中所采取的基本方法。这些方法的最终目的是有意将禁吸贩运纳入到法制的轨道，即由散乱向政府管理过渡。而在实践过程中，锡良亦不遗余力地照此推行，并取得了不错的效果。

在四川，锡良循此方法推行了雷厉风行的禁烟政策，但在实施各项禁烟举措后未久他即调任云贵总督，因此成效未能显著，却也为四川的

---

① 《为实行禁烟拟请改缩期限力图进步折》，《锡良遗稿：奏稿》，第768页。

② 锡良：《川省设立戒烟总局并拟办法折》，《锡良遗稿：奏稿》，第650—651页。

③ 《云南鸦片问题与禁烟运动》，第175页。

④ 锡良：《查明戒烟不力各员据实参劾折》《戒烟复吸之张镇龄等请革职永不叙用片》《协领兴奎违禁吸烟请革职永不叙用片》《奏参戒烟不力之孟庄嵩庆二员片》，《锡良遗稿：奏稿》，第971—972、1051、1171、1125页。

⑤ 锡良：《奉天改设禁烟公所折》，《锡良遗稿：奏稿》，第966页。

禁烟活动奠定了基础。① 到了昆明后，锡良再次推行严厉的禁烟政策。经过半年的努力，云南的禁烟行动收到了较好的成效。据锡良奏报：1907 年各地汇报的烟亩数量，较之上年的种植面积已减少了三成至六成。这显然使锡良和有识之士看到了提前禁绝鸦片的希望。② 这一情况也得到了清末的海关报告的证实。据《中国十年海关报告》指出：自1907 年开始，蒙自周围地区的鸦片烟馆遭到关闭，鸦片烟具亦为禁止出售，有 45% 的鸦片吸食者戒了烟。而在同一时间，云南的另一城市思茅亦采取了类似的做法，关闭烟馆，统计吸食鸦片者人数，成立机构向有钱者出售戒烟药物，并向贫困的阶级提供免费的特别药品。③ 可知，云南禁烟确实在很短的时间内取得了良好的成效。禁烟大臣亦在比较各省督抚的禁烟办法后认为锡良所订办法"最为完善"，拟通饬各省一律按照办理，以期速收实效。④

随着云南禁烟的成效的取得，锡良利用这一时机，向清政府提出了禁烟期限过宽所造成的危害，谓：

> 无如下级人民，因循习惯，吸食者尚多藉口限期，种烟地亩递减之法，又须按年挨户造册清查，恐滋烦扰。况各省禁令张弛不一，即使本省烟苗尽绝，而外省土药输入行销，致烟商种户以坐失其利无济于事为言，民心转滋疑惑，地方官虽仍勒禁，不足以服其心，故办理殊多窒碍。现象如是，若任辗转迁延，互相牵制，窃恐勇者退而勤者怠，则终无断绝之时矣。⑤

因此，他向清政府表示，要在云南加快禁烟的步伐，决定在一年之内全面实行禁吸、禁种和禁贩，即云南定于 1908 年底即实现禁绝种烟的目标。具体而言：

---

① 参见秦和平《四川鸦片问题与禁烟运动》，四川民族出版社 2001 年版，第 109 页。
② 《为实行禁烟拟请改缩期限力图进步折》，《锡良遗稿：奏稿》，第 768 页。
③ 郭大松、张志勇译：《中国海关十年报告（1902—1911）选译——清末禁烟运动史料》，《近代史资料》总第 111 号，第 137、138 页。
④ 《滇督禁烟善法》，《大公报》1908 年 6 月 17 日，"北京"。
⑤ 《为实行禁烟拟请改缩期限力图进步折》，《锡良遗稿：奏稿》，第 769 页。

自光绪三十五年正月初一日起，通国不准再有吸食之人，贩烟之商，种烟之户。上下一心，务期达此目的。阳奉阴违者，查出照章惩治，不稍宽假。至于文武官吏，当为齐民表率，原限六个月已逾，倘再讳饰欺蒙，立予参劾。即有体弱瘾深，或因禁烟而受亏损，亦无所用其顾惜，以绝亿兆观望之私。似此直截办理，进口洋药，无地售销，不禁自绝。①

与锡良有着同样想法的还有江苏、安徽、河南、福建、黑龙江等省的督抚亦向清廷奏请缩短期限。这些督抚之所以如此积极地投身于禁烟活动，其背后有着中央与地方之间争夺地方财政的影子。清中央在日俄战争后已大规模整顿和控制地方的鸦片税收，推出了八省土膏统捐和鸦片统税政策，成效颇为明显。所以当清廷提出确定禁烟政策时，多数督抚仍持观望态度，因为他们担心清廷进一步侵蚀鸦片税厘收入。同时，为了谋取更大的财政利益，抵制清中央的政策，当时各省正在筹划鸦片专卖事宜，但这一计划却遭到了度支部的强力阻止，其专卖计划已然无实现可能。因此，难以获得鸦片税收利益的各省督抚决定加快禁种罂粟的步伐。② 然而，缩短禁烟期限，却并非清中央所乐见。因为此时清中央已然有大部分鸦片税收的趋势，若缩短禁烟势必使其财政面临严重的困难。因此，度支部力主禁吸为先，反对各督抚的禁种和禁运的政策。但是，当时督抚权势日重，地方与中央的利益格局很难立即改变，因而清廷不得不对地方利益予以兼顾。所以，在数省督抚的压力下，清廷也改变了其立场，转而予以肯定各省缩短禁烟的要求。③ 在回复云南的咨文中，会议政务处指示：“滇省既称踊跃，禁烟自不必拘定十年之限，且禁种禁吸渐次禁绝，则外省土药之输入，亦无地销售，此在该督一力坚持，以收令行禁止之效。”④ 接到咨复之后，锡良按照上文所示，督

---

① 锡良：《为实现禁烟拟请改缩期限力图进步折》，《锡良遗稿：奏稿》，第769—770页。
② 参见刘增合《鸦片税收与清末新政》，生活·读书·新知三联书店2005年版，第385—389页。
③ 《电询禁烟限期》，《大公报》1908年10月28日，“要闻”。
④ 《政务处议复云贵总督奏禁烟改缩期限折》，《申报》1908年5月30日，“要折”；锡良：《速请一律改缩禁烟期限折》，《锡良遗稿：奏稿》，第814页。

饬各属官吏,雷厉风行地推行了这一措施。

此时,锡良的政策遭到了部分人的反对。在楚雄地区,"三十四年冬,镇南三乡因禁种烟苗,办理未善,愚民惊变,接连楚县所属前、后河哨地"①。随后,锡良视抗拒者为土匪②,发兵剿抚。在这次镇压行动中,楚县死亡118人。

尽管如此,到1909年初,云南的禁烟已取得明显的效果,鸦片种植已减少十之八九,鸦片销数亦减其半。③ 在昆明,锡良令人将成千上万没收而来的烟具装饰各处城门。在蒙自地区,鸦片出口量从1908年的2116担降至527担,4月以后即不再有鸦片出口。在思茅地区,地方官员实行了挨户查访,逐人登记吸食者,并令这些人到禁烟局接受治疗。1909年前后,该区域内已经停止罂粟种植,只是在边远的山区仍存在着少量的高价鸦片买卖。④ 在腾越地区则存在着少数吸食者通过高价秘密购买鸦片的情况⑤。有研究表明,当时除了滇西及滇西南个别偏远偏僻的民族聚居村落,尚有偷种现象外,云南大部分地区罂粟的种植得到了有效的制止。⑥ 在实行禁烟之后,云南的粮价亦有了大幅度的回落,由锡良初任时的十三金降至二金。⑦ 种种迹象都已表明,锡良的禁烟举措得到了较好的贯彻,云南的禁烟已取得了良好的效果。清政府对于锡良的禁烟行动予以了高度的评价,并拟饬令各省依照云南禁烟办法,实施禁烟。⑧

有了良好的禁烟效果,锡良对早日实现禁烟信心倍增。1908年4

---

① 杨成彪主编:《楚雄彝族自治州旧方志全书·楚雄卷》,云南人民出版社2005年版,第1101页。

② 《致吏部电》(光绪三十四年十二月廿四日),中国社会科学院近代史所藏《北京来往电(云贵总督任)》,档号为甲374—10。

③ 《锡清帅禁烟之效果》,《大公报》1909年3月6日,"要闻"。

④ 郭大松、张志勇译:《中国海关十年报告(1902—1911)选译——清末禁烟运动史料》,《近代史资料》总第111号,第137、138页。

⑤ 同上书,第139页。

⑥ 黄百灵:《清朝云南的罂粟种植及其对农村经济的影响》,《四川大学学报》(哲学社会科学版)2004年增刊;许焕芳:《清末西南四省禁烟运动研究》,硕士学位论文,河北师范大学,2007年,第23—24页。

⑦ 邓之诚:《滇语》,邓瑞整理《邓之诚日记》(第8册),国家图书馆出版社2007年版,第504—505页。

⑧ 《滇督禁烟之成效》,《大公报》1908年9月8日,"要闻"。

月，锡良致电禁烟大臣处，要求缩短禁烟的期限。① 其后，他又向清政府指出各省不能同时实行禁烟的严重危害，曰：

> 设或各省禁令彼此张弛不一，宽严互殊，则邻省随地运销，势将禁不胜禁。非特本省烟户、种户必以一隅坐失其利，疑怨横生；吸烟之人，亦仍不恤多方购致，难期禁绝。②

此后，随着万国禁烟大会的召开，锡良再次向禁烟大臣表示："中国禁烟一事必为外人所注目，万不可再行延缓，请即通知各省用强迫之办法，限于宣统元年一律禁净，决不至肇意外之变，且滇鲁等省成效昭然，即祈实行，无庸过虑。"③ 在锡良和各督抚的努力下，清廷同意了奉天等十八行省于 1909 年下半年全部实现禁种的计划，但陕西、甘肃、四川、贵州等省至 1913 年方才实现这一目标。④ 锡良认为，如此一禁一弛，"不特四省烟害未能遽绝，即已禁种之省分难保不迟疑观望"，这将严重影响禁烟大局。在他看来，禁烟的成功与否在于疆吏是否实心奉行，而并不在于各该省份存在的其他现实问题，因此，他提请清廷饬令全国统限于宣统元年下半年一律禁绝。⑤

对此，清政府难以下定决心，实现全国同步禁烟，因为禁烟已使清政府面临着严重的经济压力和社会压力。⑥ 事实上，对于地方督抚亦是如此。在云南，鸦片税收是当地财政的重要来源，常年厘税有四五十万两。⑦ 在实行禁烟之后，锡良未能从其他地方获取相应资金填补这一缺口，以致财政问题异常困难。⑧ 但由于地方督抚未能获得相应的利益，所以督抚们仍坚持缩短禁烟期限。而在这些督抚中，锡良与端方表现得颇为积极。当锡良、端方等人再次提议缩短禁烟期限时，清政府则以财

---

① 《两督请减缩禁烟期限》，《大公报》1908 年 4 月 10 日，"要闻"。
② 锡良：《速请一律改缩禁烟期限折》，《锡良遗稿：奏稿》，第 815 页。
③ 《力请强迫禁烟》，《大公报》1909 年 2 月 19 日，"要闻"。
④ 《议定禁种罂粟确期》，《大公报》1908 年 10 月 24 日，"北京"。
⑤ 锡良：《部议禁烟年限太宽恳请缩期禁种折》，《锡良遗稿：奏稿》，第 930—931 页。
⑥ 参见刘增合《鸦片税收与清末新政》，第 328—382 页。
⑦ 锡良：《停收土药厘税片》，《锡良遗稿：奏稿》，第 840 页。
⑧ 《预筹土药税抵款》，《大公报》1909 年 1 月 8 日，"要闻"。

政困难等因素而不为所动，仍持原议。

对此，锡良极为不满。他向政府表示，鸦片最多、占全省财政税收比重较大的云南、山西两省均能实现这一目标，反而五省却不能实现？而这五省的迟缓禁烟势必影响到整个禁烟的进程，他认为"一严一宽，实即一禁一弛，绵历岁月，不特四省烟害未能遽绝，即已禁种之省分难保不迟疑观望，遍受影响"。因此，他再次向清政府建议"明降谕旨，无论未已禁种省分，统限宣统元年下半年一律禁绝"。① 但清政府并不为所动，仍坚持原议，对此，锡良颇为慨然，认为此举不啻为弛禁之令，鸦片流毒仍将危害社会。②

无奈之下，锡良只得加强对其辖区内的禁烟活动。他限令奉省吸食者在二十个月内实现减禁，具体而言，他派人详细调查，颁发牌照，按两个月换照一次，每次递减一成，以二十个月减尽，不准再有吸烟之人。③ 此后，锡良又以奉省咨议局请求缩短禁烟为由，一改二十个月内禁绝之目标，提前至1911年1月底为全省禁绝之期。④ 此一时期，奉天私贩鸦片的行为日渐增多，不少不法奸商为了获取更多利益，"多方夹带"入奉省。锡良又请清廷饬令税务处、邮传部转饬大连关暨京奉铁路总局协同严缉，以便杜绝此弊。⑤ 他还向直隶总督端方请求通饬各分局卡，对进出奉省的土药进行严密的查验。⑥ 与此同时，锡良也加强了对官员的禁烟活动的管理，如发现禁烟官员有不法的行为，将进行严厉的惩处。其中处分最多的是官员违禁吸食鸦片，据统计，锡良在东三省时对孟庄等二十名违禁吸烟的官员，以专折的形式向清廷提议采取永不叙用的处罚方式，皆为清廷所采纳。⑦ 此外，锡良也对侵蚀禁烟专款的官

① 锡良：《部议禁烟年限太宽恳请缩期禁种折》，《锡良遗稿：奏稿》，第930—931页。
② 《复云南沈护院电》（宣统元年七月十九日），《锡良任东三省总督时外省来电》，档号为甲374—17。
③ 锡良：《奉省改设禁烟公所折》，《锡良遗稿：奏稿》，第967页。
④ 锡良：《奉省禁烟拟照咨议局议案再行缩短期限折》，《锡良遗稿：奏稿》，第1068页。
⑤ 锡良：《请饬税务处邮传部协缉私贩土药片》，《锡良遗稿：奏稿》，第1068—1069页。
⑥ 《致端午帅》（宣统元年七月初八日），《锡良任东三省总督时外省来电》，档号为甲374—17。
⑦ 锡良：《戒烟复吸之张镇龄等请革职永不叙用片》、《查明戒烟不力各员据实参劾折》、《奏参戒烟不力之孟庄嵩庆二员片》、《协领兴奎违禁吸烟请革职永不叙用片》，《锡良遗稿：奏稿》，第1051、971—972、1125、1171页。

员实行了严厉处分，如有官员赵长魁意图私占禁烟公款，经查证后，锡良立即对其实行撤销议员资格、永不准干预公事的处分。① 当然，锡良的禁烟活动也触及了边远的蒙古旗盟。他曾因听闻康平县属宾图王蒙界仍有种植罂粟之事，饬令地方官前往彻查，勒令去除。②

正是由于锡良的认真和措施的得当，奉天的禁烟活动已取得了显著的成绩，成为清末最先禁种的五省之一，到了1911年，外国洋药从法律上也不准进入，在理论上已完成了禁烟的重任。③ 需要说明的是，这五个最先禁种的省份中云南与奉天两省的成绩大多是在锡良任职期间所取得的。此后，宪政编查馆在对比各省新政后发现东三省的禁烟新政可列入"优等"。④

总的看来，因清政府政策的转变和自身的认识等因素，锡良对于禁烟一事非常积极，其所推行的举措也颇为有效。当然，锡良的禁烟活动也存在诸多不足，如其采用官方的强制力量限期禁绝鸦片的种植，但由于禁烟太急，许多补救性的措施未能发挥作用。这不仅使清政府面临着严重的财政危机，需要补救，亦使广大民众的生活难以为继，在个别地方，反抗官府铲除烟苗的活动屡有发生，官民矛盾尖锐，影响到了地方社会的稳定。⑤ 在禁烟过程中，锡良非常注重疆吏的作用，将疆吏看成禁烟成功与否的关键，这就使其禁烟活动出现了某种不确定性。如在云南，李经羲接替锡良出任云贵总督后，原先严厉的禁烟举措逐渐被放弃，禁烟活动出现了反复。这些因素使他的禁烟成效大打折扣。

---

① 锡良：《候补佐领赵长魁请革职片》，《锡良遗稿·奏稿》，第1315页。
② 《饬查蒙界私种罂粟》，《盛京时报》宣统二年六月二十二日，"东三省新闻·奉天"。
③ 参见王香《晚清奉省禁烟运动探微》，《世纪桥》2007年第2期。
④ 《东三省特优之新政》，《大公报》1910年8月21日，"北京"。
⑤ 秦和平：《云南鸦片问题与禁烟活动》，四川民族出版社1998年版，第182页。

第 五 章

官制改革与宪政大讨论(下)

第一节　变通奉天旗制

随着近代中国民族危机的加深和民族主义的兴起，八旗制度所承载的满族贵族统治下的满汉权利、义务不平等等问题日渐为民众所周知，满汉矛盾亦随之加深。化除满汉畛域，变通旗制成为清末政府亟宜解决的重要问题。此后，清政府设立了变通旗制处，由贝子溥伦、镇国公载泽、那桐、宝熙、熙彦、达寿总其事，须会同军机处王大臣办理其事。① 随即，各地驻防也设立旗制处或筹办旗丁生计处作为预备机关，变通旗制处进入高潮。

在各地办理变通旗制的省份中，锡良辖下的东三省成为当时落实八旗生计最佳区域。② 虽然学界对东三省能取得这一成绩的原因进行了探讨，但对锡良办理旗制变通的思想、举措及其作用均未能有深入的探究。

一　改旗务司为旗制处

关于旗制改革，现有的资料未能直接阐述锡良对这一问题的看法。这并不是说无法展现锡良的看法。在接任东三省总督之初，锡良就表示，九年筹备事宜为"目今最关切要之图"。③ 九年筹备事宜其

---

① 赵尔巽等纂：《宣统皇帝本纪》，《清史稿》，第 968—969 页。
② 参见常书红《晚清变通旗制及其对满族社会文化的影响》，郑师渠等编《文化视野下的近代中国》，中国传媒大学出版社 2009 年版，第 480 页。
③ 锡良：《公署内设立宪政筹备考核处片》，《锡良遗稿：奏稿》，第 896 页。

实就是筹办立宪事宜，这其中就包含了变通旗制事宜。可知，锡良已着意于此事。当时较为普遍的观点是"立宪与旗制不能并立"①，实现立宪之期，即应为旗制裁撤之时，对此，锡良亦了然于心。早在1907年，锡良即因"南省匪势猖獗日甚"，电请清廷迅速"宣布平除满汉办法并实行立宪之旨，以慰民心"。② 可知，锡良早已有意改革旗制。

为了化除满汉畛域，实行宪政，锡良利用清廷设立变通旗制处之机，亦将奉省旗务司一缺裁撤，改设旗务处，办理旗务事宜。③ 随后，锡良派令办理旗务得力的金梁出任奉天旗务处总办④。

二　变通旗制的实践

关于如何进行旗制改革，办理变通旗制处诸大臣确定了变通旗制而不裁撤旗籍，以存团体的方针。⑤ 此后，变通旗制处虽还有讨论旗制变通的言论，但在事实上已陷入因循敷衍之地，直至清末，成效毫无，受到舆论的谴责。相较于变通旗制处而言，锡良颇为果敢，对东三省的旗制进行了一番改革，特别是在筹措八旗生计方面，颇有成效。

（一）旗官改革

东三省的旗制中，旗官是一批人数较多，却久无职守，唯赖俸饷为活的人群。针对时人所论"八旗人才大抵销磨于区区俸饷之中"的说法，锡良认为，这"虽系激论，盖亦属实情"。为此，锡良认为，亟应去除旗员对旗饷的倚赖心理，"坚其自立之志"。⑥

因此，锡良率先实行了旗官出缺不补的政策，即"八旗官缺暂仍旧制，唯嗣后出缺概行停补"。⑦ 事实上，这一政策并非锡良的独创。四川总督赵尔巽就曾向变通旗制处就裁旗问题提出过"出缺不补、十年裁

---

① 《旗制大臣有被参之耗》，《大公报》1909年11月21日，"要闻"。
② 《滇督致电政府之传闻》，《大公报》1907年11月2日，"要闻"。
③ 锡良：《遵旨考察东三省裁并裁缺折》，《锡良遗稿：奏稿》，第911页。
④ 《同知金梁请留奉补用派充旗务处总办片》，《锡良遗稿：奏稿》，第999页。
⑤ 《决议不裁旗籍》，《大公报》1908年11月14日，"要闻"。
⑥ 锡良：《奉省旗官出缺不补逐渐变通办法折》，《锡良遗稿：奏稿》，第925页。
⑦ 锡良：《奉省旗官出缺不补逐渐变通办法折》，《锡良遗稿：奏稿》，第999页；《会奏奉省旗务》，《大公报》1909年8月15日，"北京"。

尽"的计划。① 但是，锡良首先将其运用到了旗官改革的实践中去，反而具有开拓精神，因为当时变通旗制处和其他驻防多未能对旗官制度进行改革。当然，为了减少改革的阻力，锡良仍为旗官另筹酌改外官，对品调用，或送入法政学堂学习。② 此后，锡良采用了对品调用等办法，裁撤已无职守、实同虚设之盛京将军署堂事、笔帖式、外郎等旗官。③ 对此，"恐拂八旗感情"④ 的变通旗制处咨称："可仿政务处议准黑龙江及陆军部武备新章，先尽曾入文武各学堂毕业者挑补。"可见，变通旗制处不同意锡良逐步裁去官缺的做法。对此，锡良亦只能按照变通旗制处的办法⑤，但显然并不赞同这一方案。后来，他又电致军机处拟逐步裁撤冗滥之旗员⑥，并有裁汰旗官改归外用之举⑦，显然有意另辟蹊径。

此后，锡良对海龙总管进行了改革。海龙总管原为管理海龙城围场所设，清末由于设立了府、县地方机构，这一机构已形同虚设，因此，前任总督徐世昌提议裁撤该机构，清廷亦令锡良"体察情形，悉心妥筹，奏明办理"。锡良认为，该机构已无职守，因此请裁该机构。他采取了逐步裁撤的策略，将该机构总管裁缺，并令管理该机构册档的笔帖式裁撤，改为外用。而对该机构的旗官旗兵，锡良将旗兵随时选充地方巡警，以实现逐步裁改。⑧

（二）筹措八旗生计

1. 筹措资金

对于东三省八旗生计的筹措，锡良似乎应该略显轻松一些。因为

---

① 《川督奏陈裁旗办法》，《大公报》1908 年 10 月 12 日，"要闻"。

② 锡良：《奉省旗官出缺不补逐渐变通办法折》，《锡良遗稿：奏稿》，第 925 页。

③ 锡良：《请予军署各旗署主事笔帖式外郎等出路片》，《锡良遗稿：奏稿》，第 927—928 页。

④ 《宝侍郎之旗制谈》，《大公报》1909 年 10 月 13 日，"要闻"。

⑤ 锡良：《奉省旗官出缺暂照新章挑补片》，《锡良遗稿：奏稿》，第 1180 页。

⑥ 《东督电请再裁旗务冗员》，《大公报》1910 年 10 月 13 日，"要闻"；

⑦ 《饬拟变通旗制办法》，《盛京时报》宣统二年十一月十七日，"东三省新闻·奉天"。

⑧ 锡良：《遵议裁撤海龙总管员缺并筹拟官兵安插办法折》，《锡良遗稿：奏稿》，第 1227—1228 页。

东三省拥有"家有地亩"的自然优势和旗人"世为农工"的传统。①而且，当时东三省存有大量的可开垦性荒地，条件可谓得天独厚。据金梁估算，三省八旗官兵及内务府所属向有随缺伍田、庄园、山场等，统计约及 150 万亩，足可供旗丁解甲归农之用；而且在正额之外，被隐占盗典、久未清理的浮多之地，尚不止数倍，"如能一律清查丈放，按地收价，至少之数一千万金以上"。其实早在 1902 年，清政府就下令将从未输纳过钱粮的吉林"通省旗户自占之地，出卖之地及站丁、官庄之地，悉行报明，派员，一律升科"。此后，经赵尔巽、徐世昌两位总督在指示下，至 1909 年，经政府丈放的官庄地已达 13500 余亩，收地价有 180 万余两②，这就为筹划旗制变通奠定了良好的基础。但这并不表示锡良筹措八旗生计毫无困难，其中原因颇为复杂，最主要的原因是东三省为新设省份，而清政府有意以该地为新政的试验场所，所以当时东三省较多的新政能引领全国风向。因此之故，东三省财政支出也颇为巨大，加之需要面对日俄的侵略，东三省财政已处于极度困难的境地。这也是徐世昌一再请辞东三省总督的重要因素之一，此后，锡良一再请求开缺，亦有此方面的因素。当时奉天财政资金也是如此，这就严重影响了锡良进一步筹措八旗生计。在筹措旗制之初，就筹措八旗生计之事，如教育、实业等事，锡良认为，"势难久缓"。因此他在到任之初即饬令旗制司清查旗署款项，革除积弊。在其主持下，旗制司清理出公私款项，实银 10 万两，并每年能获取进款 10 万，共有 20 万两之数，足敷目下之用。③ 具体参见表 5—1。

---

①　锡良：《奉省旗官出缺不补逐渐变通办法折》，《锡良遗稿：奏稿》，第 925 页。
②　《满族简史》编写组编写：《满族简史》，中华书局 1979 年版，第 151 页。
③　锡良：《清理旗署款项筹办生计事宜折单一件》，《锡良遗稿：奏稿》，第 917—918 页。

表 5—1　　　　　　东三省清查旗署款项筹办生计事宜清单①

款项来源	款项数目（两）	款项用途
制钱生息	18740 余	拨充奉天八旗工艺厂经费
木植变价息银	6102	
充公地租	10360	
前军署办公余款	23000	
教场地租	340	
旷缺笔帖式随缺地租	68	
官房官地租项	1000	
仓款盈余	约 10000	拨充兵设八旗农业讲习所
官兵随缺地租加收学费	500—600	拨充推广八旗学堂经费
牧场浮多地价	13160	拨充并设八旗实业学堂开办经费
草豆折价余款	约 10000	拨充扩充官牛场经费
宗室炉火息银	412	拨充推广宗室学堂经费
兵丁白事赏项银两	3880	拨充并创办办八旗女工厂经费
工股木植变价余款	5880	拨充并设八旗蚕桑实习厂经费
锦州裁缺副都统移交存款	8600	拨充锦州八旗工艺分厂经费
锦州经征处办公余款	2000	

　　资料来源：《锡良遗稿》，第 918—921 页。

　　从表 5—1 中可以看出，这些款项颇为庞杂，多属东挪西凑，如扩充奉天八旗工艺厂的经费竟从 7 处地方腾挪而来。其中有些经费则为一次性的款项，如锦州裁缺副都统移交存款和前军署办公余款等项。而有些经费则存在着不确定的因素，如仓款盈余、牧场浮多地价、草豆折价余款、兵丁白事赏项银两、工股木植变价余款等，这些款项存在浮动性。因而，常书红就曾指出，这些款项存在着极大的不确定性，难以持久。事实上，这种筹款方式亦是这一时期东三省兴办各项旗制改革的常态方式。如锡良创办八旗满蒙文中学堂，也是腾挪了原为筹办八旗实业

————————

　　①　对于该经费问题，常书红曾就相同的材料做了一个表详列了各种款项，只是她的表存在着数字错误等问题，此处已纠正。（参见常书红《晚清变通旗制处及其对满族社会文化的影响》表 2，郑师渠等主编《文化视野下的近代中国》，中国传媒大学出版社 2009 年版，第 480页。）

学堂的经费和已停办之八旗农业讲习所等经费方才得以设立。① 如扩充旗族学校——维城小学的费用即由官方腾挪之经费和宗室觉罗等筹措而来的。② 由此可知，锡良在办理奉省八旗生计时遇到了资金上的困难。继任总督赵尔巽也表示，锡良关念旗籍艰苦，欲举办实业，又以财政支绌，故多掣肘。③

　　除了以上的经费，锡良也试图通过其他途径获取更多的资金来源。奉省八旗、三陵、内务府官兵随缺伍田、马厂、围庄等地，坐落各城，总额有 150 余万亩，锡良认为，这些旗产地亩历年既久，盗典隐占之积弊甚深，因此，他提议派员清查，所获浮多地亩之费，另行存储，以为筹办八旗生计之用。这虽未得到清廷明确的回复，锡良仍派员前往各城清丈。④ 虽然此事颇为烦琐、棘手⑤，奉省旗制处还是清查出了 5 万余亩入官充公地，约可得银 20 万两。此后，锡良在金梁等人的建言下，又以此款项为基础，奏请设立八旗兴业银行，以为振兴实业、迁旗开垦等八旗生计之用。⑥ 这一提议得到了清廷的允准。不久，东三省即发生了鼠疫，此事有所耽搁，到了 1909 年 4 月间，锡良方才设立了东三省八旗兴业银行，又令金梁向各地广招股本。⑦ 不久，锡良离任，此后又发生了辛亥革命，兴业银行亦处难产之中。不管怎么说，正是锡良的苦心经营，奉省暂时有了办理八旗生计的经费，这为奉省筹措八旗生计奠定了坚实的基础。

　　2. 变通旗制的举措

　　对筹措八旗生计之事，锡良认为，自以振兴实业、推广教育为先务。在表 5—1 中，锡良把筹措的资金投入到维持和扩充旧有实业工厂和教育机构之中，即可概见。而在这二者间，他又更注重于教育。⑧ 当然，除了具有筹办生计之用，锡良认为筹办八旗教育还具有其他的作

---

① 《创设八旗满蒙文中学堂请立案折》，《锡良遗稿：奏稿》，第 1045 页。
② 锡良：《扩充维城小学校额折》，《锡良遗稿：奏稿》，第 1000 页。
③ 《赵制军注重旗人生计》，《盛京时报》宣统三年五月初十日，"东三省新闻·奉天"。
④ 锡良：《筹拟派员清理旗地片》，《锡良遗稿：奏稿》，第 1142—1143 页。
⑤ 《勘丈旗地之棘手》，《盛京时报》宣统二年七月初九日，"东三省新闻·奉天"。
⑥ 锡良：《入官充公地丈放收价创设八旗兴业银行片》，《锡良遗稿：奏稿》，第 1273 页。
⑦ 《创办八旗兴业银行》，《盛京时报》宣统三年二月二十九日，"东三省新闻·奉天"。
⑧ 锡良：《创设八旗满蒙文中学堂请立案折》，《锡良遗稿：奏稿》，第 1044 页。

用。在锡良看来，八旗教育还具有"辅弼皇家，磐石苞桑"之用。因此，他亦巡视八旗学堂时，"示以国家育才展亲之深意"，随时督饬学员，认真管教。① 当其对学生课程加以面试时，若听闻"程度均甚优美"，他则会对学生进行嘉许。② 同时，八旗教育还有保护满蒙文等的作用。当时学习满蒙文字的学者日少，渐有至失传之虞，锡良认为，满蒙文字，乃国本攸关，理应被视为要图。与此同时，他在办理旗蒙事务时，就缺乏这方面的人才。因此，除了维持原有的学堂外，锡良亦曾扩充八旗学堂、宗室学堂、维城学堂等，并特别设立八旗满蒙文中学堂。八旗满蒙文中学堂创设于 1910 年 1 月 14 日，锡良期望该学堂能使学者在特设专科的情况下"研求有素"。③ 该堂在办理半年后，亦曾增加招收一班六十名学员④，可知该学堂办学亦有成效。

对于实业，锡良认为，不外两端，"务本则以农事为先，而收效则以工艺为速"。在锡良看来，设厂教工，轻而易举，若能令八旗子弟各执一业，"人人皆能谋生，处处皆足自立"，如此，即会收到变通尽利之效。从表 5—1 也可看出，锡良将大部分资金投入到了扩充实业之中。事实上，锡良的这一自信来自于八旗工艺厂的实践。八旗工艺厂在奉天、锦州设立两年后，成效颇著，"美绩粲然"，"迩来得利尤丰，月计开支经费以外，尚有盈余"。为此，锡良又将该工艺厂加以扩充。这种扩充并非仅仅是在原有规模上的简单扩展。在其规划中，锡良一方面需要扩展该厂的规模，添建房屋，购办机具，并在辽阳、牛庄等地添设分厂，以便推广。另一方面，为了挽回利权，锡良认为向不产纸的东三省应设立造纸一科，以抵制洋货。同时，工厂虽立而无学堂为辅，则工艺难以精进，因此，决定设立八旗工业学堂。⑤

而八旗工艺厂的成功，也促使锡良开始注意把工艺转至八旗妇女。锡良意识到八旗生计困难，亦有妇女的因素。他认为，"妇女大抵坐食，

---

① 锡良：《扩充维城小学校额折》，《锡良遗稿：奏稿》，第 1000—1001 页。

② 《督宪亲莅维城学堂查验一切》，《盛京时报》宣统二年十月十四日，"东三省新闻·奉天"。

③ 锡良：《创设八旗满蒙文中学堂请立案折》，《锡良遗稿：奏稿》，第 1044—1045 页。

④ 《八旗中学招生》，《盛京时报》宣统二年六月二十四日，"东三省新闻·奉天"。

⑤ 锡良：《奉省八旗工艺厂办有成效拨款扩充折》，《锡良遗稿：奏稿》，第 1272 页。

皆无职业，尤足为家室之累"，因此，应设法提倡，振兴实业，以广生计。于是，锡良饬令旗务处在奉天设立八旗女工传习所一处，分设裁绒、编物、缝纫、刺绣四科。该处借用官房方才设立，原拟定召集百名八旗女工入所学艺，而报名愿学者达到数百人之多①，或许因该所房屋过于窄小，最初只招了八十名女工。②该所于宣统元年（1909）八月开办，半年后，经营即颇著成效，甚至创造出新制裁绒，参加了南洋劝业会的比赛。这使本地妇女"闻风兴起，争愿入学"。为此，锡良又饬在已裁工部旧署地基上修建女工厂一所，以便扩充规模，为八旗生计之一助。③自 1910 年 4 月间开始动工，修建洋式房屋三进，共四十余间。此后，该所又添招织绒科女生一班。④需要指出的是，奉天八旗女工传习所虽冠以八旗名称，但由于奉天地区满汉早已"杂错而居，望衡对宇，婚姻互结，鸡犬相闻，早已不分畛域"⑤，因此，实际上对满汉妇女一并接收。但该所取得的进步，确是不可抹杀的。

而在另一方面，锡良亦积极提倡迁移旗民垦荒，他认为，此举一可为八旗资衣食，一可为长白固根本，因此，在办有成效的情况下，希望再逐渐推广。东三省荒地颇多，且地广人稀，亟须待人而耕。本就主张推行迁民实边的锡良，以八旗户口日增、生计日艰为由，于 1910 年 6 月 24 日向清廷奏请，召集百户无业旗丁前赴新设之长白府，在其属安图县内试办垦荒，每旗丁发给三百亩，并发给牛、具、房、粮。7 月 1 日清廷令锡良"先行试办，果有成效，再行奏陈"。⑥当东三省当局宣布这一消息后，各旗丁报名颇为踊跃。⑦

此外，锡良采取了改练旗兵，以便筹措八旗生计之措施。由于旗兵的存在已徒有空名，而又不能骤裁旗饷，东三省也未对旗兵缺额进行挑

---

①　锡良：《创设八旗女工传习所请立案片》，《锡良遗稿：奏稿》，第 1044 页。

②　张虹：《清末奉天八旗女工传习所兴办始末及评价》，《满族研究》1996 年第 2 期。

③　锡良：《拨款修建八旗女工传习所》，《锡良遗稿：奏稿》，第 1132 页。

④　《八旗女工厂工竣》，《盛京时报》宣统二年六月二十四日，"东三省新闻·奉天"。

⑤　辽宁档案馆藏：《奉天省公署》第 23194 卷，转自张虹《清末奉天八旗女工传习所兴办始末及评价》，《满族研究》1996 年第 2 期。

⑥　锡良：《筹款招集旗户迁移长白府属拨地试垦折》，《锡良遗稿：奏稿》，第 1142 页。

⑦　《奏准拨给迁徙旗户款项》，《盛京时报》宣统二年六月初九日，"东三省新闻·奉天"。

补。锡良认为，若能利用这项旷缺兵饷来改练旗兵，必能化无用为有用，且能安置旗丁生计。宣统二年（1910）六月，锡良以兴京永陵、盛京福陵、昭陵等处需兵保护为由，饬令旗制处挑选旗丁，按照陆军新制，编练步兵一营，分驻这三个陵寝。① 这一提议很快就得到清廷的允准。

由上可知，锡良是非常认真地在筹办旗制变通的事宜，而且，他对于北京的变通旗制处未能按照立宪清单来有序推进颇为不满。为此，他在奏折中公然表达了这一情绪②，由此也可见其办理旗制的认真态度。正因如此，奉天成为当时旗制变通最有系统最著成效的地方。③ 显然，这一成绩的取得并非仅有东三省自然条件和世为农工的劳作习惯所能完成的，其中含有锡良等人筚路蓝缕的经营之功。案之事实，筹措八旗生计之议，早在新政初期即已开始，到了 1907 年讨论更为热烈。东三省则有赵尔巽、徐世昌等人先后任职总督，虽也不乏某些创设性的见解，但落实的不多，故成绩不彰。④ 或谓，此前清政府还未下令变通旗制，故各督抚多处观望。考之宣统年间筹办变通旗制之事，且不论变通旗制处之敷衍塞责，即如其他驻防将军等均对变通旗制有抵抗情绪，多未采取切实措施。而东三省取得了如此好的效果，以致奉天旗制司督司金梁入都时，有识之八旗士人对其变通旗制之主张有颇为热烈的回应。由此亦可知，锡良所经营的旗制变通已得到社会人士的认可，也正因其之带领示范下，东三省成为当时筹划八旗生计最好的地方。

第二节　清末立宪运动

关于锡良与清末立宪运动的关系，以目前的研究看来，学界多将研究的焦点放在锡良领衔了清末督抚立宪请愿这一事实上，而对锡良为什

---

① 《拨用旗兵旷缺额饷陆军分驻陵寝折》，《锡良遗稿：奏稿》，第 1179—1180 页。
② 锡良：《时局危急密陈管见折》（宣统二年三月十七日），《锡良遗稿：奏稿》，第 1126 页。
③ ［美］路康乐：《满与汉：清末民初的族群关系与政治权力（1861—1928）》，王琴、刘瑞堂译，中国人民大学出版社 2010 年版，第 170 页。
④ 参见（清）奉天旗务司编《奉天旗制变通案甲乙二类》，宣统年间铅印本。该书大体上记录了奉天旗制变通的讨论和实践的文件和奏折，较全面地反映了奉天旗制变通的整个过程。

么提出国会请愿的观点，从而形成政治运动，进而，他的思想经历了怎样的变化过程未有进一步的研究。案诸国会请愿发起的事实，锡良最初提出的是借债造路救国之说，而非立宪救国。对于锡良为何由借债造路救国转向立宪救国，虽也有学者涉及了这方面，但仍有不少值得商榷。此外，关于锡良为何参与此次请愿以及其在此过程中的思想认识及其活动，以往的研究则显得颇为薄弱，故本章拟就这些问题作一番研究。

一　借款造路论的提出

在清末督抚国会请愿中，锡良与瑞澂为此次联衔电奏的领衔人物。所以，在有关请愿速开国会运动的研究中，他们受到的关注亦最多。国会请愿运动结束后不久，《东方杂志》即刊登了署名为宣樊所写《筹备宪政问题》一文，对督抚参与请愿活动的前因后果作了论述：

> 此次缩改国会年限之动机，盖有远因、有近因焉。其远因则因近年中央集权，事事掣督抚之肘，督抚之不慊于中央之所为非一日矣。中央、地方意见既分离，而各省督抚中之翘楚者，则有东督锡、鄂督瑞二公。瑞与度尚有姻娅之亲，故对中央政府号敢言，锡则身受东省之祸变，大有不堪终日之势。而机会恰至，二督同时入觐，乃合谋国是，倡借债之议，通电于各省，以征意见。各省督抚既受度支部之牵掣，日苦无方，骤闻此论，而又重以锡、瑞二公号称最开明、最有力者之所倡，则虽有或虑其议之不行，然动机自此发矣。于是因谋借债而防流弊，因防流弊而思及国会、内阁之不可缓，及其结果乃舍借债之问题而有联合电请速开国会之举。请愿代表从而援之于下，资政院同时具奏，而此事乃告成熟。此其近因也。①

这段记述虽在一定程度上反映锡良与瑞澂的动机，并亦有助于后人了解督抚联衔奏请内阁和国会的来龙去脉，但其中仍有颇多史实值

①　宣樊：《宪政筹备问题》，《东方杂志》第 7 年第 11 期，论说，第 278—279 页。

得商榷。前文提到，锡良、瑞澂二人是因"入觐"的机缘，乃得以"合谋国是"，倡言借款，但未能说明双方为何要接触，为何是从借款入手，而不直接从国会问题出发。依据上文所示，锡良发起该议的原因是东三省"祸变"，瑞澂则似乎只有对清廷的中央集权政策怀有强烈的抵触情绪，且因其与度支部尚书载泽的亲戚关系，所以，二人就敢于联合电奏，这样的解释对暗潮汹涌、充满诡谲的官场就过于理想、简单化。可知，这一问题值得重新进行检视。

从前文所知，锡良、瑞澂均为奉命到京"入觐"，但二人的接触确有较多"巧合"。据报刊报道，东三省总督锡良与湖广总督瑞澂均先后进京，一人于 8 月 27 日午前到京，一人于 8 月 27 日午后到京，颇为凑巧。① 这一点也得到了锡良的政治顾问郑孝胥的印证。郑孝胥在其日记中就对此事做了记述：

> （宣统二年七月）廿三日，九点登车，晚七点到京入贤良寺。闻瑞莘如已到，亦居寺之西院。
>
> 廿四日……瑞莘如移归其宅，清帅移入西院。②

可知，瑞澂率先到京，入住贤良寺，随即锡良也到了该处所。但郑孝胥的记载也指出，锡良是在瑞澂搬出西院之后方才入住的，这似乎暗示锡良有可能并未直接入住贤良寺，如此，双方就不能在此时有所接触。然而，消息灵通的《大公报》曾颇为笃定地指出，锡良自入京后即居住在贤良寺内。③ 而郑孝胥的日记并未指出锡良在 8 月 27 日的行踪，因此，我们有理由相信二人是同住在贤良寺的。虽未知二人在此之前的交往情况，但同一屋檐下的两位总督显然免不了有一番官场礼节往来，这至少使二人有了初步的接触。此后，锡良与瑞澂又因商议要政，在庆亲王奕劻的府邸里碰面。④ 只是限于材料，笔者未能发现锡良直接

---

① 《政海风云记》，《盛京时报》宣统二年七月二十七日，"中外要闻"。
② 《郑孝胥日记》（第 3 册），第 1272 页。
③ 《锡清弼国尔忘家》，《大公报》1910 年 9 月 5 日，"要闻"。
④ 《枢臣会于庆邸密议要政》，《大公报》1910 年 9 月 13 日，"要闻"；《庆亲王府特开大会议》，《大公报》1910 年 9 月 4 日，"要闻"。

与瑞澂有更进一步接触的迹象。值得注意的是，在京期间，锡良的政治顾问郑孝胥与瑞澂的幕友诸贞壮①有较多的交往。郑孝胥在其日记中留下了不少记录：

（宣统二年七月）廿四日……诸贞壮来，谈久之乃去，还余吴仓硕所画《海藏楼图》，以《借债造路策》使携示瑞莘如。②

廿六日……诸贞壮来，言"借债造路，锡、瑞约会奏"。

廿八日……诸贞壮来，示诗一首，以裁厘加税案使余审定。

廿九日，诸贞壮来。……③

（宣统二年八月）初四日，诸贞壮来。……

初五日……诸贞壮来，示会奏借债造路折稿，杨哲子来。④

案之前文可知，郑孝胥于到京之次日即透过诸贞壮向瑞澂展示了其《借债造路策》，又过了两日（即8月30日），锡良与瑞澂就达成了会奏借债造路的意向。由此可知，郑孝胥的行为乃是在锡良授意之下进行的。从诸贞壮向郑孝胥告知双方达成会奏的行为来看，锡良与瑞澂显然在此期间曾就借款造路计划进行过深入的交谈。

至于二人为何能如此迅速达成联合奏请的意向，其中的原因颇为复杂。对于锡良而言，他此次进京的一个目的就是为了实现锦瑷铁路借债计划。为了增加其计划实现的可能性，锡良需要寻求尽可能多的支持。而瑞澂与度支部尚书载泽是亲戚，当时锡良在很多财政问题上是与载泽存在着分歧和矛盾的⑤，因此，若能交好瑞澂，势必会增加其计划实现的可能性。郑孝胥也向锡良建议"宜结好于泽、瑞，引为同志，如三联

---

① 诸贞壮，名宗元，别号大至居士，浙江绍兴人。为南社诗人，其在瑞澂幕府中颇多年数。（参见郑逸梅编著《南社丛谈：历史与人物》，中华书局2006年版，第276页。）

② 《郑孝胥日记》（第3册），第1272页。

③ 同上书，第1274页。

④ 同上书，第1275页。

⑤ 据报道，锡良与载泽在盐务、币制解款借款等方面长期存在着矛盾冲突。此次锡良在京时又与载泽在纸币等问题当面发生冲突，不欢而散。为此，载沣还出面调解。（《谕饬锡督泽尚之述闻》，《大公报》1910年9月7日，"要闻"。）

盟可成，必甚有力量"①。所以，锡良显然展开过积极的活动，意图拉拢瑞澂。甚至在讨论借债造路过程中，锡良还请瑞澂直接对"各省有应复者联名迳复"。② 这既表明锡良与瑞澂已有较强的政治互信，也表示在诸多问题上有着相似的观点，显然，这成为锡良、瑞澂达成联奏的重要因素。此后，无论是借债造路计划，还是速立国会问题，锡良与瑞澂均能达成一致，保持联合的态势，亦可证明双方拥有较多的一致性。而此时，瑞澂之所以选择与锡良合作，一个重要的原因是他也有借款造路的需要。早在张之洞任湖广总督时就有借债修造粤汉铁路的举措③，此时，瑞澂提出建设湘鄂铁路的想法④，对于本已困窘的两湖财政难以支撑起这些铁路的修筑，借债造路就成为其合理的选择。因此，当锡良提出借债造路之议，瑞澂与之一拍即合，迅速商议相关事宜。

正是在这一思路主导下，锡良与瑞澂在召见时联合向摄政王载沣提出了借债造路之请，于是载沣要求二人拟定折件详细奏陈。⑤ 此后，锡良、瑞澂二人的折件递上之后，载沣甚为赞成，但因事关全局，所以他又将该折件分交各部院议复。隔日，载沣在召集军机大臣时提及此事，又以"实行稍一不慎则遗误匪浅"，饬令将该折件抄示各省督抚议覆。⑥ 这自然符合载沣暗弱、犹豫、摇摆不定的处事方式。

在该折件中，锡良等人分析了当时立宪救国之说并提出了异议，认为"欲以政治兵力争胜于各国，一时万难幸胜，故上下内外今日种种设施，俱非解决根本之论，尤属缓不济急"。于是，他们提出"为今之计，惟有实行借债造路，可为我国第一救亡政策"，"借债乃十年以内救亡之要著，造路乃十年以外救亡之要著"的观点。在他们看来，该政策两大优点：一则"吸收外债，以厚国力，以苏民困，则财政可一"，筹备立宪"可以进行而无阻"；一则可以"御中控外，势增百倍，斯时采用各国行政之法，决无扞格难行之虑"，如此亦可以

---

① 《郑孝胥日记》（第 3 册），宣统二年七月廿八日，第 1273—1274 页。
② 同上书，宣统二年八月十二日，第 1276—1277 页。
③ 李细珠：《张之洞与清末新政研究》，上海书店出版社 2003 年版，第 213 页。
④ 《瑞督借款修路之办法》，《盛京时报》宣统二年九月十七日，"中外要闻"。
⑤ 《锡瑞两督联衔会奏之原因》，《盛京时报》宣统二年八月十七日，"东三省新闻·奉天"。
⑥ 《锡瑞二督封奏寄交各督抚议覆》，《大公报》1910 年 9 月 21 日，"要闻"。

纠正清末各省新政"名谓百事具举，实则一事无成，耗时失时"之弊。于是，他们对造路和借债两方面进行了规划和分析。关于铁路，其言曰：

> 拟请朝廷速定大计，指明我国亟应兴筑之粤汉、川藏、张恰、伊黑四段干路，准以本铁路抵押，募借外债，以十万万为度，即由度支部、邮传部主持；一面议定包工，限期十年完竣其附属于铁路事业经营者，则责成路线所经各省将军、督、抚、都统，妥为规画，次第兴办。即商民所立之实业公司亦准其以实有之资产抵借外债，以为补助。惟当由部臣定一商借商还之法令，不使与国际相涉。此令一下，世界当为震动，我国债票必将日涨，各国债票必将日跌。

在他们看来，此计划若能施行，"不特十年之后，可收铁路之益；即十年之内推行币制之时，可免于危险；不特国内宪政进行更速，即各国图我之谋，亦必苦财力不给，因而大挫"。所以，他们认为此乃釜底抽薪之法，若能先发制人，"可以不战而屈人"。为此，他们提出了"财政四时期"说：

> 言者更征诸古今中外之历史，国家之盛衰，实视财政为消长。盖政治、兵力之竞争，万万不如财政竞争之有效，约而数之，可分为四时代：一曰本国财政完全之时代；二曰借债维持之时代；三曰债主代为维持之时代；四曰债主监督财政之时代。今日我国所处之阶段，即由借债维持时代渐入于债主代为维持之时代；情见势绌，实逼处此。惟有利用借债政策，乃可复还其财政完全之时代；如不善于借或不敢于借，或借债以供扩张军备及一切不能生利，徒为耗失之事，皆足蹈于债主代为维持及债主监督之二时代也；至财政受人监督，则国事不忍言矣。[①]

[①] 锡良：《密陈筹借外债以裕财政而弱敌势折》，《锡良遗稿：奏稿》，第 1204—1206 页。

他们在此处提出的四个"财政时期说"是想让清廷能体察自身情况，以意识到借款的紧迫性。就整个折件而言，锡良等人提出借债造路可以统一财政和统一行政的说法，这两点正是当时清廷试图推行的中央集权政策所希望取得的成效。在他们的借债造路计划里，度支部、邮传部是这一计划的主持部门。同时，这两部门提出颁布了"商借商还"的法令，应当是针对借款所造成的利权损失、交涉困难的情况而言，这也是清廷不允地方督抚借款的重要原因。由此可见，他们希望以清廷关注的中央集权作为切入点，试图说服清廷借债造路计划可以化解中央与地方的矛盾。这是否为他们真实的想法，还是他们仅为了迎合清中央集权政策不得已而为之的一时权宜之计，我们不得而知。若是真实想法，则以锡良、瑞澂二人为满蒙旗人督抚，其中意味颇值探察。相较而言，此处权宜之计的意味更为浓烈。当然，无论何种想法，锡良与瑞澂提出借债造路计划本身就代表了他们试图挽救清王朝危亡的努力。而从该计划的提出的借债可以"裕财政而弱敌势"，仅是借债的正面作用而言，并未谈及借债的危害性。并且，锡良等人的借债造路计划，颇为简单。或许有人会说，这应是限于奏折格式。但按照清代的奏折制度，它可以以附片或附单的形式上奏，所以这并不能成为其计划简陋的理由。因此，锡良等人的借款计划过于简单、理想且失之系统，看起来更像条陈而非庞大的借债计划，这也是后来督抚们反对该计划的重要原因。造成这一状况的重要原因当是锡良、瑞澂等人在入京之前并未想到有此一庞大计划，待到双方在北京一拍即合后，临时起意仓促书写而成。值得注意的是在该折件中，锡良并未提及其孜孜以求的锦瑷铁路。

之所以出现上述变化，按照马陵合的解释，在折件中，粤汉铁路的情况与锦瑷铁路基本相同，也是草约已定，等待政府的批准。马陵合接着指出，此时将粤汉铁路加入其中，"一是四大干路中南方仅此一条，而在东北张怡基本是与锦瑷平行的，这四条路的选择体现了一种全国性的国防构想。二是加入粤汉路则出于要解决湘鄂两省的拒款风潮，这是瑞澂所期望的。三是清政府基本上放弃了锦瑷铁路的借款计划，不将此路列入可能是为避免清政府的反感。"①

① 马陵合：《清末民初铁路外债观研究》，博士论文，复旦大学，2003 年。

对于该折件，载沣似为所动，又以关系重大，将该计划交至邮传、外务、农、度支四部议复。对于锡良、瑞澂的计划，徐世昌明确表示反对①，其理由则以此事乃某名士"故作大言，出一难题"②。而度支部尚书载泽则坚持了其推行财政的中央集权理念，且恐借此巨款致起外人监督财政之念，加以议驳③，并称，如该两省决计借用外债，将来即责令该两省自借自偿，事前本部既不愿与闻，事后本部亦不能负责。④ 这种看似有所保留的态度，实则表明他坚决反对。此后锡良等人虽然积极运动，极力争取，但终难获得清政府的赞同，因此他们将目光转向地方督抚，试图倚靠督抚群体的力量迫使清政府的认可，这成为清末借款造路救国论与速立阁会救国论讨论的张本。

二　借债造路救国论与速立阁会救国之争

（一）关于借款造路救国问题

借债造路救国论在锡良、瑞澂合奏后，即得以在社会上传播，引发各界士绅与督抚的讨论。载沣饬令将锡良等人将计划送达各督抚之谕。因此，李经羲的电文只是成了锡良向各督抚阐述其借债造路思想的引线。这一点《郑孝胥日记》颇能予以证明。郑孝胥记述道："宣统二年八月初六日……见李仲仙致各督抚微电"。随即，郑孝胥于次日"拟复李仲仙并致各督抚一电，仍请锡、瑞二公以借款修路之策为天下倡"。⑤ 可知，锡良的电稿确是在李经羲电稿的基础上回复的。

李经羲的电文乃是为答复赵炳麟的《确定行政经费折》以及湖北布政使王乃徵的《预备宪政酌分缓急折》而向各督抚发的通电。⑥ 赵炳麟、王乃徵各自在奏折中对预备立宪规模浩大、清廷又面临着严重的财政困难情况进行了批评，认为如此预备立宪势必有名无实且难以为继。

---

① 《借债政策难言》，《民呼、民吁、民立报选辑》，第386页。
② 《东鄂两督密陈救亡大计余闻》，《盛京时报》宣统二年八月十九日，"中外要闻"。
③ 《东督借款之心不死》，《民呼、民吁、民立报选辑》，第387页。
④ 《泽尚书未来之封奏》，《大公报》1910年9月21日，"要闻"。
⑤ 《郑孝胥日记》（第3册），宣统二年八月初六日、初七日，第1275页。
⑥ 参见李振武《李经羲与国会请愿运动》，《学术研究》2003年第3期；李振武《督抚与请愿速开国会运动》，中国史学会编《辛亥革命与二十世纪的中国》上册，中央文献出版社2002年版，第70—79页。

因此，他们强烈要求划定筹备宪政的范围，"就财力之缓急，以为筹备之先后，而政府全力注重财政，一切形式之法令，繁碎之科条，凡事无实效而款无确源者，暂罢勿举。然后取筹备案中所列事项，分别估计其费额，必须款有着落，乃能责以实行"，并认为若不理财政，"百政俱废，乱且立至"。① 处于财政窘困境地的清政府随即将二人的折件交付各督抚加以讨论②。

针对赵炳麟等人"折衷补救"的言论，李经羲亦深表赞同。他认为出现"旧政轮廓难存，新政支离日甚"的根本原因在于"无人"、"无主脑"。如不改变此种状况，"本藉宪政以固人心，转因宪政以速国祸"。然而，当时"洞见维新症结者"虽"每深忧叹"，但是"枢府关心而难轻议，庶人蹙额而不先发"。因此，他希望各督抚能借着这一讨论财政与预备立宪关系之机，"皆能言异旨合，直陈无隐，并于维新根本各贡条陈"。③ 总的说来，李经羲颇为认同赵炳麟等人所指出的预备立宪有名无实且将有"财尽民散"的论述，但他并不认同赵炳麟等从枝节上修补预备立宪的建议，而是进一步深入找出了预备立宪难以为继的内在原因。在论述中，李经羲认定"无人"、"无主脑"的状况已然使清王朝的统治面临着巨大的危机，因此，希望能从根本上变革加以挽救危局。当然，李经羲对清政府所推行的"细碎调停"的政策表示出了强烈的不满，因此，他希望各督抚能利用这一次机会掌握宪政改革的主动权，达成联合入奏，使"朝廷不易反汗之名，隐收变通之益，幡然一决"。④ 可知，李经羲的言辞背后有着与清中央争夺预备立宪主动权的目的所在，这使当时困于清政府推行中央集权之苦的督抚们看到了主动出击的机会，因此，它受到各督抚的积极响应。颇值得注意的是此时李经羲仅提出了其问题，并未直接提出其内阁和国会的政治主张，而是希望各督抚能"各贡条陈"。

---

① 《湖北布政使王乃徵奏请变通宪政办法折》，《东方杂志》第 7 年第 7 号，"文件第一·奏牍"，第 88—92 页。

② 《严催各省确定行政经费》，《盛京时报》宣统二年五月二十六日，"中外要闻"。

③ 《滇督通电各省筹商要政》，《国风报》第 1 年第 22 号，宣统二年八月十一日，第 109—111 页。

④ 同上。

1910 年 9 月 12 日，锡良将李经羲的"微电"给郑孝胥观看。① 此时，在郑孝胥的建议下锡良再次联合瑞澂将此前上奏的折件内容略加修改通电各省督抚。② 在这份通电中，锡良等人重申了化解中央集权与地方矛盾及清政府财政困难的观点后，谓：

> 拟请朝廷决计借外债数万万，将粤汉、川藏、张库、锦瑷诸干路及其他紧要支路，限十年造成，一面借款，一面包工，以免将借款移用他用，铁路所用工料，悉取于国内，外人所得，不过利息、工价而已。此款留布于民间十之七八，则十年之内可救民穷之困，十年之后，铁路陆续告成，行政之易，亦如破竹，民间风气自开，收效之速成，何止十倍？

最后，他提出"世变之亟"，难有三五十年让清政府整军振武、修明政治之时间，因此，他认为借债造路应该是宪政简单入手之办法。在锡良看来，借债造路的实施，"庶可与列强竞存于世"。③ 希望各督抚能"合词入告，力持此议"。相较前面的奏折，锡良似更为详细，但该电稿仍未能矫正奏折的简单化、理想化、缺乏系统性的罅漏，这对复杂而充满冲突的清末铁路修筑工作而言是致命的失误。

锡良的电文一出，与李经羲的电文一同引起了各督抚的热烈讨论。相较而言，锡良的电文传播的范围更广，因为他通电了内地的各省督抚，并向边远省份的将军、都统传达了此意。而李经羲仅通电各省督抚

---

① 《郑孝胥日记》（第 3 册），宣统二年八月初六日，第 1275 页。

② 同上书，宣统二年八月初七日，第 1275 页。

③ 《锡瑞二督主张借债筑路之大计划》，《国风报》第 1 年第 22 号，宣统二年八月十一日，第 107—108 页。需要说明的是，马陵合认为该电发布在锡良上奏折之前，即在 9 月 10 日，奏折上达的时间当在 9 月 12 日，现尚未知其依据所在。而笔者在阅看《郑孝胥日记》后，发现郑孝胥在 8 月 26 日至 9 月 9 日一直在忙碌着帮助锡良修改铁路说帖和筹划联络瑞澂联奏等问题，待到 9 月 9 日，《郑孝胥日记》有"今日锡、瑞二督合奏"之句。同日，锡良等人接到了李经羲致各省督抚的电文。次日，郑孝胥"仍请锡瑞二公以修款修路之策为天下倡"，拟电李经羲及各省督抚。其中"仍"字，可知锡良、瑞澂等人此前已然合奏。其时间当在佳电发表之先。此后，郑孝胥参与了其友人的社交活动。直至随锡良离开北京，郑氏的日记中未再提及借款造路相关信息。因此可以确信，佳电发表的时间当在奏折上达之后。（参见《郑孝胥日记》（第 3 册），1910 年 8 月 26 日至 9 月 13 日，第 1272—1276 页）。

和部分都统。所以,在此后的复电中,有些地方大员对两个提议进行了议复,而有些则仅仅针对锡良、瑞澂的借债造路之说进行了回复,这在某种程度上亦反映了锡良、瑞澂拥有更为丰富的政治资源。

对于锡良等人的主张,赞成者有之,依违其间者也有之,但极少有绝对否定锡良等人借款救国论者。他们更多的是对借款计划的可行性提出质疑。此后督抚们陆续对锡良的电稿进行了回复。

湖南巡抚杨文鼎于 9 月 15 日电致锡良:"崇论宏议,直截痛快,寻绎再三,敬佩之至。重要简单入手办法,此为最善,时局艰危,岌岌不可终日,除此实无他策可以挽救",表示愿附名联奏。①

两广总督袁树勋虽认为锡良、瑞澂的提议"用意甚美",但又强调"大难在无主脑"。他明确提出所谓主脑者,"曰责任内阁,曰国会",但担心国会成立,尚非旦夕之事,责任内阁的成立则"仅有负责之形式"。因此,在他看来,内阁与国会"两无所当"。② 在随后的电报中,他又指出借款筑路之法并不适用全国铁路,而救亡之策"似另系一问题"。尽管如此,他还是对锡良借款造路计划中提及款项流布民间之难,认为"铁路借款,往往工程师购料两层,操之外人掌握,且吾国铁厂所出,尚未敷全国筑路之用,洋工程师更藉词挑剔,为彼国森林及工厂销运之局。阅历年各路所用木料可覆指也"。③ 可知,他的救亡之策重在立定主脑,并率先提出了立定主脑在于国会、内阁,但他亦虑及国会、内阁存在的问题而不敢擅下断言。

当时对锡良的计划持有较多反对意见的为南北两洋总督。直隶总督陈夔龙从预防借债弊端的角度出发,对借债造路所造成的隐忧一一予以指出。他首先强调中国财政艰难,除以各路抵押外,"恐无如此巨数",而"路经抵押,则彼已隐持操纵之权",加以如此巨款,"断非一国所能担任",若由各国合筹,则国内将会划分为数界,显然难以达到锡良、瑞澂等人所强调的打破各省隔阂的目的,"为患何可胜言"。接着,他对锡良等人提出的款项流布民间的说法提出了质疑,认为中国铁轨制造

---

① 《湘抚来电》(宣统二年八月十二日),《锡良任东三省总督时外省来电》,档号为甲374—18。

② 《借款筑路大问题》,《东方杂志》第 7 年第 9 期。

③ 《袁海帅来电》(八月十二日),《锡良任东三省总督时外省来电》,档号为甲374—18。

水平低下，又缺乏有经验的工程师，这势必使造路工料皆取之外洋，如此，何谈"借款仅仰利息"。此外，他也虑及路修成后养路之费难以筹措的问题。最后，他还强调借债造路势必引起各省士绅强烈反对，因此，请锡良等人将其提议送交资政院讨论，"以释群疑而昭慎重"。① 两江总督张人骏与陈的观点基本一致，也从借债造路弊端出发对锡良等人借债计划提出了意见，但他更注重于外国侵略的一面。他认为对借用外债首先在借款之初即因折扣的因素对款项造成了损失，而外国人借出如此巨款，必然会要求中国采用其材料及工匠，这就使锡良等人强调的款项流布民间之说无从谈起。其次，他认为中国"关税厘卡，抵债略尽，所借既多，势将指抵丁粮"，若有外人参与税赋，财政权势必旁落，"大局何堪设想"。再次，他强调修路过程中士绅的因抗拒洋人，"购地程工，均将横生阻碍"，最后，他亦以士绅抗拒借款风潮为忧，且担心外人借口别生枝节，产生觊觎之心。因此，他向锡良等人表示"兹事体大，尚望茇筹"。② 可知，陈夔龙与张人骏对借债造路论存在着巨大的忧虑，虽未明言反对，但其反对之意昭然若揭。此后二人致电军机处，"力陈借款虽是要图，而如此办法流弊滋多，期期以为不可"。③ 值得注意的是，张人骏与陈夔龙均未在其回电中将借款造路问题与阁会问题相联系，这当与二人不认同或反对督抚联衔国会请愿有关。

9 月 16 日，江苏巡抚程德全对锡良的提议进行了回复。他因为在东北为官多年，对锡良的主张颇有同感。他认为借款筑路具有内政和外交的双重作用，对内而言，"普筑铁路以利政治之推行，固为重要简单入手办法"。对外而言，直接向美借款，"有百利而无一害，不特路款有益，且于国家大有关系"。他亦虑及养路和偿债问题，希望用募公债兴实业的方法作为后备。但程德全最后认为借款造路需要有责任内阁和国会作为监督，对锡良提出的铁路告成，则行政势如破竹的说法提出异议。他说："既无主脑，又无群力，内外棼乱，上下蒙饰，则虽铁路告成，而政治之不能推行也如故"。因此，他认为应先设立责任内阁和

①　《借款筑路大问题》，《东方杂志》第 7 年第 9 期。

②　同上。

③　《借款之主张与反对者》，《申报》1910 年 9 月 25 日，"紧要新闻一"。

国会。①

山东巡抚孙宝琦虽赞成借款筑路，但并不赞成锡良所提的庞大的造路计划，对以路作抵也提出疑问，指出这几条干路大多是处于边远地区，"客货必少，行车进款，断难匀还本利"，建议"借款筑路，似应先尽腹地"。同时，他认为，"宪政根原，要在三权分立，而尤在组织内阁，使国务大臣同负责任，所谓天君泰然，百体从令。国会亦宜早日召集，庶免局外訾论，溷乱是非，单简重要之方，以此为急。"② 可知，孙宝琦所主张的乃是速立内阁和国会。

安徽巡抚朱家宝于 9 月 18 日电致锡良表示，借款造路对于东北、西南两处而言可谓良策，因为"若借款以救危亡，造交通而资牵制，败某中劫着，且范围既狭，操纵尚可自由，偿还亦易为力"。但就锡良整个计划而言，朱担心锡良的计划"造端过大"，"实非仓猝间所敢臆断"。他对李经羲提出的"无主脑一语"颇有同感，认为"见证最真"，因此，"极表同情"。但他并未提出是否表态要支持哪种观点，只是希望"各省共定办法，联衔电复"。③

云贵总督李经羲虽亦认同借债造路为"不得已之办法"，但他认为"惟此等大计划，似非疆臣电函集议而成，必先政本更新，始有主持机关，财政整理，始免债主干涉，朝野合谋监察，始能于借时免舆论反对，用时免当事虚糜，欲实此三主义，非设内阁国会不能办到"。他也颇为认同其他督抚所议"路款之浪掷，工程之窳惰"、"国民怨谤猜疑，驯至激成反动，外人乘势侵略，实行监督财政，恐路未成而国会愈不堪问"，因此，强调"借款办路为救亡要策，然行之于未有内阁国会以前，转虑足以速祸"。他认为出现这一状况的原因"在无主脑"，而其所谓主脑即是内阁和国会。同时，他对各督抚虑及内阁仅具形式、议员毫无经验等问题进行了答复。他认为，内阁国会的设立，可以避免清廷当前"政出多门，彼此矛盾之事"，"兼有国会监察，庸者既难滥竽，滑者尤难敷衍，欲不负责任，势有不能"。至于议员无经验的问题，他

---

① 《程雪帅来电》（八月十三日），《锡良任东三省总督时外省来电》，档号为甲 374—18。
② 《各省督抚筹商要政电》，"鲁抚孙电"，《国风报》第 1 年 26 号，宣统二年九月廿一日，"文牍"，第 75—76 页。
③ 《朱经帅来电》（八月十五日），《锡良任东三省总督时外省来电》，档号为甲 374—18。

认为"国家政策须以理想立进取标准，以实验定施行方法"，"阁臣富于经验，议员富于理想，两相调剂，进步始稳健和平"，且可禁遏士绅的"局外雌黄"，如此，"内阁国会相维，犹之定医乃可议方，对镜方能辨影"。所以，他提出"救现在先着，尤非有内阁国会不可"，请锡良等主稿，联衔入告。① 可见，李经羲的电文解释颇为合情理，极具说服力。此外，他还从督抚们"身当其危"的处境出发，要求各督抚讨论"危亡大计"，这无形中会增加了各督抚对其提议的支持。可此电一出，多数督抚纷纷转向了国会请愿问题的讨论。

尽管如此，锡良在仍在此后收到了不少商议借债造路的电稿。四川总督赵尔巽于九月初一日致电锡良，表示认同锡良、瑞澂对宪政前途及财力困难的说法，表示在锡良、瑞澂与各督抚商议之后，"倘诸公商决入告，窃愿从之"。② 新疆巡抚联魁对这一计划极为赞成，认为其为"综振靡遗，切当不易"之论，"应请坚持此议，挈衔合词入告"。③ 察哈尔都统诚勋认为"时际阽危，欲图补救于目前，舍此亦遽无善策，即请尊处挈衔入告为幸"。④

浙江巡抚增韫则对锡良、瑞澂借款的目的进行了限定，认为应用于生产用途，"以办铁路为主，银行为辅，并可推广事业"，"万不可用之于消耗之地"，否则"救亡适以促亡"。他还虑及借款过巨，会引起金融风波，因此，他提议用资政院、国会等加强对这一款项的监督。⑤ 显然，他对借款造路计划并不赞同，而更希望采用速立国会之策。

广州将军增祺并不认同锡良的计划。他认为，"中国财政万分支绌，久为外人所真知，苟无大欲所存，恐不能轻报巨资，为我借款，势必债主操权"，因此难有公平之合同条件，如此则"所谓流布民间十七八者亦难如愿以偿"。而且，在当时的环境中，民众对借款造路颇为反感，易于引发风潮。同时，他亦虑及锡良等人提出建设伊黑、张恰川藏等

---

① 《各省督抚筹商要政电》，"滇督李电"，《国风报》第1年第26号，宣统二年九月廿一日，"文牍"，第73—75页。
② 《成都来电》（九月初一日），《锡良任东三省总督时外省来电》，档号为甲374—18。
③ 《联星帅来电》（九月初一日），《锡良任东三省总督时外省来电》，档号为甲374—18。
④ 《诚果帅来电》（九月初二日），《锡良任东三省总督时外省来电》，档号为甲374—18。
⑤ 《增固帅来电》（九月初一日），《锡良任东三省总督时外省来电》，档号为甲374—18。

路，多为路长费重，地广人稀，路利所入难敷养路之费，更何谈偿还借款。①

荆州将军魁鹤虽虑及路债引发风潮问题，但认为"果能行无阻碍，不妨合词请行"。② 溥良认为，国会"若得请，则修路之策，宜可续陈"。③ 可知，他并不赞同锡良借债筑路救国之策。台将军认为锡良的计划"洵为善举"，表示"但使有裨国民，端赖婉词主稿，望即联入敝衔，合词入告"。④ 伊犁将军对锡良的借债造路计划亦深表赞成，只是他认为，"十年内难得多数人材，内地工料亦不敷用。外债如能迳向各国商民借贷，不由政府干预，并兼募国债，庶免争路权、拒路款冲突"。⑤

从所存锡良档案来看，至此，督抚间关于借款造路的讨论基本上结束了。锡良、瑞澂的借债造路计划因其自身存在的文本罅漏，且难以代表各督抚的利益而遭到督抚的摒弃。然而，这一计划却受到了较多督抚、将军和都统的追捧。这一方面是由于这些将军、督抚、都统多地处边远地区，存在着修筑铁路交通、加强与内地联系的需求；另一方面因为李经羲的电文并未发至这些督抚、将军和都统的手中，因此，他们极有可能困于边地信息闭塞，要求加强与内地联系的需要而赞同锡良等人的提议。当然，从复电情况也可以看出，这些边地大员多为旗人，这其中是否有因旧谊等因素而选择支持锡良等人的计划，未得而知，但不能排除这种可能性。

无论是阁会还是借款筑路，如此多的督抚参与其中的讨论，也反映出各督抚已感受到清王朝统治的危机，希望通过实行新的变革加以挽救。而其中的意味也颇值得探究。原本主持国家大政的权力掌握在清中央的手中，而此时诸多督抚对国家的大政方针进行集体性的探讨，其本

---

① 《广州将军来电》（九月初一日），《锡良任东三省总督时外省来电》，档号为甲374—18。

② 《荆州将军来电》（九月初三日），《锡良任东三省总督时外省来电》，档号为甲374—18。

③ 《溥书帅来电》（九月初七日），《锡良任东三省总督时外省来电》，档号为甲374—18。

④ 《台将军来电》（九月初七日），《锡良任东三省总督时外省来电》，档号为甲374—18。

⑤ 《伊犁将军来电》（九月初九日），《锡良任东三省总督时外省来电》，档号为甲374—18。

身一方面反映了督抚们对于清中央政策的不满，另一方面也说明了督抚们权力的增大。这使他们试图通过自身的努力迫使清中央推行符合他们利益的改革举措。

而锡良与李经羲所各自的答复均是基于如何更好地利用有限的财政办理宪政，从而纠正各省办理新政存在的弊端。相较于李经羲，锡良则试图利用借债造路计划来联络各省督抚的支持，从而迫使清廷同意其借用外债以修筑锦瑗铁路和开发东三省实业等事项，达到挽救东三省危局的效果。可知，锡良的借债造路计划更具功利性、局部性的特点，所以难以代表督抚群体及整个清王朝的利益，这也是其计划遭到督抚反对的深层次的原因。而李经羲的电文则从"维新根本"的角度出发，与各督抚商议"补救大局"、"固结人心"之事，其立意显然更胜一筹，代表了督抚的整体利益，这也是后来为何大多数督抚选择李经羲国会请愿的根本原因所在。

此时，随着疆臣就借债造路讨论的深入，锡良与瑞澂等人亦意识到该计划存在着巨大的缺陷。瑞澂最先放弃了借债造路救国的主张，他于八月廿四日发电给锡良称："各处复电想已鉴及，诸公既多数主张请设责任内阁、开国会，洵属探本之论。"①锡良随即回电瑞澂，对其所言深为赞同，曰："各处复电自以仲帅效电为最透彻，请设责任内阁并开国会，尊意既请仲帅主稿"，"稿成后，电商各省赞成者，均列名，诚为妥善之办法"。②而锡良从其回复电文中探知尚有不少督抚未能收到"效电"，因此，他表示"前电未发各省督抚，即由敝处会衔补发"。与此同时，他也致电李经羲表示"效电深切著盼，佩甚"，"惟各省将军都统督抚似宜遍告，以征同意"。③可见，锡良转向国会请愿之后，督抚国会请愿的影响范围亦随之扩大。此后，各省督抚开始集中讨论速立阁会事宜。

虽然督抚们均转向了速立阁会之讨论，但借款造路的讨论显然对于晚清政局的影响产生了巨大的影响。此后，清廷向英、美、德、法

---

① 《瑞莘帅来电》（八月廿四日），《锡良任东三省总督时外省来电》，档号为甲374—18。
② 《复瑞莘帅》（八月廿四日），《锡良任东三省总督时外省来电》，档号为甲374—18。
③ 《致李仲帅电》（八月廿四日），《锡良任东三省总督时外省来电》，档号为甲374—18。

四国提出的借款计划，就是在督抚们讨论了借款筑路计划后提出的。而这一借款计划引发了全国性的保路运动，成为清王朝最终覆亡的导火线。虽然尚未有资料显示这二者之间存在着直接的联系，但督抚借款造路的计划显然对其产生了重大影响。如据报刊报道，四国借款中的三分之一款项即是用于筹办东三省的实业。① 前文已述及，锡良提出借债造路的目的就是希望引入欧美势力以抵制日俄的侵略，同时，他亦希望因此而开发东三省的森林矿产，发展东三省实业，并以移民实边的方式来开发边疆，起到挽救东三省危局的效果。只是，此时清廷因中央集权的考虑，将借款的主动权掌握在手。由此可知，借债造路论的影响力。

（二）关于速立阁会的讨论

此时，已达成要向清廷请求速立阁会的督抚们开始就如何撰写阁会电稿往返电商，而其主稿者则群推由李经羲方面撰拟。关于这一时期督抚间的阁会讨论，事实已基本清楚，此处兹不赘述。②

从目前的资料来看，锡良并未参与此后的宪政讨论。其原因或由于锡良的政治顾问郑孝胥忙于筹备葫芦岛开埠问题所致，因为郑孝胥是锡良宪政电稿的主要撰拟者。③ 在国会讨论的相当长时间里，郑孝胥前赴

---

① 《外人实行监督我财政矣》，《大公报》1911 年 5 月 10 日，"要闻"。

② 关于督抚的辩论，可参见张玉法《清季的立宪团体》，台北：《"中央研究院"近代史研究所专刊》（28），"中央研究院"近代史研究所 1971 年版，第 438—440 页；侯宜杰《二纪初中国政治改革风潮——清末立宪运动史》，人民出版社 1993 年版，第 312—325 页；韦庆远、高放、刘文源《清末宪政史》，中国人民大学出版社 1993 年版，第 330—334 页；李振武《督抚与请愿速开国会运动》，中国史学会编《辛亥革命与二十世纪的中国》上册，中央文献出版社 2002 年版，第 70—79 页。

③ 从中国社会科学院近代史所藏的《锡良档案》中看，当督抚们讨论铁路借款和速立阁会问题时，锡良在得到此类电稿后都会在电文后面标示"随送郑"。（参见《锡良任东三省总督时外省来电》（宣统二年八月—三年三月），所藏档号为甲 374—18）如宣统二年八月十二日"湘抚来电"下面即标着"随送郑"，宣统二年八月十三日程雪帅来电，下面亦标注"随送郑"，等等。郑其实就是郑孝胥。这也可以从郑孝胥的日记中得到印证。《郑孝胥日记》中记载："宣统二年八月十二日……陈小石、袁海观、丁衡甫、杨彝卿皆电论借债修路事。陈、丁虑难办，请交资政院议决；袁谓苦无主脑；杨赞成会奏。清帅来谈。袁又来真电，申论主脑即责任内阁及国会之意。""十三日……程雪楼、孙慕韩来电论借债造路，意皆以责任内阁、国会为先着"、"廿三日，各省督抚来电，多数主合词请立责任内阁并开国会，欲令李仲仙主稿"、"廿四日……为清帅复电赞成，且请其补发各省将军、督抚以征同意"，等等 [《郑孝胥日记》（第 3 册），第 1276、1277、1278、1279 页]。

青岛、大连湾、秦皇岛等地考察海堤情形。① 但是，锡良仍对国会寄予了极大的关注和投入。

到了 10 月中旬，督抚们就国会问题基本上达成了一致。就在这时，清政府有意阻止这一活动。当李经羲第一次电奏稿件完成，拟将入告之时，某邸②即向各督抚施加压力。在督抚联衔电奏的国会请愿运动中颇为积极的李经羲，督抚们原本公推李来领衔，但因某邸密电阻止，方才表示不愿领衔电奏。③ 承受着如此巨大的压力，督抚联衔电奏之事一度有从缓之信。④ 显然，清中央有意阻止督抚这一挑战其权威的举动。

对此，锡良主动联系瑞澂，表示"设立阁会，系迫于今日时势，不得不然"，"惟各省政是不一，多议论而少成功，似未便强为联合"，但有意请瑞澂方面主稿，联合奏请速立阁会，表示"是非利害，当以我两人任之"。⑤ 可知，锡良颇为焦急，希望能完成此次督抚联合奏请的活动。从事态发展看来，瑞澂部分地赞成锡良的说法。于是，瑞澂致电各督抚，表示其愿意领衔入奏。⑥ 在 10 月 22 日，瑞澂得到国会请愿代表的请愿书已递上的消息后颇为焦急，认为"我辈会奏势不可缓"，建议将奏稿改为电奏，请锡良能领衔，如此"则九鼎一言，更易动聪"。⑦ 锡良随即应允担任领衔之责。因为同一日锡良也收到了李经羲所主稿的

---

① 《郑孝胥日记》（第 3 册），宣统二年八月廿四日、九月初六日至廿六日，第 1279、1281—1284 页。

② 据当时的舆论看来，笔者以为某邸当指庆亲王奕劻，因其对国会请愿运动颇为反对，且又是权倾一时的权贵，因此颇为舆论所诉病。如《大公报》曾报道某邸颇为憎恨朱家宝、孙宝琦等人参与会衔之事，而朱、孙二人皆与奕劻关系颇为密切。（参见《某邸对于各督抚之恶感》，《大公报》1910 年 11 月 3 日，"要闻"）又如当庆亲王奕劻以退为进地向载沣表示要求开缺之时，直隶总督陈夔龙、两江总督张人骏、闽浙总督松寿、陕甘总督升允、山东巡抚孙宝琦、安徽巡抚朱家宝、河南巡抚宝棻即电请清廷挽留庆邸，为其制造声势。（参见《各督抚对于庆邸之感情》，《盛京时报》宣统二年十二月十五日，"紧要新闻"）

③ 《滇督忽不愿领衔》，《盛京时报》宣统二年九月十六日，"中外要闻"。

④ 《督抚奏开国会之从缓》，《大公报》1910 年 10 月 22 日，"要闻"。

⑤ 《致瑞莘帅电》（宣统二年九月十六日），《锡良任东三省总督时外省来电》，档号为甲 374—18。

⑥ 《瑞督为国会事领衔》，《盛京时报》宣统二年九月十八日，"中外要闻"。

⑦ 《瑞莘帅来电》（宣统二年九月廿日），《锡良任东三省总督时外省来电》，档号为甲 374—18。

电稿。该稿件详细阐述了阁会召开的利弊，认为"阁会权责机关，不容假借。舍此则主脑不立，宪政别无着手之方；缺一则辅车无依，阁会均有逾辙之害。程度不足，官与民共之，不相磨砺虽百年亦所不进。法律难定，情与俗碍之，互为参考，历数载可望实行"，而此时日本吞并韩国，"列强均势政策，皆将一变方针，猛厉并进，时局危险已远过德宗在位之日"，因此阁会克期成立"缓无可缓，待不可待"，"上下犹恐后时，奈何以区区数年期限争持不决乎"，要求清廷"亲简大臣，立即组织内阁，特颁明诏，定于一二年内开设国会"。而李经羲亦虑及国会请愿代表已递上请愿书，"倘不蒙允转圜，更难联请"，要求采用电奏的方式陈奏。但此时尚有陈夔龙、增韫、松寿、信勤、恩寿五人未回复，李经羲一时未能决定是否列其名字。① 而以往的研究多认为，各督抚是因为听到了国会于宣统五年成立的风声方才焦急万分的，此说显然不确。②

对于李经羲的电稿，锡良颇为满意，认为"大稿赅博精详，语语破的，至佩，祈即附名电奏"。与此同时，锡良以曾收到赵尔巽愿列名联衔的回复，因此，请李经羲在联衔名单中添入赵尔巽。③ 但李经羲则因在公事上与赵有芥蒂，认为"径添衔名，恐怒"，因此他拟将该电迟发一日，以待锡良、瑞澂电商赵尔巽后再行电奏。④

10 月 25 日，陈夔龙不允联奏，率先向清政府单独上奏，请求待到宣统五年资政院议员期满时与宪政相关的各项机关已具规模的情况下再设内阁和国会。⑤ 相较锡良等人的奏稿，陈夔龙反对速立阁会的主张。因此，当陈夔龙的致电军机处的消息传来时，锡良更为焦急，担忧清廷会率先采用陈夔龙的主张。锡良认为，"非速开国会，仍无以促进步"，

---

①　《李仲帅来电》（宣统二年九月廿日），《锡良任东三省总督时外省来电》，档号为甲374—18。

②　参见李细珠《立宪派、地方督抚与清廷之间的互动关系——围绕国会请愿与责任内阁制问题的探讨》，中国社会科学院近代史研究所政治史研究室、苏州大学社会学院编《晚清国家与社会》，社会科学文献出版社 2007 年版，第 310 页。

③　《复李仲帅电》（宣统二年九月廿日），《锡良任东三省总督时外省来电》，档号为甲374—18。

④　《李仲帅来电》（宣统二年九月廿二日），《锡良任东三省总督时外省来电》，档号为甲374—18。

⑤　《陈筱帅来电》（宣统二年九月廿三日），《锡良任东三省总督时外省来电》，档号为甲374—18。

电奏不能再迟，随即致电李经羲和瑞澂，请他们于 10 月 26 日出奏。① 未久，赵尔巽即来电表示愿列名会奏②。此后，会奏名单又有了一些变化，闽浙总督松寿也表示愿意列衔，而河南巡抚宝棻迫于压力则"已允而复悔"。③ 所以，以往的研究说，宝棻、张鸣岐、广福的名字删除和赵尔巽、松寿名字的添加是在第二次联奏时方才完成的，这一说法也不确切。④ 而在此期间，李经羲又依照其他督抚的意见对原稿进行了润色，使"义更周"，但基本内容并未大变。⑤ 到了 26 日晚，李经羲方才将以锡良为领衔人的电稿发至清廷，要求速即在一二年内设立内阁和国会。

督抚联衔电奏的出现使原本毫无希望的第三次国会请愿运动有了转机，⑥ 但这也引起了庆亲王奕劻等人的强烈不满。有报道更称，当督抚因公事与资政院发生冲突时，某邸竟称："谁教他们也随同请愿国会，未到国会成立，资政院就与他们为难，将来国会果开，尚不知如何指摘我们，大可不管，坐看若何结局。"⑦ 反映出清中央对于锡良等人敢于挑战其权威的强烈不满。

这时，陈昭常针对陈夔龙的电稿提出了不同的意见，认为"若事事求备，则三年犹恐多疏"，"若立意促行，则咄嗟亦可立办"，因此，他提议再次联奏，称"不必缓期之请"。⑧ 此议一出，得到了部分督抚的回应。深感"事机迫切，不可延误"的李经羲在未阅读电文的情况下表示"诸帅既极抚许，羲无不赞成"，"拟请清帅酌夺定稿，联衔速

<hr />

① 《致滇鄂两帅电》（宣统二年九月廿三日），《锡良任东三省总督时外省来电》，档号为甲 374—18。

② 《赵尔巽来电》（宣统二年九月廿三日），《锡良任东三省总督时外省来电》，档号为甲 374—18；《瑞莘帅来电》（宣统二年九月廿三日），《锡良任东三省总督时外省来电》，档号为甲 374—18。

③ 《李仲帅来电》（宣统二年九月廿五），《锡良任东三省总督时外省来电》，档号为甲 374—18。

④ 侯宜杰：《20 世纪初中国政治改革风潮——清末立宪运动史》，人民出版社 1993 年版，第 315 页。

⑤ 《李仲帅来电》（宣统二年九月廿六日），《锡良任东三省总督时外省来电》，档号为甲 374—18。

⑥ 《国会大有转机之望》，《盛京时报》宣统二年九月十九日，"中外要闻"。

⑦ 《枢臣对于各督抚之冷观》，《大公报》1910 年 11 月 7 日，"要闻"。

⑧ 《吉林抚台陈来电》，钱永贤、耿明、邵白整理《庞鸿书讨论立宪电文》，《近代史资料》（总第 59 号），第 58—59 页。

奏"。同时，他还论证了阁会成立的时间，认为"内阁、宪法、官制有一年可次第议定，国会选举有一年尤可办成，若明春设立内阁，明年、底后年春国会成立，均先降明诏，昭布天下，是为两全"①。可知督抚们试图期望通过论证阁会成立的合理性，一方面反驳那些延缓设立阁会的要求，一方面则试图进一步对清廷施压。

对此，锡良一开始并不认同，认为"阁会事，业经联奏，刻下似难续奏"②。增韫也认为，联奏之事，应在清廷回复后再定续奏与否。③ 但是，山西巡抚丁宝铨的说法一举改变了锡良的看法。丁宝铨致电锡良称："尊处外交难，各省尤难，若无国民以有其后一半年间设出有不可思议之现象，又将何策以图救。故国会一举，对外较对内为尤亟，鄙意仍由公联衔联合各省续请速开，此后事之来，万不得已时可由国会议决，天下后世方不归咎于一二人。尊意如何，仍祈酌核示复为幸。"④ 对此，锡良回电称："苶虑甚远，惟恐日内奏入而命已下难望其收回成命，反成落空，将来再争亦归无效。如果内意未决，日内尚未即降旨，则不妨续请，以回上意。"⑤ 可见，深陷边疆危机的锡良虽然一度并不愿再次向清廷施压，但严重的边患使其认识到挽救危亡必须速立阁会方能摆脱这一危机，因此他希望抢在清廷尚未宣布最终决定之前再次致电清廷。

随即，远在北京的施肇基⑥亦来电告知锡良，清廷有意于初三日降

---

① 《李仲帅来电》（宣统二年九月廿七日），《锡良任东三省总督时外省来电》，档号为甲374—18。

② 《复滇鲁晋浙桂吉各帅电》（宣统二年九月廿七日），《锡良任东三省总督时外省来电》，档号为甲374—18。

③ 《增固帅来电》（宣统二年九月廿九日），《锡良任东三省总督时外省来电》，档号为甲374—18。

④ 《丁衡帅来电》（宣统二年九月廿九日），《锡良任东三省总督时外省来电》，档号为甲374—18。

⑤ 《致丁衡帅电》（宣统二年九月廿九日），《锡良任东三省总督时外省来电》，档号为甲374—18。

⑥ 施肇基因在哈尔滨担任过哈尔滨关道的职务，深为锡良所赏识。锡良曾当面称施肇基："官声甚好，所有改革于公家有利"，因此让施肇基成为滨江关道实授的第一人。后来，施肇基因外务部奏调为外务部右丞，锡良一度加以挽留，试图奏请让其担任吉林交涉使。可知，锡良对施肇基之器重，亦可见二人关系颇好。此时，显然是锡良有意向其探听消息，所以他给锡良发电。（参见施肇基《施肇基早年回忆录》，台北：传记文学出版社1985年版，第68—69页）

旨宣布国会定为宣统五年召开之议。① 于是，锡良认为"趁此惟奉明诏之先，联电续陈较为有效"，在未与各省督抚电商的情况下，于 11 月 1 日夜再次请清廷"宸衷独断，立颁明诏，内阁、国会同时并举，以慰民望"，否则，"若又迟以三年，则三年之内风潮万状"。②

锡良的电奏，得到了各省督抚大臣的谅解和好评。如安徽巡抚朱家宝说："忧国之忧，赴机之敏，必能契合天聪，幸附骥尾，佩慰实深。"③ 江苏巡抚程德全说："召集国会既有再迟三年之风说，自宜趁朝旨未发，先行联电续陈较有效力，尊稿指陈国会迟速理由，发言痛切，足为前奏之后劲，跂盼纶音，尤深祷祝。"④ 山西巡抚丁宝铨说："联奏精警透辟，洞中窾要，言人之所不能言，此全球有价值之伟论，中外无不同钦。下午又接简帅电再此事须坚持到底，既已发端，必当至再至三，方不虚此一举。其言最有见地，缘今日世界无事不讲团体，我辈既联衔十数人定此政见，若云政见不是，宁可自讲斥退，岂能忽彼忽此，与反对者强同，公有此一电，日人之在东者亦将曰国有人焉，其气必为稍慑。"⑤ 湖广总督瑞澂说："大稿痛切透辟，足以间执新旧派议者之言，极为钦佩。闻政务处本来正在会议，倘能得请，大局幸甚。"⑥ 浙江巡抚增韫说："大稿痛快，诚恐附骥极荣，一发千钧，视此后劲，当额手代待恩命。"⑦ 察哈尔都统诚勋："承示大稿持论确当，立意精切，际此时迫势促，自不能不变通画利，以缓目前之急，若

---

① 《郑孝胥日记》（第 3 册），宣统二年九月三十日，第 1285 页。

② 《盛京督帅锡来电》，钱永贤、耿明、邵白整理《庞鸿书讨论立宪电文》，《近代史资料》（总第 59 号），第 58—59 页。

③ 《朱经帅来电》（宣统二年十月初三日），《锡良任东三省总督时外省来电》，档号为甲 374—18。

④ 《程雪帅来电》（宣统二年十月初三日），《锡良任东三省总督时外省来电》，档号为甲 374—18。

⑤ 《丁衡帅来电》（宣统二年十月初三日），《锡良任东三省总督时外省来电》，档号为甲 374—18。

⑥ 《瑞莘帅来电》（宣统二年十月初四日），《锡良任东三省总督时外省来电》，档号为甲 374—18。

⑦ 《增固帅来电》（宣统二年十月初四日），《锡良任东三省总督时外省来电》，档号为甲 374—18。

佚既奉成命措词较觉为难。"① 贵州巡抚庞鸿书说："内阁国会势须同时并举，有相辅之益而无偏重之弊。当此间不容发，得公主持联合电争，必能感动宸衷，速定大计，大稿穷极利弊，然挚昌明，极所服膺，更荷挈衔为感幸。"等等。可知，锡良的电奏赢得了多数督抚的欣赏与赞同。

此后，锡良又从其他方面获得了清政府内部对于内阁国会的最新动向。他于11月3日再次电致军机处，阐述东三省大局时局"危如累卵，不能待久"，倡言"欲图挽救祗有速开国会一法"，"务请朝廷乾纲独断，毅然决定即于明年召集国会，幸勿轻信莠言，再行游移，以至贻误"。② 可知，他在做最后的努力，试图以此扭转清政府的决定。

对于锡良的电稿，清政府并不为其所动，一意孤行。11月4日，清政府即颁布谕旨："召集议院以前，应行筹备各大端，事体重要，头绪纷繁，计非一二年所能藏事。著缩改于宣统五年实行开设议院，先将官制厘订，提前颁布试办。"或许是担心各督抚再次渎陈，因此谕旨中还特别指出："此次缩定期限，系采取各督抚等奏章，又由王大臣等悉心谋议，请旨定夺，洵属斟酌妥协，折衷至当。缓之固无可缓，急亦无可再急，应即作为确定年限，一经宣布，万不能再议更张。"并要求各督抚"凡地方应行筹备各事宜，更当淬厉精神，督饬所属，妥速筹办，勿再有名无实，空言搪塞"。③ 这一谕旨虽然提及各省督抚、资政院、各省咨议局及各省平民不断陈请，以及内阁与会议政务处王大臣的多次讨论，似乎照顾了多方面的意见，这些当然都是清廷决策的重要依据。一方面表明采用督抚言论而行，试图阻止各督抚再次奏请，并有意借此追加督抚责任；另一方面则表达此次上谕乃政府中人的讨论，表现出"大权在朝"的表象。但这显然并非事实。就督抚的奏请而言，这一谕旨是仅按照陈夔龙的提议所作出的决定。时过境迁，陈夔龙仍非常自得地指

---

① 《诚都护来电》（宣统二年十月初四日），《锡良任东三省总督时外省来电》，档号为甲374—18。

② 《锡制军又有电奏之述闻》，《大公报》1910年11月7日，"要闻"。

③ 中国第一历史档案馆编：《光绪宣统两朝上谕档》（第36册），广西师范大学出版社版，第376—377页。

出："疏即上，荷蒙俞允，分别晓谕，群情极为帖服。"① 而早在1910年6月间，清政府即有拟在1913年或1914年成立阁会之议。② 至于为何是1913年，这或许与清廷在实行新政时视日本模式为不二法门、"事事步趋日本"有关。③ 不管怎样，清廷否定了督抚速立阁会的要求，虽然不知其作出此决定的内在原因，但可以肯定的是其背后显然有维护中央权威的考量。

面对清廷这一看似退让、实际并未顾及多数督抚请愿要求的结果，锡良并不甘心，再次致电军机处，请其设法转圜，这引起了军机处大臣的极度反感。某军机大臣在看过原电之后，勃然色变，谓："大权操之君主，该督抚宜如何仰体圣意，保全大局，乃竟敢于朝廷已决之政，犹复一再渎请，殊属希图沽誉，不知大体"，因此拟请载沣能发布电旨予以申饬。载沣则以该督抚等志愿堪嘉，惟于进行缓急尚欠了了，因饬将原电置毋庸议，并谕以不须申饬。④ 情况似乎并不算严重。但是，各督抚继续要求速开国会的活动，引起了清政府进一步的行动。清政府部分人士认为各督抚"惟知俯顺民情，冀邀时誉"，未能体谅清廷经营筹划之苦心，因此请求摄政王载沣颁布谕旨，"以提其耳而杜其口"。⑤ 随后，清廷针对督抚发布了关于宪政的谕旨：

前据各省督抚先后电奏请开国会，业经降旨俯如所请，缩改于宣统五年开设议院。其地方应行筹备事宜，并饬令各督抚准厉精神，督饬所属，妥速筹办。年来财力竭蹶，办事艰难。朝廷素所深悉。既经该督抚等联衔奏请，必于地方情形，确有体验，当不至徒托空言。第恐论事有奋勉勇往之诚，而任事有审顾迟回之虑。且奉行官吏，或因事体繁重，费巨期迫，又存一畏难之心，藉词延宕。

---

① 参见陈夔龙《梦蕉亭杂记》，中华书局2007年版，第113页；关于此问题，还可参见李细珠《立宪派、地方督抚与清廷之间的互动关系——围绕国会请愿与责任内阁问题的探讨》，《晚清国家与社会》，第307—323页。
② 《某军机之变通国会谈》，《盛京时报》宣统二年五月初十日，"中外要闻"。
③ 李育民：《试论清末的宪政改革》，中华书局编辑部编《辛亥革命与近代中国：纪念辛亥革命80周年国际学术讨论会文集》（上册），中华书局1994年版，第632页。
④ 《各督抚幸免申饬》，《大公报》1910年11月9日，"要闻"。
⑤ 《十一日上谕之由来》，《大公报》1910年11月15日，"要闻"。

用特再申诰诫，举凡开设议院以前，地方应行提前赶办事项，著即懔遵前旨，切实进行，毋再因循推诿，致误限期。……该督抚等受恩深重，务当殚竭血诚，勉为其难，毋负委任。傥或乞请于前，而敷衍塞责于后，以致名不副实，贻误事机，定惟该督抚等是问。钦此。①

结合 11 月 4 日之谕旨，这一谕旨在督抚们看来显然怀有深深的敌意。这一时期，与其联络颇为密切的李经羲直接向锡良指出：

　　十一日谕旨意见已深，方针更错。今日请先遽设立国会，实望先谋补救，再议进行。补救主脑既惮而不为，又不能推翻宪政宪主，开明专制，国权替民权，淹贤愚同归一烬，大局从何收拾？宪政强国其功本缓，宪政亡国其祸转速，劫运至此，何胜疾愤！②

其他督抚，如程德全亦有类似的说法。他对李经羲等人说："十一日谕旨，政府似别有意见，遂将不负责任之意，直为宣布。种种理论与阁会原理抵牾，似于前此电奏，尚未瞭然。前奏谓国会既开事事待举，政府似谓百事就理，则国会早开。前电谓国会早开则财政就理，政府似谓财政就理则国会可开，万一提前事项不克就理，政府将援今日之谕以相诘难，或因此推缓国会期限，拟申前意再奏。"对此，李经羲甚为赞同，认为"剀切精透，实获我心"，要求锡良、瑞澂"熟计深筹，一为裁决"，"总期无负于臣节，有补于危时"。③ 随即，锡良密电军机处，谓"国会成立之迟速，与东三省时局大有关系"，现在东三省情形日益岌岌，要求赴京向清廷面陈。但清廷为免锡良有种种要请，不准其来京。④ 至此，督抚请愿的活动方才结束。但是，锡良的请愿活动却并未

---

① 《光绪宣统两朝上谕档》（第 36 册），第 393—394 页。
② 《李仲帅来电》（宣统二年十月十九日），《锡良任东三省总督时外省来电》，档号为甲374—18。
③ 《李仲帅来电》（宣统二年十月廿二日），《锡良任东三省总督时外省来电》，档号为甲374—18。
④ 《锡督又有恳请陛见之急电》，《盛京时报》宣统二年十月廿三日，"东三省新闻·奉天"。

因此而结束，此后他仍有意通过自身的努力来促使清廷速开国会，其中就包括了其"被迫"参与的代奏东三省士绅速立国会的事件。

三　东三省请愿运动

在清末国会请愿中，东三省是国会请愿活动颇为活跃的地区。这一时期恰恰锡良主政该地区。而在第三次国会请愿中，锡良更是在东三省士绅的强烈要求下代为上奏要求速开国会。为此，我们不禁要问，锡良在东三省实施了怎样的政策促使当地士绅能对国会的召开如此看重？同时，联系到锡良在士绅第三次国会请愿期间正是其积极参与督抚请愿的运动，锡良与东三省国会请愿运动又是怎样的关系。

（一）　筹备宪政

关于采取立宪的举措，锡良是在清廷筹备立宪要求下逐渐完善和建立与宪政相关机构和制度。早在云南任职时，虽然困于人才及财政等因素，但锡良还是在宪政编查馆的指示下因地制宜地于学务公所内设立云南宪政调查局。在他看来，宪政调查局乃"上备编查馆随时之审核，下资自治局实地之研求"的机关，"其理素至为精微，端绪更形复杂"，非设立专局，"难望采取靡遗，编订合格"。① 同时为了培养宪政人才，建立宪政之基础，锡良又于云南省城设立了自治总局。为此，他还从外省调来熟悉古今中外政治源流的候补道赵上达来充任该局总办。② 此后，他又在清廷谕旨饬令下，以"咨议局为采取舆论之机关，即地方议会之基础"，在省城设立咨议局筹办处一所，遴派藩司沈秉堃提学使叶尔恺等人参与这一机构的建设，以促进云南之进步而立良规。③ 这些机构的设立为云南地区立宪运动的发展奠定了基础。

未久，锡良即调补东三省总督任。锡良对于宪政的认识有了进一步的提升。他认为，"九年筹备事宜，为目今最关切要之图"，各项事宜"尤宜赶先筹办，次第举定"，因此他在公署内设立了宪政筹备考核处，随时考核奉省宪政进行之情形。④ 后来，该处在宪政编查馆的指令下统

---

① 锡良：《遵设云南宪政调查局大概情形折》，《锡良遗稿：奏稿》，第780—781 页。
② 锡良：《设立自治局暨调员差委片》，《锡良遗稿：奏稿》，第781 页。
③ 锡良：《设立咨议局遴委员以资襄助片》，《锡良遗稿：奏稿》，第835—836 页。
④ 锡良：《公署内设立宪政筹备考核处片》，《锡良遗稿：奏稿》，第896—897 页。

一改为宪政筹备处。① 依靠这一机构，锡良按照宪政清单所定计划有序地推进奉天宪政改革的进行。他分别于 1909 年 10 月 8 日、1910 年 4 月 9 日、9 月 28 日和 1911 年 3 月 28 日等日奏报其筹办东三省宪政事宜的情况，大体上可分为以下几项：

一是筹办奉天咨议局。锡良延续了徐世昌任内定下的修筑咨议局的提案，督饬员司，继续建筑奉天全省咨议局。② 与此同时，在前东三省总督徐世昌举行咨议局议员初选的基础上，锡良又将这些议员分为八个复选区，于宣统元年 4 月 14 日举行奉天咨议局议员选举，共得议员 50 名。锡良认为选举议员乃亘古创举，需要慎重。他先将这些议员招集入省，进行法学通论及法政大义的学习。③ 此后，他又将这些议员分为两拨：一拨议员由政府酌给旅费，派到各地调查地方利弊，以作议案之准备；另一拨则留在省城，筹备咨议局开会的各项规则。④ 此外，至 1909 年 10 月 14 日，奉天咨议局成立。当奉天咨议局开会时，锡良亦亲自到会，并监督议员选举议长等事宜，"使官绅恪守范围，不至稍逾权限为主"。⑤ 在其监督下，奉天咨议局得以顺利进行。此外，锡良还按照清廷要求在奉省举行资政院选举。这一部分人员大体上从宗室觉罗、纳税多额人员、硕学通儒和咨议局议员等中选举产生。这在 1910 年 3 月间即已全部完成。⑥

二是筹办地方自治。锡良深知地方自治为咨议局进行之基础，因此，他设立地方自治筹备处，专为办理城镇乡自治。为了明了自治乃辅助官治所不及，养成人民智识，他还饬令在各府厅州县遍设自治研究所。他利用奉天省城研究所已毕业之 173 名学员，派令他们赴各属充当教员。⑦ 当然，锡良也制定了筹办自治的先后次序，分为奉天府自治、

---

① 锡良：《遵将奉省宪政考核处改为宪政筹备处》，《锡良遗稿：奏稿》，第 1130 页。
② 锡良：《建筑奉天全省咨议局请立案折》，《锡良遗稿：奏稿》，第 948—949 页。
③ 吴叔班记录，张树勇整理：《吴景廉自述年谱》（上），《近代史资料》（总第 106 号），第 25 页。
④ 锡良：《筹办宪政第二届成绩并第三届筹办情形折》，《锡良遗稿：奏稿》，第 965 页。
⑤ 锡良：《奉省咨议局开会闭会暨会议情形折》，《锡良遗稿：奏稿》，第 1042—1043 页。
⑥ 锡良：《筹备宪政第二年第二届成绩并下届筹备情形折》，《锡良遗稿：奏稿》，第 1116 页。
⑦ 锡良：《奉天地方筹办处办理情形并预算常年经费折》，《锡良遗稿：奏稿》，第 1004 页。

冲繁各属自治，再到偏僻各属自治三届次第办理的顺序。① 所以，自治研究所的设立也分为三届进行，每届每属至少能成立一家研究所。② 从后来的情况看来，这一举措得到了很好的贯彻执行。宣统二年 9 月，各厅州县就开始着手地方自治的工作，展开了调查选举、制造名册、确定议员额数等事宜，按照锡良的计划，大约在 1912 年 3 月成立。这其中自治研究所的功绩颇为显著，自 1909 年开办至 1910 年 1 月，毕业的学员已达 3785 名。此后，锡良又接续办理，务使法政知识普及，收知行并进之效。而奉省城镇乡地方自治工作也取得了良好的效果。1910 年 3 月，奉省自治区域有 46 处，最初有铁岭等 11 属，9 月以后，赓续举办者有抚顺等 13 属，共成立了 24 处，已有过半的自治区域设立。由于议员来自田间，未必皆明治理，锡良又令各属设立自治职员研究会，并由自治筹办处将该会议决各案逐项评论，刊发月刊，以期使议员皆能明于治理。③

　　三是培养人民智识，推广州县简易识字学塾。按照当时舆论，地方百姓尚难参与地方自治的活动，而锡良认为地方自治，实为立宪始基④，因此需要提高人民的智识。在其到任之初，奉省的教育，"多规模以备，程度尚优"，但锡良亦发现奉省教育存在着"趋重高等专门，未为教育普及之计画"、师资缺乏、乡镇未能遍设小学的问题。为了改变这种状况，锡良饬令各州县因地制宜，多设两等小学，参用单级多级各教法。同时，饬令各地广设半日学堂、简易识字学堂暨短期补习学堂，以造就贫民子弟。他希望通过这些学堂的设立，使"地方多一读书识字之人，即多一明理之人"，以奠定自强之基。⑤ 同时，他也发布文告，宣传其实施新教育的计划。在一份劝谕贫民参加简易学塾的文告中，东三省当局就明白宣称，"尔等须知，今立宪时代必能识字方能合

---

① 锡良：《筹备宪政第二届成绩并第三届筹办情形折》，《锡良遗稿：奏稿》，第 964 页。
② 锡良：《奉天地方筹办处办理情形并预算常年经费折》，《锡良遗稿：奏稿》，第 1004 页。
③ 锡良：《恭报筹办宪政第三年成绩》，《锡良遗稿：奏稿》，第 1280 页。
④ 锡良：《设立自治局暨调员差委片》，《锡良遗稿：奏稿》，第 781 页。
⑤ 锡良：《考察东省情形整顿内政折》，《锡良遗稿：奏稿》，第 927 页。

立宪国民资格"。①

四是积极推动与立宪相关机构的建设。这一方面主要集中在州县巡警和商埠审判厅建设两方面。在巡警方面，虽然奉省的巡警设立较早，大约在日俄战争之后即已设立，因此，当锡良出任东三省总督时，某些镇乡巡警也已略具规模，但是，该省巡警仍存在着"条理未能井然，规则难言完整"的状况。锡良认为，"本原不清，难与为治，章制不齐，难以言法"，所以，他饬令属员整顿警制，颁布统一的警察通则，并订立警察制度。同时，他还对作为警察经费来源的亩捐弊端，制定了收捐制度和官绅互相监督的经费管理制度。此外，为了使警兵人人具有卫群之思想，又设立教练所，以图一洗从前窳败不振之习。② 到了 1910 年 3 月，除了长白府、辉南府等新设州县外，各属警务局已成立 47 处，"不特府厅州县巡警业经完备，即城乡巡警亦已粗具规模"。③ 由于奉省巡警一项开办较早，到了宣统三年，厅州县的警察均先后成立。按照民政使张元奇的报告，1910 年全省警区有 218 处，分所有 687 所，巡警有 19197 名。锡良又令人在鸭绿江、浑江两流域要冲地方，因其事关国防，易滋事端，添设了水上巡警，设有一总局，15 个分局，以资巡卫。④ 又因奉省盗风素炽，锡良担心常设巡警分布实恐难周，又奏请设立预备巡警，以补不足。经清廷同意后，锡良即饬令各属迅速设立，到 1910 年 3 月，已有多处地方设立了该项巡警。

在商埠审判厅。锡良认为，司法独立为宪政之始基。1909 年前后，在东三省地区，奉省盛京及新民、营口、抚顺等府厅县设立的审判厅，吉林省城及长春府，均先后设立了审判厅。经调查，锡良发现除了奉天高等审判厅及吉林之高等审判厅略具规模外，其余审判厅则因司法官员对法律未尽深谙，案件亦多积压，造成舆论未孚。而司法官员又与人民

① 《提学司创办简易识字学塾之晓谕》，《盛京时报》宣统二年二月初八日，"东三省新闻·奉天"。

② 锡良：《筹备宪政第二届成绩并第三届筹办情形折》，《锡良遗稿·奏稿》，第 963—964 页。

③ 锡良：《筹备宪政第二年第二届成绩并下届筹备情形折》，《锡良遗稿·奏稿》，第 1116 页。

④ 锡良：《恭报筹办宪政第三年成绩》，《锡良遗稿·奏稿》，第 1280 页。

生命财产有密切之关系，所以他认为有必要设立学堂，培养专精之司法人员。因此，他饬令提法司在省城法政学堂内附设司法讲习科，遴员肄习，预储裁判人员，同时，他又饬令在奉天省城另设检验讲习所，招选合格生徒入堂教练，以备将来推广各处审判检察之用。① 提前设立了承德、抚顺、新民、营口、安东等处审判厅，1910 年 12 月，又设立了辽阳州地方初级两审判厅，因财政问题，锡良将先前设立的抚顺审判厅改为地方分厅。按照锡良的拨款计划，铁岭、凤凰、法库、同江各处应于1911 年次第设立审判厅。为了补助司法权独立，锡良于清廷筹办宪政计划单外扩充了检察讲演会，并筹办检验学习所、律师传习所等机构。②

五是调查全省人户数。锡良认为，户口调查，关系宪政，且为户籍法实行之基础③，因此，对于此事颇为重视。为了调查户口，锡良饬令民政使张元奇为总办，通饬各属，出示晓谕，使百姓知晓调查户数为调查口数之根据，而户口多寡则关系到宪政选举区之大小，希望以此能让人口调查并无隐匿漏藏之弊。④ 1910 年 9 月前后，锡良即已得到了 43属人口之数目，只有 9 属未经上报。⑤ 据调查，奉省正户有 111853 户，附户 521860 户。因担心人口迁徙、婚丧嫁娶等因素影响户口调查的准确性，锡良饬令各属由警察列表稽查，按季具报，以确定户口实数。而原本应为第四年方才办理调查人口数的事项，锡良饬令各属提前举办，率先由兴京等 10 属调查完竣。按照锡良的估计，1911 年 11 月奉省户口应一律报齐了。⑥

此外，锡良还对奉天全省的东三省的财政进行了清理。其内容包括覆查全省岁出岁入总数，试办全省预算决算，厘订地方税章程三项。1910 年 3 月，锡良即将此项问题提前筹办，最先将 1908 年全省出入款

---

① 锡良：《考察东省情形整顿内政折》，《锡良遗稿：奏稿》，第 926—927 页。
② 锡良：《恭报筹办宪政第三年成绩》，《锡良遗稿：奏稿》，第 1280 页。
③ 锡良：《恭报宣统元年奉省调查户数情形折》，《锡良遗稿：奏稿》，第 1052 页。
④ 锡良：《筹备宪政第二届成绩并第三届筹办情形折》，《锡良遗稿：奏稿》，第 965页。
⑤ 锡良：《筹备宪政第三年第一届成绩并第二届筹备情形折》，《锡良遗稿：奏稿》，第1220 页。
⑥ 锡良：《恭报筹办宪政第三年成绩》，《锡良遗稿：奏稿》，第 1280 页。

项，按季分期呈递给度支部。① 虽然，这其中存在财政复杂、款项纠纷等问题，锡良仍于 1910 年 9 月，依限将 1908 年全省出入款目上报度支部，此后又将 1908 年及 1909 年之报告册，由奉天清理财政局汇造咨交度支部。②

从以上事实可知，锡良已在有条不紊地推进宪政的建设，特别是在奉天时其宪政建设做得非常扎实。需要指出的是，锡良在筹备这些立宪举措时，多能提前举办。此外，锡良还对奉天旗制和禁烟等方面进行了颇为认真而卓有成效的努力。对于锡良的努力，奉天咨议局议长吴景廉颇为肯定。③ 虽然这其中有国会提前等因素，但这与锡良抱持着"实事求是，不敢稍涉敷衍"的态度也有着莫大的关系。当然，这一经验也使锡良认识到提前举办立宪并非不可能的事，这也成为其寻求速立国会的重要依据。

（二）东三省请愿

锡良认真筹备立宪事宜，也培养和激发了奉天人民的立宪意愿。侯宜杰就指出，奉天咨议局在发动人民参与国会请愿方面的成绩，"居全国之冠"。④ 在请愿国会过程中，东三省的请愿代表显然属于最为积极的群体。陈夔龙就曾言：宪政开始后，"东三省新学家首先入京，乘机煽动，革党一唱百和，伏阙上书，请立时开国会"。⑤ 可知，东三省国会请愿代表之积极，反映出东三省民气之奋发，这在一定程度上反映了锡良筹备宪政的影响。

在四次国会请愿中，东三省的国会请愿代表也不断向锡良请求代为奏呈稿件，以增强其请愿的效力。按照清代定制，人民陈请，除由都察院代奏外，督抚也有代奏的条例。⑥ 所以，早在第二次国会请愿时，奉

---

① 锡良：《筹备宪政第二年第二届成绩并下届筹备情形折》，《锡良遗稿：奏稿》，第 1117—1118 页。

② 锡良：《筹备宪政第三年第一届成绩并第二届筹备情形折》，《锡良遗稿：奏稿》，第 1220 页。

③ 吴叔班记录，张树勇整理：《吴景廉自述年谱》（上），《近代史资料》（总第 106 号），第 23—30 页。

④ 侯宜杰：《二十世纪初中国政治改革风潮：清末立宪运动史》，第 241 页。

⑤ 陈夔龙：《梦蕉亭杂记》，中华书局 2007 年版，第 112 页。

⑥ 《松鹤帅来电》（宣统二年九月廿五日），《锡良任东三省总督时外省来电》，档号为甲 374—18。

天咨议局副议长袁金凯向锡良提议请愿开国会之事，锡良"甚为赞成"，① 还就欣然应允代为呈递《三省咨议局合请奏陈速开国会呈稿》。待到稿件呈上后，不知何故，锡良"忽中悔，欲缓议"，最终不了了之。② 到了第三次国会请愿时，各省代表均请所在地督抚代奏请愿呈稿之举动，东三省的代表也不例外，曾有《奉天咨议局呈请督宪代奏即开国会文》在《盛京时报》上连载。③ 对此，锡良认为督抚已有联合请开国会之举，则人民请愿代表的呈稿应咨送都察院代奏，因此，他将东三省代表的呈稿送给了都察院。④

当清政府颁布国会提前至 1913 年举办后，各省主张速设国会的请愿代表仍不满意。⑤ 而清廷也已察觉此种现象，向各督抚表示，国会缩短至 1913 年的上谕，无论如何，断不能再有更改，要求各督抚遵照该谕旨，对结党立会之事，立即劝令解散。⑥

然而，在东三省总督的省份，奉天的绅民仍继续请愿且表现得非常激烈，有人甚至用断指割股的方式表明其强烈要求速开国会之心愿。这使奉天咨议局全体议员颇为感动，表示"誓不达目的不止"。⑦ 此后，东三省咨议局之间函电往来，商议再次联络各省进行请愿活动的事宜。⑧ 到了 12 月 4 日，奉省士绅刘文焕等人率领千余人赴总督署请求代奏即速开国会之愿。刚开始，锡良以人数过多，担心酿成他变，请民政使、提学使出面接待。后在该代表等一再坚持下，锡良方才出来亲自劝导，表示愿即代奏，随即该代表等解散。⑨ 然而，锡良显然并未兑现其诺言。随即，奉天的士绅又一次联络奉省各地士绅和各类团体，筹划向

　　① 《请开国会之赞成》，《盛京时报》宣统二年二月十三日，"东三省新闻·奉天"。

　　② 《郑孝胥日记》（第 3 册），宣统二年三月初八日，第 1250 页。

　　③ 《奉天咨议局呈请督宪代奏即开国会文》，《盛京时报》宣统二年九月二十日，"专件"；《奉天全省咨议局呈请代奏即开国会奏稿（续昨）》，《盛京时报》宣统二年九月二十一日，"代论"。

　　④ 《复松鹤帅电》（宣统二年九月廿五日），《锡良任东三省总督时外省来电》，档号为甲 374—18。

　　⑤ 《各督抚之密电述闻》，《大公报》1910 年 11 月 10 日，"要闻"。

　　⑥ 《电饬各省钦遵国会谕旨》，《大公报》1910 年 10 月 12 日，"要闻"。

　　⑦ 《速开国会问题之复活》，《大公报》1910 年 12 月 7 日，"要闻"。

　　⑧ 《东三省之国会热》，《盛京时报》宣统二年十月十六日，"东三省新闻·奉天"。

　　⑨ 《吁请督宪代达渴望国会下忱》，《盛京时报》宣统二年十一月初五日，"东三省新闻·奉天"。

锡良请愿。到了 12 月 6 日，由奉天咨议局议长吴景濂等人率领约一万代表前往总督署请求代奏速开国会。① 与前次相比，这一次的请愿不仅在人数上更为壮大，几乎奉省全省动员，且更有计划性，代表们也抱着"督部堂如不承允，即不退散"之心前往的。② 这也使这次请愿活动受到了极大的关注，各大报刊均详细报道。正因如此，此后的研究也多集中于此次请愿，而忽略了初三日的请愿。但这次请愿并不顺利，其过程颇为曲折。

最初由民政提学使出来接受请愿呈稿，但为代表们所拒绝。随后，锡良请吴景濂等部分代表进入督署内商议。对于代表们的请求代奏，锡良明确表示反对，要求代表们合力来挽救危亡。吴景濂等人则以锡良领衔督抚国会请愿，并再次重申开国会之重要性，要求锡良代奏。对此，锡良似无词以对，只得表示，"吾不代奏，你们如吾何"。吴景濂等人向锡良哭诉东三省危局，而中央无人主持国会，此时督抚又不支持国会请愿，则中国有必亡之势。此时，锡良仍有意推托。但在各代表的坚决请求下，锡良"权词允许代奏"。吴景濂以锡良有允准代奏，最终反悔之前例，坚决要求锡良当面画诺。对此，锡良认为各代表有要挟之意，大怒入署。因此，奉天请愿之人并不肯解散。无奈，经过一番思虑，锡良最终允准立即代奏，并拿出了盖印的封简回批给各代表。随即，锡良与代表们见面，并与他们席地而谈，表示：在东三省未做一事，愧对东三省人民，对于国会并非反对，亦欲设法维持，奈只有此一幅心，而无此能力。何况处东三省时局，你们的心即我们之心，表示理解东三省代表之举动。最后他表示，要在三天内代奏，决不咨送他处。③

这一次，锡良并没有让东三省人民失望。只是，锡良在上奏前颇费踌躇，恐触怒清廷，沉思良久后，方才表示"与其难对国民，宁触政府

---

① 该数据之得出乃依据《奉天全省人民请锡督代奏明年即开国会呈稿》附列人数统计而成，有 10889 名。（参见《奉天全省人民请锡督代奏明年即开国会呈稿》，《盛京时报》宣统二年十一月初七日，"代论"。）

② 《本日请开国会之计画》，《盛京时报》宣统二年十一月初五日，"东三省新闻·奉天"。

③ 《全省人民之国会热》，《大公报》1910 年 12 月 12 日，"奉天"。

之怒"。① 12 月 7 日，锡良冒着褫职的危险将东三省人民的意愿电奏清廷，同时，他电请清廷："伏乞圣明俯允所请，再降谕旨，定于明年召集国会，大局幸甚"，甚至不惜以去职相请，"如以臣言为欺饰，请先褫臣职，另简贤能大员，以纾边祸"。② 此后，锡良又以"旧病加增，精神疲惫"向清廷请假休养③，意图向清廷施压。清廷则以"已降旨明白宣示，不应再奏"拒绝了锡良的陈奏。④ 军机处认为国会问题"非疆臣所议"，故对锡良的举动非常不满。鉴于此前仍一再请愿速开国会，军机大臣一度对此次代奏是否真实为东三省民众请愿存有怀疑，认为是锡良借词要挟，有意派人前往东三省调查实情，若有不符，即以定锡良的处分。⑤

　　虽然如此，锡良的态度仍使东三省士绅看到了请愿成功的希望。奉天士绅率先赴吉江两省展开联络活动，准备再次向清廷请愿。⑥ 对此，锡良采取了默许的态度。十一月初八日，由奉天学界发起的东三省代表再度前往北京，展开了第四国会请愿。⑦ 与此同时，在其病假中的锡良也致函清廷高官，指出奉省人民的举动，乃东省人心未死之表现，建议清廷借此时机，速谋万全之策。他表示，此次请愿不准，"良决意乞骸骨归，实不敢久处于累卵之局，坐观成败，使祖宗发祥之地，终落他人掌握之中，致受天下后世之唾骂"。⑧ 他还直接向清廷表达了再次进京的请求，备陈东三省时局及人心所趋向，称："现开设国会之年限已经奉旨缩短，自应钦遵办理，何敢再渎。"但是，"东三省情形日益岌岌，所有一切设施，必须面为陈奏"，要求"恩准赴京陛见"，企冀亲自向

---

　　① 《督宪对于请开国会之预闻》，《盛京时报》宣统二年十一月初八日，"东三省新闻·奉天"。

　　② 锡良：《奉天全省各界绅民因时局迫不及待呈请代奏明年即开国会以救危亡折》，《锡良遗稿：奏稿》，第 1262—1263 页。

　　③ 锡良：《旧病增剧请赏假半月折》，《锡良遗稿：奏稿》，第 1256 页。

　　④ 《清实录》附宣统政纪，卷 44，宣统二年十一月庚戌，第 797 下页。

　　⑤ 《密派章京赴东调查》，《大公报》1910 年 12 月 16 日，"北京"。

　　⑥ 《孙议长之赴吉江盖以此》，《盛京时报》宣统二年十一月初七日。

　　⑦ 《学界遴选代表赴京请开国会》，《盛京时报》宣统二年十一月初九日，"东三省新闻·奉天"；《同志会公举请愿代表之后劲》，《盛京时报》宣统二年十一月十三日，"东三省新闻·奉天"。

　　⑧ 《锡制军之声泪俱下》，《大公报》1910 年 12 月 18 日，"要闻"。

清最高统治者面陈利害关系。清廷则借口避免锡良种种要求，并不准允许其请。① 此后，锡良则以病未痊，向清廷请求开缺。②

此时，受到奉天代表的入京请愿的影响，各地士绅再次活跃起来，第四次全国性的国会请愿运动又有出现的可能。③ 当时，直接受到东三省代表影响的就是直隶地区。据陈夔龙回忆，奉天请愿代表在北京请愿，"事未果行，乃勾串来津请愿，唆使各学堂各派代表，登时聚集千余人，断指喋血，群向督署陈恳入奏，早开国会"。④ 当时舆论也指明，直隶士绅乃为奉省代表的热诚所感染而投身于此次请愿运动⑤。在此次请愿中，奉天和直隶成为这次请愿活动中最为突出的区域⑥。由此可见，奉天代表请愿之影响。

但是，锡良和东三省代表一再请求国会的举动，引起了清中央的不满。当发现第四次请愿活动即将展开时，清廷为了抑制这一趋势，于12月24日再次发布谕旨，再次重申国会"一经宣示，万不能再议更张"，要求各督抚"懔遵十月初三日谕旨"，"查拿严办"国会请愿人士。⑦ 显然，清廷希望通过强力手段压制第四次国会请愿运动的展开。

对于赴京的东三省代表，清政府则强令解散，并将其遣散、押解回奉天。清廷还饬令锡良对奉省代表要严加管束，并要求其发布严缔国会请愿之谕旨。⑧ 锡良以人民请愿系出爱国行动，并未对代表加以处分。⑨ 而对于清廷要求管束的谕旨，锡良认为，现在东三省情势危急万状，人民受其刺激，自必群情奋发，"若遵照谕旨实行惩办，诚恐内讧一起，外患齐来"，这样做不仅民心涣散，且有大局糜烂至不可收拾之忧。因此，他明确地向

---

① 《政府不愿见锡督》，《民呼·民吁·民立报选辑》，第553页；《锡督又请陛见》，《大公报》1910年12月15日，"要闻"。

② 锡良：《假期届满病仍未痊恳请开缺折》（宣统十一年二十日），《锡良遗稿：奏稿》，第1258页。

③ 《政府又有国会问题之烦心》，《大公报》1910年12月15日，"要闻"。

④ 陈夔龙：《梦蕉亭杂记》，第112—113页。

⑤ 梦幻：《论东三省人民请愿国会之激烈》，《大公报》1910年12月19日，"言论"。

⑥ 参见李巧玲、梁景和《国会请愿与国人参政意识的觉醒》，《通辽师范学院学报》2005年第3期。

⑦ 《清实录》附宣统政纪，卷45，宣统二年十一月癸亥，第809下—810上页。

⑧ 《枢垣电致东督纪闻》，《大公报》1910年12月28日，"要闻"；《锡督有决计乞退志耗》，《大公报》1910年12月28日，"要闻"。

⑨ 《吴景廉自述年谱》（上），《近代史资料》（总第106号），第30页。

清廷表示不能遵旨发布谕旨，并恳请开缺。① 这应当是锡良真实的反应。郑孝胥在看过锡良亲自拿来的清廷回复代奏东三省士绅要求的谕旨后，写道："人心去矣！初无以维系之，而遽绝之，可乎？"② 郑孝胥的反应在某种程度上正是东三省官员的直接写照，这其中无疑有锡良的身影。

随即，清廷又向锡良等督抚发布谕旨，除严饬钦遵已定国会召开日期外并嘱密派干员侦查所属不得稍有违背。锡良终究未能抵抗住清廷的压力，于 11 月 25 日开始，向参与国会请愿的学生进行劝告，并对倡议以罢课来要求国会的为首造事学生处以革退的处罚。③ 基于清廷的不满，锡良又向清廷请求开缺，只是告罢未能。④

观锡良在代为呈请国会请愿中的表现，若再联系到他在督抚请愿中的表现，可知，锡良在东三省国会请愿中的表现极有可能确如清廷所言借着代为请愿之名向清廷施压，意图以此让清廷转变初衷。

当然，锡良在请愿运动的表现为其赢得了东三省人民的认可，所以当锡良此后一再向清廷要求开缺时，东三省士绅联合各界人士，通过各种形式向清廷和锡良本人要求其继续留任。⑤ 当锡良最终离开东三省总督任后，东三省士绅对其进行了送行的活动。⑥

此后，已经卸任在河南辉县养疴的锡良仍成为各大报刊追逐的新闻人物。以《大公报》和《盛京时报》为例，据笔者统计，从锡良开缺到重新回到北京前后四个月左右，这一期间，《大公报》先后有 9 次相关报道，而在奉天发行的《盛京时报》则报道了 18 次之多。按照报刊

---

① 《锡督有决计乞退志耗》，《大公报》1910 年 12 月 28 日，"要闻"；《锡督真热心国会者》，《大公报》1910 年 12 月 31 日，"要闻"。

② 《郑孝胥日记》（第 3 册），宣统二年十一月廿四日，第 1296—1297 页。

③ 《复学部电》（宣统二年十一月廿五日），《锡良任东三省总督时京师来电》，档号为甲 374—46。

④ 赵尔巽等纂：《清史稿》卷 449，第 12533—12534 页。

⑤ 《东省士民二次公电挽留锡督》，《盛京时报》宣统三年三月初十日，"东三省新闻·奉天"；《岑云阶劝锡督留奉》，《盛京时报》宣统三年三月初十日，"东三省新闻·奉天"；《留东学界电留锡督》，《盛京时报》宣统三年二月初八日，"东三省新闻·奉天"；《奉省学界对于锡督之去思》，《大公报》1911 年 5 月 26 日，"东三省"；《东省咨议局挽留东督之无效》，《大公报》1911 年 4 月 23 日，"要闻"；《商民又议挽留锡督》，《大公报》1911 年 4 月 19 日，"要闻"。等等。

⑥ 《东省商民挽留锡督之近闻》，《盛京时报》宣统三年三月三月二十五日，"东三省新闻·奉天"。

报道新闻需要有价值性的逻辑，锡良显然深为读者所关注，同时，从报道的频率来看，奉天的读者，也就是锡良任东三省总督的地方，更是关注锡良的动向。不管怎么说，锡良在这一时期的个人声望已经达到了督抚生涯的顶点。

但锡良的行动也引起了清中央的反感。有报道称，军机大臣对锡良一再电请的行为颇为反感，认为锡良"只知己所处地位之困难而不识中央地位之困难尤甚"，对锡良一再要求开缺的行为解读为"志在要挟，拟将来如再乞退，当即奏请允准"。① 这一说法未必确实，但亦可反映出清廷的某种态度。此后，因其失察未能检查出吉林知府万绳武吸烟未尽，清廷于1910年11月27日准许了由吏部奏请对锡良进行罚俸一年的处分。② 这一时间恰是督抚仍在向清廷请求速立阁会的作最后的努力的时间，虽然此事乃按照清廷规定做出的决定，但此时发布这一命令不免令人浮想。此时，政界更有传言清廷因锡良一再以乞休为要挟，要求简派东省督催宪政大臣，以便监察锡良推行宪政。③ 可知，清廷对锡良的不信任。

而真正让锡良感到清廷对其产生不信任的是，清廷在1911年对黑龙江布政司使赵渊做出降四级处分的决定之事。当时，赵渊因黑龙江巡抚周树模在防疫中并不积极，与周相处时"遇有不合，稍加诘问，辄敢肆口谩骂"，为此遭到周以赵渊"刚狠狂性，喜怒无常，遇事把持，奴隶属吏"的参奏。④ 赵渊也因此遭到清廷以"私罪"降四级处分的决定。⑤ 对此，时人评论认为，赵渊受到"以防疫事为巡抚周树模所劾罢，非其罪也"。⑥ 至于为何"非其罪"，作者并未细加说明。赵渊是锡良极为得力的属僚，当其任四川总督时，锡良对时为泸州直隶州知州的赵渊赞誉有加，称其"沈毅廉明，朴诚果敢，实为州县中第一出色之员"。⑦ 此后，赵渊追随锡良至云贵总督、东三省总督任，锡良也一再

---

① 《锡督与枢臣又结恶感》，《大公报》1910年12月11日，"要闻"。
② 锡良：《奉旨抵销处分谢恩折》（宣统二年十一月初八日），《锡良遗稿：奏稿》，第1256—1257页。
③ 《政府不信任锡督》，《大公报》1910年11月23日，"要闻"。
④ 《北京》，《盛京时报》宣统三年二月初十日，"专电"。
⑤ 《赵民政使之处分》，《大公报》1911年3月23日，"要闻"。
⑥ 陈瀚一：《新语林》卷二政事。
⑦ 锡良：《密保高增爵赵渊折》，《锡良遗稿：奏稿》，第446页。

对赵渊有所褒奖。1909 年 8 月在锡良的力保下，赵渊得以试署黑龙江民政使司缺。① 可知赵渊与锡良之密切关系。虽然未知周树模是否受到了清中央的指示，有意利用该事件②，但从赵渊受到降四级的处分看，清廷显然有意打压锡良。当事件发生后，锡良一度不愿派员接署，要求周树模"自行办理"，同时，仍与赵渊保持着密切的联系。③ 由此亦可知，锡良在某种程度上对赵渊的处分抱有极大的同情。颇值得注意的是，锡良随即又一再向清廷力争，要求开缺，最终获得清廷允准。④ 这是否说明锡良已然意识到再继续担任东三省总督会存在威胁，我们不得而知，但其中显然有这一方面的考虑。⑤

---

① 锡良：《密保赵渊韩国钧试署补授司道员缺折》，《锡良遗稿：奏稿》，第 944—945 页。
② 据笔者所知，周树模与载泽有着密切的联系。周树模曾跟随载泽出洋考察（中国第一历史档案馆藏：《载泽奏为掌江西道监察御史周树模等志趣正大才识通明恳准随同出洋考察事》，录副奏片，档号为：03—9280—005），载泽亦曾对周树模进行过保举。（中国第一历史档案馆藏：《镇国公载泽等奏为保举道员周树模给事中刘彭年博学广闻请备朝廷驱策事》，录副奏片，档号为：03—5618—050）而当时，锡良因与载泽在财政问题上矛盾颇多，一度还引起了载沣的调停。（《东督与度尚之龃龉》，《大公报》1910 年 9 月 5 日"要闻"。）只是此时，清廷是以赵渊对官长不敬的私罪对其予以惩处，因其背后或有其他的因素，亦未可知。
③ 《赵渊奉旨开缺》，《大公报》1911 年 3 月 22 日，"东三省"。据锡良的信函显示，赵渊是待到锡良卸东三省总督任之后方才离开奉天，回到山西家乡的，可知锡良仍器重于赵渊。[《与张抚台电》（宣统三年十二月初九日），《北京往来电（第二次任热河都统时）》，档号为甲 374—7] 再结合报刊报道，这亦在某种程度上反映出锡良对赵渊蒙此处分之抱不平。
④ 据《大公报》刊出来的报道显示，赵渊是在 1911 年 3 月 23 日正式报刊上刊出了其受到惩处的报道，随即于翌日，《大公报》即刊出了锡良要求开缺的报道。至于二者是否有直接的联系，笔者限于材料问题不能确定。（《赵民政使之处分》，《大公报》1911 年 3 月 23 日，"要闻"）
⑤ 关于锡良一再请求开缺的事情比较复杂，当时最主要的原因是东三省财政困窘，东三省各项新政均无法展开。一方面清中央不予以财力支持，而各省的协款又时有未能接济；另一方面锡良试图借用外债的努力又为清中央所阻止，这使其坐困财政竭蹶的境地。而日俄两国则在东三省的势力日张，这显然使锡良深感坐困危局之慨。此后，锡良自宣统元年六月以后即一再向清廷要求开缺，直至其清廷同意其卸任，数次颇多。（如《锡督又怀退志》，《盛京时报》宣统元年十一月初十日，"东三省新闻·奉天"；《锡钦帅引退之未能》，《盛京时报》宣统二年三月二十四日，"东三省新闻·奉天"；《政府不准锡督请退之原因》，《盛京时报》宣统二年十二月廿一日，"东三省新闻·奉天"；《东督一缺竟无人担任》，《盛京时报》宣统三年正月二十五日，"紧要新闻"；《锡督告退之决心》，《盛京时报》宣统三年三月十三日，"东三省新闻·奉天"等等。）这其中自然有锡良以退为进迫使清廷同意其借债计划之意，但也有其试图离开该缺之实情。因此，对此一问题需要斟酌情形分析。以往的研究多未加分析即认定锡良因同情请愿活动而被清廷免职，这就显得过于简单化。（参见常城主编《东北近现代史纲》，东北师范大学出版社 1987 年版，第 75 页；王魁喜等编《近代东北史》，黑龙江人民出版社 1984 年版，第 370 页）

由上可知，锡良无论是在清末督抚请愿还是在东三省士绅要求国会请愿运动中均表现得颇为积极，甚至可以说有点"激进"。对此，以往的研究并未探查其原因所在。笔者认为锡良之所以在这一时期有如此激进的行动，其原因应有如下几点。

第一，周遭政治智囊的影响。这一时期锡良因为办理新政，身边聚集了非常多的新式人才，其中也有较多主张立宪的人物，如郑孝胥、杨度、熊希龄等人。郑孝胥为当时清末立宪重要人物①。虽然，郑孝胥之到奉天，是为了锦瑷铁路。但他到达后，锡良一度欲送关聘，请郑孝胥为其办幕府。对此，郑孝胥以为办理锦瑷铁路事而来，予以婉拒。② 尽管如此，后来郑孝胥还是成了锡良的政治顾问。③ 在此次借款造路论和国会请愿过程中，锡良所经手的很多电稿均为郑孝胥所拟就。这或许因为锡良对国会问题不甚熟悉，在这一问题上颇为倚重郑孝胥。在讨论联衔电奏稿件时，原本各督抚属意于锡良来拟稿，但锡良以郑孝胥因调查港埠问题赴青岛而提议让湖广总督瑞澂拟就。④ 对于郑孝胥的工作，锡良颇为满意，曾向人谈及郑孝胥，曰："郑苏戡在此，奉天有如火如荼之象。"当郑有事返回上海时，锡良在临行仍叮嘱其早日回奉。⑤ 当然，这并不表示锡良完全不重要，因为这些电稿多需经过其阅读，经其认同后，方能发出，由此而言，锡良的作用亦不能小视，毕竟最终上奏的权力仍在其掌握之中。除了郑孝胥，锡良与另一位立宪人物杨度亦交往颇为频繁。锡良带任职于宪政编查馆的杨度到过沈阳，并拟请杨度至奉天襄办新政，对此，宪政编查馆则以该馆待办新政甚多，杨度为该馆"万

---

① 郑孝胥曾任上海立宪团体预备立宪公会的会长，该公会成员包括了张謇、汤寿潜、孟昭常、赵凤昌、温宗尧、张元济等人，速开国会是预备立宪公会的中心工作。（参见张玉法《清季的立宪团体》，第365—370页）杨度则曾主持过在东京创办的湖南"宪政公会"（初名宪政讲习会），归国后，又在北京与浙人沈钧儒发起宪政公会，一时入会者纷至沓来，宪政公会的势力遍布朝野。（《清季的立宪团体》，第370—373页）

② 《郑孝胥日记》（第3册），宣统二年正月十三日，第1235页。

③ 《郑京卿回南之原因》，《盛京时报》宣统三年五月初一日，"东三省新闻·奉天"。

④ 《致瑞莘帅》（宣统二年九月十六日），《锡良任东三省总督时外省来电》，档号为甲374—18。

⑤ 《郑孝胥日记》（第3册），宣统二年十月初四日，第1287页。

不可少之人"，于宣统二年十月二十六日致电锡良，转饬杨度迅速回京。① 锡良并未放弃，与杨度商定，聘其为顾问官，"如有必须面商事件，仍拟随时电邀来奉"。② 可知，锡良对杨度的器重。而清亡之后，胡思敬以锡良调用郑孝胥、熊希龄、杨度等人为其暗于知人之证。③ 由此亦可知，锡良与杨度关系之密切。可见，这些人显然深刻地影响了锡良的决策。

第二，锡良对清中央的深深失望，因此寄希望于内阁、国会的召开。据李细珠的研究，当时清廷对于立宪分为两派，载泽等人为一派、奕劻等人又分为一派。④ 而锡良对于二者却均不满意。对于军机处，锡良就曾直接对军机处的用人行政表达了不满，并有意奏请速立国会和责任内阁。宣统元年正月廿三日，在得知曾与共事之吴郁生进入军机处学习行走后，锡良向郑表示"国会及责任内阁看来不能不速立，政府用人，一个不如一个"。并举了吴郁生在办理政务过程中的不合规制之事。⑤ 两天后，在读过江春霖参劾庆亲王奕劻的折件后，锡良表示，江春霖之奏不恶，拟请郑孝胥缮写折件，请开国会。但郑孝胥认为时机未成熟，并认为锡良为疆臣，"言事须稍靠实"，劝其"俟有机会，然后指论，必中其心病，乃有效耳"。⑥ 显见锡良对于军机处的不满意。如此看来，锡良早已有请开国会之意愿，显然这也是锡良此后转而要求速立国会的重要原因。至于载泽一派，锡良因其强力推行中央集权的政策而对其表达了强烈的不满，这可以从盐政改革方面即可看出。他向清廷表示："朝廷分寄事权于督抚，犹督抚分寄事权于州县，无州县即督抚不能治一省。如必欲以数部臣之心思才力，统治二十二行省，则疆吏咸为赘旒，风气所趋，军民解体。设有缓急，中央既耳

---

① 《宪政编查馆来电》（宣统二年十月廿六日），《锡良任东三省时京师来电》，档号为甲374—46；《宪政馆与杨度》，《大公报》1911 年 1 月 2 日，"要闻"。

② 《致宪政编查馆电》（十一月十三日），《锡良任东三省时京师来电》，档号为甲 374—46；《锡督拟请杨度为顾问官》，《大公报》1911 年 1 月 12 日，"要闻"。

③ 胡思敬：《国闻备乘》，"琐记"条，中华书局 2007 年版，第 151 页。

④ 参见李细珠《立宪派、地方督抚与清廷之间的互动关系——围绕国会请愿与责任内阁制问题的探讨》，《晚清国家与社会》，社会科学文献出版社 2007 年版，第 311—315 页。

⑤ 《郑孝胥日记》（第 3 册），宣统元年正月廿三日，第 1239 页。

⑥ 《郑孝胥日记》（第 3 册），宣统元年正月廿五日，第 1241 页。

目不及，外省则呼应不灵，为患实大。"① 可见，锡良对清中央的所推行的政策之不满。此外，他还对清中央办理新政的敷衍态度颇为不满。就此，他直接上奏折向载沣表达其不满的情绪，要求实行宪法，谓：

> 筹备立宪，限年进行，挽回危局，实恃通变。乃京师所最要之筹备，内阁尚无责任，旗制尚未变通也。士夫习于奢侈，绝少实心任事之人，朝野号为文明，率多奔竞夤缘之习，狗苟蝇营，尽丧其廉耻，釜鱼幕燕，日逐于酣嬉。各省则如学务，如警务，如自治，如禁烟，如清理财政，如司法独立，或敷衍，或掊克，或有名无实，或似是而非，较之前十年气象，其进化欤？为退化欤？财力凋敝，民情骚动，不新不旧，不特为东西各国所腾笑，且恐上下交困，将有土崩瓦解之一日，思之可为寒心。臣愚以为，欲实行立宪，无贵贱上下，胥当受治于法律，先革其自私自利之心。若败坏纪纲，蔑弃公理，政治日驰，人心日漓，虽九年立宪，终为波斯、土耳其、越南、朝鲜之续，庸有幸乎！此宪法不可不实行也。②

在这一折件里，锡良表达了对清廷官场钻营之风盛行，而十年新政造就的"不新不旧"、"上下交困，将有土崩瓦解"的现象深表忧虑。同时，他还对清末亲贵出洋考察进行了抨击。他指出，这些所谓考察均仅靠"随员钞撮之纪述"、随意之游览，多为"虚应故事"，认为此种考察"无裨实用"，"徒糜金钱，藉饰观听"，且有丧权辱国之忧。因此，他认为这样的状况将会使清王朝的统治危机变本加厉，"恐适以召乱"。所以，他向清廷痛切陈述，希望唤醒清廷。然而，清廷对此均置之不理。此后，锡良利用在北京的机会再次向清廷阐述了对立宪的看法，据《清史稿》称其"入都面陈监国，语尤切直，不省如故"。③ 惜

① 赵尔巽等纂：《清史稿》卷449，第12533—12534页。
② 锡良：《时局危急密陈管见折》，《锡良遗稿：奏稿》，第1126页。
③ 赵尔巽等纂：《清史稿》卷449，第12533—12534页。

未能留下文字材料，未知其所陈为何事，表述了怎样的思想。此外，锡良也曾向郑孝胥言及清政府反复之状①，可知，他对清廷之不满，亦可反映出其对清廷前途颇为焦急。所以，无论是提出借债造路论还是请愿速立阁会，只是对清中央的所作所为均不赞成，希望另辟出路作出的抉择。而在这些观点背后，挽救清廷危亡是锡良的最终目的所在。当然，李经羲等人提议联合电奏，显然也使其看到速立阁会成功的希望和分担政治风险的机遇。他曾向请愿的东三省学生表示："就是你们不来，本大臣也能给你们专折入奏，并联络各省督抚一齐入奏才能有点效力，若是本大臣一人入奏不能联络各省，也必受政府责斥。"② 考虑到这时接见东三省请愿代表时所言，因此，其言必有劝解之意味，未必能全信，但由此，我们也能窥见锡良或许曾思索过单独请立责任内阁和国会的问题，只是担心不合触犯清廷底线，遭到重惩。因此，当各省督抚提议国会请愿时，锡良能如此积极地推动，并愿担任领衔人的角色，可知其希冀借着与督抚的联合，推动立宪。由此亦可知，锡良为何如此积极地推动督抚国会请愿运动的进行。

第三，东三省危局的影响，以及锡良在东三省无所作为的焦急、愧疚心理。锡良主政东三省后曾巡视吉林、黑龙江等地，见日俄势力"头头是道"，而"我则首尾受敌，徒拥领土之权"③，因此，急谋整顿东三省内政，培养元气固结人心。④ 然而，东三省困窘的财政使锡良一无作为，因此，他多次请度支部奏请协济款项，但遭到正在推行中央集权的度支部的一再牵制阻拦。锡良在提出借款造路论时，正在北京的他曾向清廷议及东三省财政困难情状，但清廷"亦皆仰屋莫展一筹"，他深感"此真无可如何之事，有心人所同深焦急者耳"。⑤ 此后，经其一再磋磨，清廷曾同意了锡良借贷二千万之说。但当其回到奉天，清廷反悔。为此，锡良曾有意通过请求开缺来向清廷施压，但接到清廷不准开缺的

---

① 《郑孝胥日记》（第3册），宣统二年十二月十三日，第1301页。
② 《叩头流血泣请代奏详述》，《盛京时报》宣统二年十一月初七日。
③ 锡良：《旧病复发吁请开缺折》，《锡良遗稿·奏稿》，第950页。
④ 锡良：《考察东省情形整顿内政折》，《锡良遗稿·奏稿》，第926页。
⑤ 《复云南防团兵备处总办准补迤南道方宏纶》（宣统二年八月十八日），《锡良任东三省总督时信函》，档号为甲374—75。

命令。锡良的幕僚拟再次拟定奏稿请求开缺时，郑孝胥则直接提议："宜再密陈一年以来日、俄二国之进步情形，而东督所规画者一事不成，'此非朝廷责令认真之意，亦非臣下自矢报国之心。坐误一年，悔之何及。臣之积诚不足以动君上，公义不足以结中枢，发愤成疾，何堪再误！纵使无病，犹当自劾以谢天下，况敢以病躯而贪恩怙位乎？'"① 这一提议虽然是为锡良再请开缺所拟，但从其言论中可以看出，锡良对于日俄所造成的东省危局极为关注，同时对于自身未能有实际的作为颇为不安。当然，由此也可看出，锡良对于清政府的强烈不满。由于此言论系锡良之郑孝胥等幕僚在私下所谈论，在某种程度上更近真实。

　　而锡良自身也深感"仆仆徒劳，亦复无所裨益"②，"年华虚掷，无补时艰"③，对此，锡良存有颇多愧疚、无奈之心。他每每与友人书信往来中谈及在东三省的作为均以乏善可陈、难以挽回东三省政局为忧。如其在致维州协副将凤山时锡良称："弟栗碌各恒无裨时局，自维才不胜任，乏善并陈。"④ 在致陆军第三镇统制曹锟的信中，锡良写道："弟莅兹累岁，时惕忧勤，愧筋力之就衰，恨时艰之莫挽。夙夜念此，辄为不安。"⑤ 在致河南巡抚宝棻的信中，他写道："弟自莅东以来，忽已两岁，时艰愧其少补，引退量其苦衷，虽惕厉从公，徒自疚心力之瘁，而推贤为国，或可纾宵旰之忧。第国家际多事之秋，正臣躬当尽瘁之日，引身而去，敢曰遂初，言念及斯，喟感曷慨然。"⑥ 在致云南迤西道耿葆煊的信中，锡良再次表达了这一情绪："弟频年重任，思拯时艰，裨益未能，夙夜心瘝，虽屡电请代之忧，尚未邀纶音之下，肩荷弗胜，用

① 《郑孝胥日记》（第 3 册），宣统二年十二月十四日，第 1302 页。
② 《复四川候补道王仁煦》（宣统二年九月廿一日），《锡良任东三省总督时信函》，档号为甲 374—75。
③ 《贺王益吾老师年节》（宣统二年十二月廿八日），《锡良任东三省总督时信函》，档号为甲 374—75。
④ 《复统领川边巡防新军维州协副将凤山》（宣统二年六月十五日），《锡良任东三省总督时信函》，档号为甲 374—75。
⑤ 《复谢陆军第三镇统制曹锟》（宣统三年四月初三日），《锡良任东三省总督时信函》，档号为甲 374—75。
⑥ 《复河南巡抚宝棻》（宣统三年四月初三日），《锡良任东三省总督时信函》，档号为甲 374—75。

是祗懼。"① 在致中国驻英国大使刘玉麟的信中，锡良也表达了相类似的说辞："弟承乏东省数年，于兹无裨时艰，深滋愧懼。"② 等等。即便卸任后，锡良在向友人谈及东三省的作为时仍表示"惟在东二载，心力交瘁"，③ 却是"乏绩可称"。④ 这种"恨"、"愧"、"乏绩可称"，正是锡良对东省政局一时难以挽回的真实心理写照，也可反映出其焦急之心态。所以，当督抚要进行国会请愿时，锡良积极地向清廷奏请速立阁会之要求。他担心督抚因人数众多难以取得一致，就有意联合瑞澂一起上奏。当李经羲迫于清廷压力，放弃主稿后，锡良毅然允为领衔电奏。后来，当听闻国会于宣统五年成立之说，原本不赞成再次联衔电奏的锡良，在河南巡抚宝棻的国会速立能挽救东三省危亡的说法下再次联奏，此后，锡良更积极地以东三省危如累卵为言，强烈向清廷建议速立阁会。当然这些均可以被视为督抚集体的行动，其政治代价相对较低。当东三省代表要求其代奏时，锡良最初碍于清廷三令五申不准再为奏请国会的命令，担忧触碰清廷的底线，不愿代为上奏。继而在东三省士绅的一再要求下，原本就企望用国会来挽救统治危机的锡良最终答应东三省人民请愿的要求，其中一个重要原因就是他对于自己早东三省一事未作之愧疚。他在接见奉天请愿的士绅时说："吾即代奏，锡某在东三省一事未做，愧对东三省人民，对于国会并非反对，亦颇欲维持，奈只有此一幅心，而无此能力。何况处东三省时局，你们之心即我们之心，你们父母将来为人奴隶，无怪痛迫如此。"⑤ 但是，这种危迫情绪有时亦是锡良向清廷施加压力的重要手段。他曾在奏折里明确表示其任职东三省"将及两年，未能办成一事，上无以对君父，下无以对人民，辜恩溺职，罪无可逭"⑥。可知这种焦虑、

---

① 《复云南迆西道耿葆烇》（宣统三年三月十八日），《锡良任东三省总督时信函》，档号为甲374—75。

② 《复驻英钦使刘玉麟》（宣统三年三月初二日），《锡良任东三省总督时信函》，档号为甲374—75。

③ 《复总办河南陆防各军军械局补用道王》（宣统三年闰六月十六日十七日），《锡良任东三省总督时信函》，档号为甲374—75。

④ 《复郭侍郎曾炘》，《锡良任东三省总督时信函》，档号为甲374—75。

⑤ 《奉天人之国会哭》，马鸿谟编：《民呼·民吁·民立报选辑》，第586页。

⑥ 锡良：《假期届满病仍未瘥恳请开缺折》，《锡良遗稿·奏稿》，第1258页。

愧疚深深地影响了锡良的决策。

由于开缺又不得，而任职又无所作为，加以东省危局，使深为愧疚的锡良只有转而走向激进。关于这一点，他就曾向清廷直接表白过："臣自知才绌，平日亦以谨慎保守为本。然当此时艰，日受刺激，非沉舟破釜，有进无退，断无可以幸存之望。"① 这一心理状态正是这一时期锡良心情的真实写照。或正因如此，锡良迟至宣统三年二月二十八日在奏报宪政筹办情形时仍委婉地向清廷要求速立国会。他说："惟是轮轨交驰之地，疮痍满目之时，财力罗掘几空，望治则水火同迫，一切新政之举办，断不能拘牵文义，致误时机。"② 考虑到该折件是奏报东三省筹备宪政的情况，此处所提之新政，显系宪政。而锡良在此指出东三省的困难局面，显然是试图向清廷展示东三省之危迫，以促使其接受速立国会、责任内阁之意。

综上可知，正是在这些因素的作用下，锡良方才能在国会请愿中表现得如此激烈，如此一往无前，有力地推动了宣统年间的宪政请愿活动，深深地影响了清末政局的发展。

本章小结

在清末官制改革中，锡良率先提出了裁撤东河河道总督的主张。虽然这一主张付诸实践，但却遭到了同僚的排挤。这使其意识到即使局部的改革也是步履维艰，因此在此后的官制改革中表现得中规中矩，再未有突出成绩。

此后，清中央有意通过新政改革加强中央集权，引起了各督抚的强烈反对。在这一过程中，锡良的表现颇为引人注目，频频以领衔人的身份对清中央的权威进行挑战。双方所争的焦点多为财政问题，涉及了禁烟运动与盐政改革，突出地反映了集权与分权斗争的胶着与激烈。在禁烟运动中，锡良由于深切感受到鸦片之毒害等因素，因此推行了雷厉风

---

① 锡良：《遵旨密陈东三省大局应行分别筹办情形折》，《锡良遗稿：奏稿》，第1242页。

② 锡良：《恭报筹办宪政第三年成绩折》，第1280页。

行的举措，并一再要求清廷缩短禁烟期限以培植民气，试图以此作为中国转弱为强之契机。但是，清中央鉴于严重的财政困难，对这一要求并不予支持，导致其禁烟活动的效果大打折扣。而在盐政改革中，锡良因盐政改革严重触犯了自身辖区的利益，积极地联络各督抚，对清中央的政策进行坚决抵制。虽然并不是督抚联合电争的发起人，但锡良却在三次督抚联衔电争中担任领衔人的身份。在这些电争中，锡良等督抚与督办盐政大臣载泽等人就用人行政和税款使用两问题展开了激烈的辩论，虽然最终经清廷采取各打五十大板的方式处理，但这一事件却使清中央与地方的矛盾进一步加剧，督抚们对中央的不满日渐增多。这成为此后各督抚转向阁会讨论的重要因素，显然他们试图利用内阁和国会对抗清政府中央集权政策。

事实上，锡良在进行督抚阁会请愿之前已按照宪政筹备清单逐步设立各项事宜。他的这些活动多集中于东三省，这应该与该清单推出的时间较晚有关。他在这些活动中表现出了较高的热情，这从其筹备的宪政事项多能提前举办可以看出。此外，他还积极推进令清中央颇为难办的旗制改革，奉天的旗制改革取得了较大的进展，成为当时落实八旗生计最好的区域。由于认真筹备，东三省的士绅国会请愿热情也被点燃，此后在各地士绅的国会请愿运动中表现得颇为积极。

当时清廷因财政困难，有意缩小立宪的范围，因此要求各督抚讨论这一提议。当时深陷东三省危局的锡良联合瑞澂首先提出了借债造路救国的计划。此后，他又在李经羲要求各督抚联合讨论救国政策的基础上将该计划致电各督抚、将军、都统，这引起了各督抚等人的积极讨论。经过一番激烈的讨论后，锡良意识到了借债计划的不足，转而认同了李经羲等人提出的速立阁会之议。虽然并未过多参与这一次督抚阁会请愿的讨论，但锡良却在李经羲等人退缩的情况下挺身而出，两次领衔督抚阁会请愿，向清廷要求速立内阁和国会，表现出了过人的政治魄力。但清廷并没有认同多数督抚的要求，这显然进一步加深了各督抚对清中央的不满，此后，在辛亥革命中，各督抚对革命活动多持观望甚至倒向革命阵营，或正由于此。

当然，锡良并不甘心这一结果。此后他还积极地向清中央力争，试图劝服清廷改变其决定，这其中就包括代奏东三省士绅的速立国会的要求，但是清廷仍不体谅，反而对锡良的一再请愿表现出了厌烦和打击。这使锡良心灰意冷，此后一再要求开缺，最终获得允准，暂时离开了其任职近四十年的清末政坛。

结　语

　　自卸任东三省总督后，锡良一度赋闲归田。当再次进京时，武昌的枪声已然打响。[①] 此后，锡良被任命为热河都统，挽救清廷统治、稳定社会秩序成为他最重要的任务。仅过了四个多月，清室宣布逊位，随即锡良亦卸热河都统任。因此，我们可以认定锡良办理新政的时间大体在东三省总督卸任时就已结束。那么，如何评价锡良所办的新政及其表现呢？

　　从锡良的新政实践来看，他的主要政绩是办理了铁路、教育、宪政改革等具体事功。在铁路建设方面，锡良先后办理了川汉铁路、滇蜀铁路、滇越铁路、锦瑷铁路等路政。从建成的情况来看，这些铁路均未能完成，但锡良认真维护铁路利权的精神却得到士绅的一致赞赏。在教育方面，他在各地设立了各类新式的学堂，这在一定程度上推进了中国教育制度的近代化。在宪政方面，由于预备立宪关涉到政治体制的全面改革，锡良在相当长的一段时间内并未参与。但当清廷宣布筹备宪政清单后，锡良非常积极地执行了清单上的计划，并在宣统二年九十月间联络各督抚要求清廷速立阁会，表现得相当激进，他的这一态度得到了东三省士绅和社会舆论的一致赞赏，以致其离任后的生活仍得到相当多的关注。可知，锡良所办新政多能符合社会要求。

　　时人也给予锡良颇高的评价。《盛京时报》记者在得知其中风不起后，称锡良"平日廉正不阿，卓有时誉，在前清晚近大员中，实为凤毛

---

　　① 据《锡良手稿》记载：锡良于八月十八日到京，"廿一日，闻十九日武昌兵变，失守。"（《锡良手稿》，档号为甲 374—96）

麟趾。病不起，闻者惜之"①。与其有过接触的英国医生杜格尔德·克里斯蒂对锡良做如此评价："就个人而言，他是进步的，乐于倾听任何对自己的人民有益的建议。对其治下的人民，他有着父亲一样的热心肠，与民同乐，与民同忧，是中国传统官吏的典范。"②《清史稿》亦称其"强直负重，安内攘外，颇有建树"③。美国学者戴福士在对锡良的新政举措考察后，更是"论定锡良之为爱国主义和革命激进派"。④ 由此，足见锡良办理新政之效果。

当然，这些评论仍多就锡良个人的表现而作出的论断，如此，我们尚不能确定锡良在清末新政中的作用和地位。若要做到这一点，我们就需要将其纳入到清末的督抚群体和满蒙权贵阶层中予以探讨。

就清末十年的督抚群体而言，张之洞无疑是这一时期最具指标性的人物。他不仅在清末创办了诸多新政，而且形成一整套改革理念，深深地影响着新政改革的发展趋向，而且是这一时期具有领袖群伦式的人物，深刻地影响着政局的走向。据李细珠的研究看来，张之洞在新政时期初期即参与新政大政方针的讨论，随后又对学制、经济体制、军制、法制和政治体制等诸多方面展开了系统而全面的改革。可知，张之洞在一开始便有意从制度的变革来挽救清王朝的危亡。与同一时期的张之洞相比，锡良所办的新政似乎显得更像枝节末议的事项。他所注重的，乃是禁烟、铁路、裁撤河东河道总督、地方教育等具体性的事务。相较之下，锡良显得缺乏全局的观念和把握时代发展的远见。以教育为例，张之洞对湖北的教育改革有着较为系统化的设计，而且能站在全国教育的大局上对整个教育体制阐发其具有西式背景的教育变革思想，并能对清末学部的设置提出自己的观点。⑤ 锡良虽然也认同要采取西式的教育制度，但仅对其辖境的教育实行了改革，且多属于具体的事务性的改革，

---

① 《锡良中风》，《盛京时报》1913 年 3 月 7 日，"民国要闻"。

② ［英］杜格尔德·克里斯蒂、伊泽·英格利斯编：《奉天三十年（1883—1913）——杜格尔德·克里斯蒂的经历和回忆》，张士尊等译，湖北人民出版社 2007 年版，第 198 页。

③ 赵尔巽等撰：《清史稿》卷 449，第 12543 页。

④ 沈自敏：《近二十年来欧美的辛亥革命研究》，《读书》1984 年第 10 期；Roger V. Des Forges, *Hsi-Liang and the Chinese National Revolution*, New Haven and London Yale University Press, 1973, pp. 191 – 192。

⑤ 参见李细珠《张之洞与清末新政研究》，上海书店出版社 2003 年版，第 111—163 页。

并未提出系统、全局的教育改革思想。从近代化的角度来看，张之洞所
办新政已从洋务运动的层面脱离出来，转向了制度与更高层次的变革。
而锡良所办新政仍多为技术层面的变革，似乎仍停留在洋务运动时期的
水平。显然，锡良的新政改革层次仍较低。造成这一差别，自然有二人
在资历和所处权位略有不同等因素，但更多地反映出二人在视野、见识
以及能力上的差距。以目前笔者所接触的锡良档案及相关史料看来，锡
良对清末新政改革尚无全面而系统的理论。这自然与锡良的个人经历密
切相关。锡良早年的从政经历即表现出其是一位实干家，思想有点保
守，只是在新的形势面前改变了其原有的思想，开始投身于新政改革，
即陈旭麓先生所言"旧人办新政"。但为何同样是由旧人发展而来的张
之洞却能在清末改革中取得较好的成绩，相较之下，锡良的成绩并不如
张呢？

　　关于这一事实，除了个人视野、能力等方面的因素外，也有其客观
的原因。其一是由于调动过于频繁所致。据笔者了解，锡良在清末十
年，历官四五个省份，平均下来每处任职不到两年，显然，这使其难以
切实地推广其政策、举措。对此，当时的舆论早已提出这方面的反思。
《东方杂志》就曾对督抚不断更动提出过批评，认为"方今当此各省举
行新政之时，而为此忽三忽四之政令，致使各大吏所定之政策无一不有
始而无终，以空费此可宝之时日，可贵之金银"。① 《大公报》在锡良卸
河南巡抚任后就言："锡帅在汴一年有余，诸事似乎认真，诸事皆无实
效，甚可惜也。"② 可知频繁调动所带来之危害。相较之下，张之洞在
清末时期长期担任湖广总督一职，是清末为数不多的几位鲜少调动的督
抚之一。自 1889 年起至 1907 年，张之洞仅有两次重大调动，但其调动
范围也仅限于湖广总督、两江总督，再至湖广总督、调入清中央任职。
可知，他具有了相对稳定的施政环境，如此，其所办新政举措均得以按
部就班地推行。

　　其二则因其任职省份多有领土危机，牵涉了他过多的精力。事实
上，处于清末危局之中，危机意识、忧患意识是督抚产生改革思想的重

---

　　①　《更调督抚问题》，《东方杂志》第 2 年第 1 卷，"时评"。
　　②　《中丞去思》，《大公报》1902 年 11 月 15 日，"中外近事·河南"。

要动因之一。① 但是，锡良的危机意识却直接来源于列强吞并中国领土的威胁。当时，锡良先后任职热河、四川、云贵、东三省。在热河，锡良由于需要应对俄国人侵略蒙古的危险，曾对热河进行改制；在四川，他因英军入侵西藏，西南的边疆藩篱有遽撤之危险，因而经营川边；在云南，由于英法的侵略，他不得不整顿边界事务，并试图赎回滇越铁路，以为抵制之策；在东三省，他面对日俄势力日张的态势，筹谋抵制之策，有意开发森林矿产等实业、进行移民实边、兴筑锦瑷铁路，等等。这种赤裸裸的边疆领土危机无疑牵涉了锡良过多的精力。而张之洞则长期担任湖广总督，所面临的威胁则是列强掠夺路矿利权、革命党人的起义威胁、清统治危机和清廷的中央集权政策等因素，因此，他所面对的多为清末督抚共同面临的威胁。相较之下，锡良所面临的危机更为直接而紧迫，因为领土主权的丧失即统治权之失去，更遑论路矿等权利，令人有亡国之感。

除此之外，锡良的性格也在某种程度上造成了这一差距。据其幕僚所言，锡良"卞急，无条理，又好詈骂人，故士不附"②。这一点似乎也在其同僚的言辞中能得以印证。当时巡历黑龙江的锡良在接见属僚时刚一问询，见下属并未快速回答，他"即大骂"。③ 可知，其性格确实颇为性急，因而难以招到特别优秀的人才，这无疑制约了其办理新政的范围和视野。相较之下，张之洞招揽了相当多的人才，组建了较为庞大的幕府，人才济济。④ 因此，原本就存在视野、见识差距的锡良显然难以取得与张之洞这样的指标性人物相媲美的成绩。

由上可知，锡良在与张之洞的比较中属于落后者，双方差距较大。但这并不表示锡良所做、所为毫无可取之处。事实上，在清末改革时

---

① 贾小叶：《晚清大变局中督抚的历史角色》，上海书店出版社 2008 年版，第 80 页；刘伟：《晚清督抚政治——中央与地方关系研究》，第 210 页。

② 沃丘仲子：《近代名人小传》，"官僚·锡良"条，中国书店 1988 年版，第 55 页。

③ 其同僚、黑龙江提学使张愉谷记载道："入座即问宋小濂云，呼伦贝尔要设一厅么。宋未及答，又问。宋不解其意，仍未答。锡督即大骂云，你连这都不懂，如何做副都统，只知糜费，用许多钱，都是民脂民膏，丧尽天良，办了什么。愈说愈怒。"（中国社会科学院近代史所藏：《黑龙江提学司张愉谷致张亮清家书》，档号为户 101）

④ 参见尚小明《学人游幕与清代学术》，博士学位论文，北京大学，1997 年，第 161—165 页。

期，各地督抚中仍有人对新政改革采取了漠视的态度，如云贵总督丁振铎在其任内"政事不修"，吏治腐败不堪，新政多未举行，因此引起当地士绅和官吏的强烈不满，滇绅陈昌荣等人和继任总督锡良分别对其进行了参劾。① 可知，锡良在清末的督抚中是属于较为认真、得力的人物。

　　由上可知，就督抚群体而言，锡良在清末改革中更多地承担着改革执行者的角色，而非新政理论的提出者。也因如此，锡良虽在地方上推行了不少新政，但难以成为一个具有全局眼光的战略家。他的很多新政并未超出同时期其他督抚的范畴，难以称得上其有创新之处，但这并不表示其新政无任何价值。列宁指出："评价历史人物，判断其历史的功绩，不是根据他有没有提供现代化所要求的东西，而是根据他们比他们前辈提供了新的东西。"② 显然，锡良所办的教育、铁路之类的事物对于其所在的地区而言是具有新意的，推动了所在区域的近代化，其历史作用仍值得肯定。

　　至于锡良在满蒙权贵阶层中位置与作用，因目前对同一时期满蒙权贵的研究尚属薄弱，笔者拟将锡良与已有一些研究的那桐、端方二人进行比较。那桐是清末权重一时的权贵，他曾署外务部左侍郎、外务部会办大臣、体仁阁大学士、军机大臣，此后还在皇族内阁中任内阁协理大臣，袁世凯内阁时期的弼德院顾问大臣等职。据孙燕京对那桐日记的研究，那桐在清末并无多明显的政治智慧和改革建言，并对政治和时局不敏感。③ 显然，那桐的表现正是那些昏聩无能的满蒙权贵的典型代表。而端方则表现出了干练且具有广阔视野的权贵形象。据闫长丽的研究看来，端方在戊戌维新时期就支持变法。此后，他历任陕西巡抚、湖北巡抚、湖广总督江苏巡抚等职，积极推行新政，致力于任职省份的政治、经济、教育改革，推动地方现代化的进程。他一度还奉旨出洋考察宪政，回国后积极地推进君主立宪制度。④ 据张海林的研究看来，端方采取了颇为主动的方式对宪政、司法、教育、经济等方面进行了改革。张

---

① 沃丘仲子：《近代名人小传》，"官僚·锡良"条，第55页。
② 列宁：《评经济浪漫主义》（1897年春），《列宁全集》第2卷，第150页。
③ 孙燕京：《从〈那桐日记〉看清末权贵心态》，《史学月刊》2009年第2期。
④ 闫长丽：《培元气而固邦本——端方与清末新政》，博士学位论文，北京师范大学，2010年，第1—2页。

海林对端方的评价甚高，认为他"对和谐、稳定、秩序、渐进等理念的追求倡导，对东西方制度文化的精当把握和理性取舍，对国内外民族矛盾的客观定位和主动调适，对新旧两派的调和折中，无一不显示出他在'同类人'和'同辈人'中的卓越不凡"。① 也有研究指出，他的改革亦失之制度化。②

相比于那桐这类的昏聩无能的官吏，锡良显然较早即表现出了其干练的面相。但他对世界大势的把握就没有端方那样敏锐。如在戊戌时期锡良仍表现出保守的态度，此后，他深感清王朝统治危机四伏，同时清廷有意推行新政改革，于是他方才转向吸取西方的先进制度和技术。因此，锡良显得略为迟钝。与此同时，锡良对新政改革的主动性也比不上端方。如端方能主动地提出化解满汉矛盾，较早地把筹办新政、宪政作为其主要的工作任务和目标，抨击并攻灭科举制度，举办商品博览会，开办工矿企业和城市现代交通事业，倡导城市绿化植树公益活动，并能提出立宪相关的理论，等等。而锡良虽也能在建筑铁路等方面率先提出自己的观点、看法，但他在新政改革时期中推行的多数举措均是在清廷下达诏令的情况下方才实行的，表现出某种滞后性。即便其表现颇为抢眼的盐政电争与督抚国会请愿中，锡良也是在其他督抚率先发难或提议的情况下方才有积极活动，其中固然有其谨慎小心的处事方式等因素，但这也反映出了双方在新政改革的视野和见识上的差距。就政治操守而言，锡良又似乎略胜一筹。时人认为端方"佻薄奸险，以新政涂饰朝野而已，乘间取贿，所藏金石书画值三百万"③，后人的研究亦指出，端方会为了稳固个人权位不惜牺牲改革理念④，可知端方的政治操守并不高。锡良的政治操守则受到时人的交相称誉，并颇能坚持自己的政治理

---

① 张海林：《端方与清末新政》，南京大学出版社 2007 年版，第 558 页。
② 李守孔：《清末时期的端方：一位改革官僚之研究》，硕士论文，台湾大学，1973 年，转自闫长丽《培元气而固邦本——端方与清末新政》，博士学位论文，北京师范大学，2010 年，第 11 页。
③ 费行简：《近代名人小传》，沈云龙主编《近代中国史料丛刊》第 78 册，台北：文海出版社 1967 年版，第 207 页。
④ 李守孔：《清末时期的端方：一位改革官僚之研究》，硕士论文，台湾大学，1973 年，转自闫长丽《培元气而固邦本——端方与清末新政》，博士学位论文，北京师范大学，2010 年，第 11 页。

念。在督抚阁会请愿中，他就坚持自己的政治理念，并能冒着以褫职的威胁一再向清廷渎陈，表现出了过人的政治胆略和良好的政治品格。因此，锡良虽然未必有一流的改革理念，但他能积极地推动立宪等改革举措，以维护清廷的统治。

因此，就满蒙权贵而言，锡良在清末满蒙权贵中虽然并无端方这样具有一流的政治改革理念，但他能以认真筹办、过人的胆略推动新政改革，属于较有作为的权贵人物。

总之，无论从督抚还是从权贵的角度看，锡良都是一位颇有作为的政治人物，通过认真地推行新政改革直接促使中国社会新的因素的产生和社会结构的变化，起到了加速和促进社会进步的作用。另一方面，他的改革实践也在促使清廷改革的步伐。只是限于视野、见识等因素，他所办新政改革的规模和范围均不甚大。从中国近代社会的发展进程来看，锡良仍是一位实干家，很多时候，他的改革仍停留于技术的层面，只有待到清廷或其他督抚的促进下，他方才有意于制度层面的改革。显然，他难称得上是一位具有远见卓识的政治家。

至于其所作所为是否具有满蒙权贵的特质，笔者以为锡良在新政改革中表现出了某种满蒙权贵的特质。在升迁上，因其为旗人，清廷对他颇有照顾，庚子、戊戌之际，锡良就因其旗人的身份而一再迁擢。然而，锡良似乎在多数情况下却与清廷的意见相左。除了其推行裁撤东河河道总督外，锡良在禁烟、官制改革、盐政中央集权、速立阁会等问题上均站在地方督抚的利益上对清廷的政策提出了反对，并表现得颇为激烈。这又作何解释呢？

事实上，锡良的这些貌似抵制的活动，实则是他想通过自己的方式来挽救清王朝于危亡。他曾言：“今日朝野上下，施措万端，无非藉以救亡图存。”① 这或许正是其办理清末新政的真实心理写照。所以，当辛亥革命发生时，锡良便有意督师山陕，以便镇压起义军，但最终未能成行。此后，他再次出任热河都统。在任内，他积极地编练军队，试图率军赴前线，镇压革命党人。② 清亡之后，锡良便随清室逊位而退出政

① 锡良：《时局危急密陈管见折》，《锡良遗稿·奏稿》，第1126页。
② 《热河防营请赴前敌》，《大公报》宣统三年十二月初四日，“要闻”。

坛，隐居于津沽。尽管如此，他仍"眷恋阙廷"，幻想清室复辟之日。锡良在其遗折中声称"臣心不死，臣力已衰"，并勉励溥仪"亲师重道实进德之基，养晦遵时乃守身之大"，以便"使圣功王道，日进无疆"。① 大有让溥仪静待时机、他日东山再起之意。可知，锡良在清末的"急切"、激进的行为正是从挽救清王朝危亡的大局出发，其背后则是锡良对清王朝深深的眷恋之情。可惜限于个人才禀，加之时运不济，其有心报国，却无力回天。

　　或许，这样的认识与评价，也可以适用于满蒙权贵（亦包括汉族官吏）中与他所遭境遇和经历相近或类似的人。

---

　　① 锡良：《遗折》，《锡良遗稿：奏稿》，第1344页。

参考文献

（一）档案与官方文书

甲 中国社会科学院近代史所藏档案和未刊稿本

1. 锡良档案，包括札牍、电稿和奏折，档号为甲 374：0—203。
2. 锡文诚公尺牍，档号为甲 250。
3. 张之洞档案，档号为甲 182：0—490，共 491 函。
4. 黑龙江提学司张愉谷致张亮清家书，档号为户 101。

乙 其他档案和官方文书

1. 中国第一历史档案馆藏未刊档案：军机处录副档、学部、度支部、宪政编查馆、资政院、会议政务处、外务部、赵尔巽档案等卷宗。
2. 故宫博物院明清档案部编：《清末筹备立宪档案史料》，中华书局 1979 年版。
3. 故宫博物院明清档案部编：《义和团档案史料》，中华书局 1959 年版。
4. 朱寿朋编纂：《光绪朝东华录》，中华书局 1984 年版。
5. 《清实录》（同治、光绪朝），中华书局 1987 年影印本。
6. 中国第一历史档案馆编辑部编：《义和团档案史料续编》，中华书局 1990 年版。
7. 中国第一历史档案馆编：《光绪宣统两朝上谕档》，广西师范大学出版社 1996 年版。
8. 秦国经主编：《清代官员履历档案全编》，华东师范大学出版社 1997 年版。
9. 中国第一历史档案馆主编：《清代军机处电报档汇编》，中国人民大学出版社 2005 年版。

10. 云南档案馆：《清末民初的云南社会》，云南人民出版社 2005 年版。

11. 中国第一历史档案馆、青岛博物馆、青岛市社会科学研究所编：《德国侵占胶州湾史料选编，1897—1898》，山东人民出版社 1987 年版。

12. "中央研究院" 近代史研究所编：《矿务档》，台北："中央研究院" 近代史研究所 1960 年版。

13. "中央研究院" 近代史研究所编：《清季中日韩关系史料》，台北："中央研究院" 近代史研究所 1973 年版。

（二）报纸杂志

《东方杂志》、《政治官报》、《盛京时报》、《大公报》、《申报》、《国风报》、《四川教育官报》、《民立报》、《四川官报》、《外交报》

（三）一般性文献

1.（清）柳堂：《宰惠纪略》，笔谏堂 1901 年刻本。

2.（清）奉天旗务司编：《奉天旗制变通案甲乙二类》，宣统年间铅印本。

3. 于荫霖：《悚斋日记》，都门刻本 1923 年版。

4. 王彦威辑：《清宣统朝外交史料》，外交史料编纂处 1933 年版。

5. 北平故宫博物院编：《清宣统朝中日交涉史料》，北平故宫博物院 1933 年。

6. 徐继孺：《徐悔斋集》，大樑 1935 年刻本。

7. 朱寿朋辑：《光绪朝东华录》，中华书局 1958 年版。

8. 中国社会科学院历史所第三所主编：《锡良遗稿：奏稿》，中华书局 1959 年版。

9. 孙瑞芹译：《德国外交文件有关中国交涉史料选译》，商务印书馆 1960 年版。

10. 施肇基：《施肇基早年回忆录》，台北：传记文学出版社 1962 年版。

11. 周询：《蜀海丛谈》，沈云龙主编《近代中国史料丛刊》第 7 册，台北：文海出版社 1966 年版。

12. 邮传部编：《邮传部奏议类编、续编》，沈云龙主编《近代中国史料丛刊》第 14 辑第 140 号，台北：文海出版社 1967 年版。

13. 李秉衡：《李忠节公（鉴堂）奏议》，沈云龙主编《近代中国史料丛刊》第 30 辑第 295 号，台北：文海出版社 1968 年版。

14. 金兆丰：《镇安晏海澄（安澜）先生年谱》，沈云龙主编《近代中国史料丛刊》第 50 辑第 491 号，台北：文化出版社 1969 年版。

15. 胡思敬：《退庐全集·笺牍·奏疏》，沈云龙主编《中国近代史料丛刊》第 45 辑第 445 号，台北：文海出版社 1970 年版。

16. （清）军机处：《清宣统朝中日交涉史料》，沈云龙主编《近代中国史料丛刊》第 62 辑第 618 号，台北：文海书局 1971 年版。

17. “中央研究院”近代史研究所编：《清季中日韩关系史料》，台北：“中央研究院”近代史研究所 1972 年版。

18. 盛宣怀：《愚斋存稿》，沈云龙主编《近代中国史料续编》第十三辑，台北：文海出版社 1975 年版。

19. 赵尔巽等纂：《清史稿》，中华书局 1977 年版。

20. 高枬：《高枬日记》，中国社会科学院近代史研究所主编《庚子记事》，中华书局 1978 年版。

21. 吉林省社会科学院编：《满铁史资料》，中华书局 1979—1987 年版。

22. 乔志强编：《义和团在山西地区史料》，山西人民出版社 1980 年版。

23. 胡滨编译：《英国蓝皮书有关义和团运动资料选译》，中华书局 1980 年版。

24. 中国人民政治协商会议全国委员会文史资料研究委员会编：《辛亥革命回忆录》，文史资料出版社 1981 年版。

25. 马鸿谟编：《民呼·民吁·民立报选辑》，河南人民出版社 1982 年版。

26. 中国社会科学院近代史研究所：《近代史资料》编辑组编：《义和团史料》，中国社会科学出版社 1982 年版。

27. 鲁子健：《清代四川财政史料》，四川社会科学院出版社 1984 年版。

28. 蔡冠洛编著：《清代七百名人传》，中国书店 1984 年版。

29. 荣孟源、章伯锋主编：《近代稗海》，四川人民出版社 1985 年版。

30. 杜春和等整理：《荣禄存札》，齐鲁书社 1986 年版。

31. 谢兴尧整理：《荣庆日记：一个晚清重臣的生活实录》，西北大学出版社 1986 年版。

32. 黄鸿寿：《清史纪事本末》，上海书店出版社 1986 年版。

33. ［英］爱德华兹：《义和团运动时期的山西传教士》，李喜所等译，南开大学出版社 1986 年版。

34. 傅崇矩：《成都通览》，巴蜀书社 1987 年版。

35. 奎斌撰：《杭阿坦都统奏议》，见沈云龙主编《近代中国史料丛刊三编》第 32 辑第 314 号，台北：文海出版社 1987 年版。

36. 沃丘仲予：《近代名人小传》，中国书店 1988 年版。

37. 袁英光、胡逢祥整理：《王文韶日记》（下册），中华书局 1989 年版。

38. 刘大鹏：《退想斋日记》，山西人民出版社 1990 年版。

39. 国国家博物馆编：《郑孝胥日记》，劳祖德整理，中华书局 1993 年版。

40. 中国第一历史档案馆编：《清末筹备立宪档案史料补遗》，《历史档案》1993 年第 3 期。

41. 上海市禁毒工作领导小组办公室、上海市档案馆主编：《清末民初的禁烟运动和万国禁烟会》，上海科学技术文献出版社 1996 年版。

42. 周秋光编：《熊希龄集》，湖南出版社 1996 年版。

43. 张一麐：《古红梅阁笔记》，上海书店出版社 1998 年版。

44. 苑书义等编：《张之洞全集》，河北人民出版社 1998 年版。

45. 罗继祖：《枫窗三录》，大连出版社 2000 年版。

46. 中国史学会编：《义和团》，上海书店出版社 2000 年版。

47. 陈旭麓：《辛亥革命前后——盛宣怀档案资料选辑之一》，上海人民出版社 2000 年版。

48. 陈旭麓等编：《义和团运动——盛宣怀档案资料选辑之七》，上海人民出版社 2001 年版。

49. 邓瑞整理：《五石斋文史札记》（二），《中国典籍与文化》2001 年第 1 期。

50. 史晓风整理：《恽毓鼎澄斋日记》，浙江古籍出版社 2004 年版。

51. 张正明、科大卫编：《明清山西碑刻资料选》，山西人民出版社 2005 年版。

52. 杨成彪主编：《楚雄彝族自治州旧方志全书·楚雄卷》，云南人民出版社 2005 年版。

53. ［英］李提摩太：《亲历晚清四十五年——李提摩太在华回忆录》，李宪堂等译，天津人民出版社 2005 年版。

54. 陈义杰整理：《翁同龢日记》，中华书局 2006 年版。

55. 郑逸梅编著：《南社丛谈：历史与人物》，中华书局 2006 年版。

56. ［美］马士：《中华帝国对外关系》，上海书店出版社 2006 年版。

57. 章开沅主编：《辛亥革命史料新编》，湖北人民出版社 2006 年版。

58. 邓瑞整理：《邓之诚日记》，国家图书馆出版社 2007 年版。

59. 陈夔龙：《梦蕉亭杂记》，中华书局 2007 年版。

60. 胡思敬：《国闻备乘》，中华书局 2007 年版。

61. 岑春煊：《乐斋漫笔》，中华书局 2007 年版。

62. 金梁：《近世人物志》，北京图书馆出版社 2007 年版。

63. 周秋光编：《熊希龄集》，湖南人民出版社 2008 年版。

64. 顾廷龙、戴逸主编：《李鸿章全集》，安徽教育出版社 2008 年版。

65. 赵德馨等编：《张之洞全集》，武汉出版社 2008 年版。

66. 黄濬：《花随人圣庵摭忆》，中华书局 2008 年版。

67. 梁小进整理：《曾国荃全集》，岳麓书社 2008 年版。

68. （清）吴大澂：《愙斋诗存》，华东师范大学出版社 2009 年版。

69. 岳超：《庚子随行简记》，庄建平《近代史资料文库》（第 6 卷），上海书店出版社 2009 年版。

（四）志书

1. 恩端、王舒尊、武达材等：《光绪平遥县志》，光绪八年（1882）续修张大中丞鉴定、县署藏板。

2. 锡良、贾执钧、周凤翔等纂修：《续修汾西县志》，光绪八年（1882）汾西县署刻本。

3. 曾国荃等编纂：《山西通志》，山西省署光绪十八年（1892）线装。

4. 郑植昌、郑裕孚编修：《归绥县志》，民国二十三年（1934）线装书。

5. 杨虎城、邵力子、吴廷锡等纂修：《续修陕西通志》，陕西省署民国
二十三年（1934）线装书

（五）网络资料

1. 锡良：《新制东三省全图序》，http：//manbuzhe784. blog. sohu.
com/78641290. html。

2. 邓之诚：《锡良与东三省》，http：//auction. artxun. com/paimai – 14 –
69928. shtml。

3. 良贵基本资料：http：//archive. ihp. sinica. edu. tw/ttscgi/ttsquery？0：
0：mctauac：TM％3D％A8⎰％B6Q。

4. 《全国现存规模最大的县衙——平遥县衙》：http：//www. py-
whw. com/Article/ShowInfo. asp？InfoID＝1730。

5. 《平遥县衙博物馆历史沿革》：http：//jzs. peoplexz. com/11423/
51520/20100130182554. htm。

（六）研究论著

甲　著述

1. 沃野仲子：《徐世昌》，崇文书局民国八年八月廿号第三版。

2. 李剑农：《最近三十年中国政治》，上海太平洋书局 1930 年版。

3. ［英］肯德：《中国铁路发展史》，李抱宏等译，生活・读书・新知
三联书店 1958 年版。

4. 钱实甫：《清季重要职官年表》，中华书局 1959 年版。

5. 中国科学院吉林省分院历史研究所、吉林师范大学历史系等编纂：
《近代东北人民革命运动史》，吉林人民出版社 1960 年版。

6. 张朋园：《立宪派与辛亥革命》，台北："中央研究院"近代史研究
所专刊（24）1969 年版。

7. 张朋园：《立宪派与辛亥革命》，台北："中央研究院"近代史研究
所专刊（24）1969 年版。

8. 张玉法：《清季的立宪团体》，台北："中央研究院"近代史研究所
专刊（28）1971 年版。

9. 《满族简史》编写组编写：《满族简史》，中华书局 1979 年版。

10. 朱保炯、谢沛霖：《明清进士题名碑录索引》，上海古籍出版社 1980 年版。

11. 密汝成：《帝国主义与中国铁路，1847—1949》，上海人民出版社 1980 年版。

12. 王芸生：《六十年来中国与日本》，生产·读书·新知三联书店 1980 年版。

13. 张玉法：《清季立宪团体》，台北："中央研究院"近代史研究所专刊 1981 年版。

14. 陈旭麓等编：《中国近代史词典》，上海辞书出版社 1982 年版。

15. 李鹏年等编著：《清代中央国家机关概述》，黑龙江人民出版社 1983 年版。

16. 王魁喜等编：《近代东北史》，黑龙江人民出版社 1984 年版。

17. 复旦大学历史系：《沙俄侵华史》，上海人民出版社 1986 年版。

18. 李喜所：《近代中国的留学生》，人民出版社 1987 年版。

19. 郭廷以：《近代中国史事日志》，中华书局 1987 年版。

20. 常城主编：《东北近现代史纲》，东北师范大学出版社 1987 年版。

21. 刘子扬编著：《清代地方官制考》，紫禁城出版社 1988 年版。

22. 中国社会科学院近代史研究所编：《沙俄侵华史》（第 4 卷下）人民出版社 1990 年版。

23. 李德征、苏位仁、刘天路：《八国联军侵华史》，山东大学出版社 1990 年版。

24. 陈旭麓：《近代中国社会的新陈代谢》，上海人民出版社 1992 年版。

25. 王奇生：《中国留学生的历史轨迹，1827—1949》，湖北教育出版社 1992 年版。

26. 清史编委会主编：《清代人物传稿》，辽宁人民出版社 1992 年版。

27. 侯宜杰：《20 世纪初中国政治改革风潮——清末立宪运动史》，人民出版社 1993 年版。

28. ［美］韩德：《一种特殊关系的形成——1914 年前的美国与中国》，项立岭、林勇军译，复旦大学出版社 1993 年版。

29. 李文海等著：《中国近代十大灾荒》，上海人民出版社 1994 年版。

30. 中华书局编辑部编：《辛亥革命与近代中国：纪念辛亥革命 80 周年国际学术讨论会文集》，中华书局 1994 年版。

31. 张守真：《清季东三省的铁路开放政策（1905—1911）》，高雄：复文图书出版社 1995 年版。

32. 吴心伯：《金元外交与列强在中国，1909—1913》，复旦大学出版社 1997 年版。

33. 丁长清、唐仁粤：《中国盐业史》（近代当代编），人民出版社 1997 年版。

34. 秦和平：《云南鸦片问题与禁烟运动：1840—1940》，四川民族出版社 1998 年版。

35. 侯伍杰编：《山西历代纪事本末》，商务印书馆 1999 年版。

36. ［日］山根幸夫主编：《中国史研究入门》（增订本·下册），社会科学文献出版社 2000 年第 2 版。

37. 李剑农：《中国近百年政治史，1840—1926 年》，复旦大学出版社 2002 年版。

38. 中国史学会编：《辛亥革命与二十世纪的中国》，中央文献出版社 2002 年版。

39. 瞿同祖：《清代地方政府》，范忠信、晏锋译，法律出版社 2003 年版。

40. 李细珠：《张之洞与清末新政》，上海书店出版社 2003 年版。

41. 高放、韦庆远：《清末宪政史》，中国人民大学出版社 2003 年版。

42. 倪玉平：《清代漕粮海运与社会变迁》，上海书店出版社 2005 年版。

43. 刘增合：《鸦片税收与清末新政》，生活·读书·新知三联书店 2005 年版。

44. 中国科学院近代史研究所政治史研究室、苏州大学社会学院主编：《晚清国家与社会》，社会科学文献出版社 2007 年版。

45. ［日］佐藤公彦：《义和团的起源及其运动：中国民众民族主义的诞生》，中国社会科学出版社 2007 年版。

46. 郑师渠等编：《文化视野下的近代中国》，中国传媒大学出版社 2009 年版。

47. ［美］路康乐：《满与汉：清末民初的族群关系与政治权力

（1861—1928）》，王琴、刘瑞堂译，中国人民大学出版社 2010
年版。

乙　硕博论文

1. 王光磊：《晚清重臣锡良述评》，硕士学位论文，吉林大学，
2009 年。

2. 高洁：《清末新政时期锡良的教育改革思想与实践研究》，硕士学位
论文，河北大学，2010 年。

3. 许焕芳：《清末西南四省禁烟运动研究》，硕士学位论文，河北师范
大学，2007 年。

4. 马陵合：《铁路外债观研究》，博士学位论文，复旦大学，2003 年。

5. 闫长丽：《"培元气而固邦本"——端方与清末改革》，博士学位论
文，北京师范大学，2010 年。

丙　其他论文

1. 何一民：《锡良与川汉铁路》，《历史知识》1984 年第 1 期。

2. 黎仁凯：《张之洞与义和团运动》，《河北大学学报》1986 年第 3 期。

3. 康沛竹：《锡良与锦瑷铁路计划》，《黑河学刊》1989 年第 3 期。

4. 康沛竹：《日俄战争后的清廷东北防务》，《近代史研究》1989 年第
3 期。

5. 戴其芳、张瑞萍：《论锡良》，《内蒙古大学学报》1992 年第 4 期。

6. 康沛竹：《清廷在东北的"以夷制夷"政策》，《北方文物》1992 年
第 1 期。

7. 何一民：《锡良与晚清四川近代化》，《四川大学学报》1993 年第
3 期。

8. 张虹：《清末奉天八旗女工传习所兴办始末及评价》，《满族研究》
1996 年第 2 期。

9. 徐建平：《锡良东北经济改革方略述论》，《河北师范大学学报》
2000 年第 3 期。

10. 迟云飞：《清末最后十年的平满汉畛域问题》，《近代史研究》2001
年第 5 期。

11. 刘薇：《"曹州教案"新议》，《辽宁师范大学学报》（社会科学版）
2001 年第 5 期。

12. 徐建平：《总督锡良与东北边疆的开发》，《北方论丛》2001 年第 3 期。

13. 席萍安：《锡良与二十世纪初年的四川》，《成都大学学报》2002 年第 2 期。

14. 赖晨：《关于陈宧与锡良关系的两个问题》，《经济与社会发展》2007 年第 10 期。

15. 李振武：《李经羲与国会请愿运动》，《学术研究》2003 年第 3 期。

16. 刘增合：《度支部与清末鸦片禁政》，《中国社会经济史研究》2004 年第 1 期。

17. 李绍先、陈渝：《锡良与近代四川教育》，《文史杂志》2004 年第 3 期。

18. 黄百灵：《清朝云南的罂粟种植及其对农村经济的影响》，《四川大学学报》（哲学社会科学版）2004 年增刊。

19. 王开玺：《清末满汉官僚与满汉民族意识简论》，《社会科学辑刊》2006 年第 6 期。

20. 王香：《晚清奉省禁烟运动探微》，《世纪桥》2007 年第 2 期。

21. 王军青：《论锡良处理泌阳教案的措施》，《南都学坛》2008 年第 3 期。

22. 岳程楠：《留日学生与清末四川教育近代化》，《日本问题研究》2009 年第 4 期。

23. 林明德：《安奉铁路改筑问题与抵制日货运动》，《"中央研究院"近代史研究所集刊》第 2 期。

24. 赵中孚：《清末东三省改制的背景》，《"中央研究院"近代史研究所集刊》第 5 期。

25. 赵中孚：《辛亥革命前后的东三省》，《"中央研究院"近代史研究所集刊》第 11 期。

（七）外文资料与论著

甲 外文资料：

1. Hunt, Michael H., Frontier Defense and the Open Door. Ann Arbor, Mich.: UMI, 1971.

2. ［日］外務省：《日本外交文书》，原書房 1965。

乙　外文论著

Roger V. Des Forger，*Hsi-liang and the Chinese national revolution*，New Haven and London Yale University Press，1973.

后　记

　　呈现在大家面前的这本书是由我的博士论文修改而来的。2005 年，我从温州师范学院本科毕业后考入北京师范大学，师从孙燕京先生进行研究生的学习。至博士期间，在先生的精心指导下，我选定了这一论题。在京六年间，先生的悉心培养与亲切教诲，给了我无穷的滋养，同时先生以严谨的学风和质朴的师德无声地影响着我，使我对学问有了浓厚的兴趣，并最终走上学术研究的道路。除了学业指导外，先生在生活上对我也关怀备至，使我这样异乡游子倍感温馨。在此，我对先生表示衷心的感谢！

　　由于这一人物的资料相对分散，因此我不得不四处出击。从最初的忙乱渐渐地找到头绪，我在这过程中得到不少帮助。

　　在查找资料和档案中，我要感谢中国社科院近代史所黄春生教授提供了前往社科院近代史所图书馆查阅锡良档案的机会。我要特别感谢中国社会院近代史所图书馆茹静老师。在近半年的查阅档案过程中，茹老师不仅非常周到而专业地提供各项服务，而且热情地为我解决吃饭、中午休息等生活问题，有时甚至为了让我能看完相关档案，放弃宝贵的休息时间。感谢北京师范大学古籍馆、历史学院影像研究中心曾淑元老师、中国第一历史档案馆、国家图书馆、国家清史编委会文献组及图书馆的工作人员，为我查阅资料提供了便利，使我得以查阅许多珍贵的史料和档案。此外，我还要感谢河北文物研究所张守中先生、南京的邓瑞先生、北京的许恪儒女士、兰州的张绍重先生等人接受了我的电话访问，热情地向我提供与锡良相关资料。感谢所有关心和帮助过我的师友与亲人。感谢中国社会科学出版社吴丽平编辑为本书的出版所付出的辛劳。最后，要感谢南昌航空大学学术文库提供出版基金使得本书能够顺利出版。

　　当然，本书只是我在学术研究领域的初步探索，加以本人知识水平有限，本书仍有欠妥或不足之处，敬请读者不吝指教。